成都统计年鉴

CHENGDU STATISTICAL YEARBOOK

2013

成 都 市 统 计 局
国家统计局成都调查队 编
成 都 市 统 计 学 会
COMPILED BY CHENGDU STATISTIC BUREAU
NBS SURVEY OFFICE IN CHENGDU
CHENGDU STATISTICAL ASSOCIATION

图书在版编目（CIP）数据

成都统计年鉴. 2013 / 成都市统计局, 国家统计局成都调查队, 成都市统计学会编. -- 北京 : 中国统计出版社, 2013.8
ISBN 978-7-5037-6924-5

Ⅰ. ①成… Ⅱ. ①成… ②国… ③成… Ⅲ. ①统计资料－成都市－2013－年鉴 Ⅳ. ①C832.711-54

中国版本图书馆CIP数据核字(2013)第196111号

成都统计年鉴-2013

作　　者 / 成都市统计局 国家统计局成都调查队 成都市统计学会
责任编辑 / 陈越月 高 艳
责任校对 / 高 艳
封面设计 / 汪 琪
出版发行 / 中国统计出版社
地　　址 / 北京市丰台区西三环南路甲6号
邮　　编 / 100073
电　　话 / 邮购（010）63376909 书店（010）68783171
网　　址 / http://csp.stats.gov.cn
印　　刷 / 成都创新包装印刷厂
经　　销 / 新华书店
开　　本 / 890mm × 1240mm 1/16
字　　数 / 950 千字
印　　张 / 37.75
印　　数 / 1-3000
版　　别 / 2013年8月第1版
版　　次 / 2013年8月第1次印刷
书　　号 / ISBN 978-7-5037-6924-5
定　　价 / 350 元

《成都统计年鉴—2013》编辑委员会

《成都统计年鉴—2013》编辑部

编者说明

一、《成都统计年鉴——2013》是一部全面反映成都市社会经济发展情况的综合性统计资料年刊，本书收录了成都市及区（市）县2012年社会、经济等方面大量的统计数据，以及建国以来，特别是改革开放以来重要年份全市及各区（市）县的主要统计数据。

二、本年鉴共分十七个部分：

成都概况

1、综合部分，包括自然地理、行政区划及社会经济发展的主要指标；

2、国民经济核算

3、人口及劳动力；

4、固定资产投资、建筑业；

5、能源购进、消费与库存；

6、财政、金融和保险；

7、人民生活、物价；

8、城市公用事业；

9、农业；

10、工业；

11、运输、邮电；

12、国内贸易、外经、旅游；

13、科技、教育和文化；

14、体育、卫生、福利及其他；

15、区（市）县；

附录：全国重点城市统计资料。

三、本年鉴资料编辑顺序、所使用的度量衡单位均采用国际统计标准。

四、本年鉴中统计数据的统计口径及资料来源在各部分都作了较为详细的说明。

五、本年鉴的符号说明：

“…”表示数据不足本表最小单位数；

“空格”表示该统计数据不详或无该项统计数据；

“#”表示其中项；

“①”表示表下方的第一项注解

目　　录

CONTENTS

一、综　合
Chapter　1　General Survey

二、国民经济核算
Chapter　2　National Accounts

三、人口及劳动力
Chapter 3 Population and Labor Force

四、固定资产投资、建筑业
Chapter 4 Investment in Fixed Assets and Construction

五、能源购进、消费与库存
Chapter 5 Energy Purchasing, Consumption and Inventory

六、财政、金融和保险
Chapter 6 Government Finance, Banking and Insurance

Explanatory Notes on Main Statistical Indicators

七、人民生活、物价
Chapter 7 People's Livelihood，Price Indices

八、城市公用事业
Chapter　8　Urban Public Utilities

九、农　　业
Chapter 9 Agriculture

十、工　业
Chapter 10 Industry

十一、运输、邮电
Chapter 11 Transportation, Postal and Telecommunications Services

十二、国内贸易、外经、旅游
Chapter 12 Domestic Trade, Foreign Trade and Economic Cooperation, Tourism

十三、 科技、教育和文化
Chapter 13 Science, Education and Culture

十四、 体育、卫生、福利及其他
Chapter 14 Sports, Public Health, Social Welfare and Others

十五、区(市)县
Chapter 15 Districts, Cities at County Level and Counties

成　都　概　况

一、　成都历史文化

成都是一座有 2300 多年悠久历史的古城，是国务院首批公布的 24 个历史文化名城之一。公元前四世纪，古蜀国王开明九世于“广都樊乡”（今双流境）“徙治成都”，以“周太王从梁止岐，一年成邑，二年成都”，故名成都，相沿至今。公元前 311 年，秦人按咸阳建制兴筑成都城垣。当时城周 12 里，高 7 丈。成都城市在这一年正式建立。公元前 256 年，蜀郡太守李冰父子率岷江两岸人民兴建的都江堰水利工程，二千多年来一直浇灌着成都平原。由此，成都水旱从人，土地肥沃，气候温和，物产丰富，故世称“天府”。西汉时期，成都织锦业驰名天下，当时，在城西南设立了锦官，专管织锦，并筑有锦官城，故成都又有“锦官城”、“锦城”之称。五代后蜀主孟昶时，在城墙上遍种芙蓉，故成都还有“芙蓉城”、“蓉城”之称。在历史上，成都又是一座水网密布，江桥众多，树木葱笼，繁花似锦的“花城”。19 世纪法国旅行家古德尔孟曾赞叹成都是“东方的巴黎”。

二千多年来，成都一直是祖国西南地区的政治、经济、军事重镇，具有重要战略地位。秦、汉、晋、隋皆因得蜀而统一天下。西汉公孙述、三国刘备、西晋李雄、东晋李寿、五代前蜀王建、后蜀孟知祥等封建王朝均建都成都。成都又一直是各朝代的州、郡、县治所，元、明、清为四川省治所。民国初年，成都是四川省省会。1949 年 12 月 27 日，成都解放，为川西行政公署驻地。1952 年恢复四川省建制，成都为四川省省会至今。

成都是工商繁茂的大都会。秦汉时代，成都是全国有名的商业都市。汉代，又是全国五大都会（洛阳、邯郸、临淄、宛、成都）之一。唐代有“扬(州)一益(成都)二”之称。北宋时期是汴京以外的第二大都会。唐宋时期成都的商业已突破了历史上传统的坊市制的束缚，兴起了临街设店和前店后坊(手工作坊)的格式，进而发展为城内有东市、南市、新南市、西市和北市，城外有草市的格局。一年内，各种专业性市场不断:一月灯市、二月花市、三月蚕市、四月锦市、五月扇市、六月香市、七月宝市、八月桂市、九月药市、十月酒市、十一月梅市、十二月桃符市。城内还兴起了繁华的夜市。现在中共四川省委的所在地“商业街”，成都市委的所在地“羊市街”，这些街名也反映了成都历史上商业的繁荣。

纸币是中国发明的，成都又是中国纸币的发源地。当时，在成都城外西边的“净从寺”（即成都西门万佛寺)有制造纸币(交子)的用纸和印刷纸币的作坊。成都所制交子，是世界货币史上使用最早的纸币，它对贸易往来、金融业的发展和经济繁荣等起了重大作用。

成都是全世界最早开发利用天然气的地方。早在西汉时期，成都人就发现了天然气，并用于制盐。这就是成都临邛地区有名的“火井”。历史上成都还是一座口岸城市。李冰开二江，双过城下，成都成为水陆交汇的口岸城市，又是祖国南方丝绸之路起点的外贸城市。

成都对祖国和世界文化作出了重大贡献。成都的教育事业发达，历史悠久。早在公元前 141 年，蜀郡太守文翁在成都兴学，开学馆，设讲堂，建石室。“文翁倡其教，相如为之师”，于是蜀之人才，辈出于两汉。这是全国地方办学的首创。一直到南宋，发展为规模近千人的地方高等学府。

隋、唐至宋时代，成都的造纸技术为全国的高峰。唐代成都造的“益州麻纸”是官方规定的诏书、册令和中央图书馆的标准用纸。雕版印刷术的发明，是中国对人类文明的又一伟大贡献。而成都是中国雕版印刷术的发源地之一。伦敦博物馆所藏敦煌文书中孟蜀时期成都木刻印刷的“历书”，为世界最早的木刻历书。中国历史博物馆所藏唐代木刻印刷的“陀螺尼经咒”，边款刻有“成都府成都县龙池坊刻”等字样。中国用木刻印刷五经、文选、诗文集，始于唐代的成都。宋代的成都，是全国印刷业三大基地之一，有“宋时蜀刻甲天下”之称。

成都又是一座工艺名城。从战国到汉代，成都的漆器即负盛名，享誉海外。著名的马王堆汉墓出土的精美漆器就有成都制造的。成都又是蜀锦的故乡，它一直是中国丝绸文化重要的发源地和生产地。汉、晋时期，蜀锦风靡天下。六朝以后至隋唐，通往西域的丝绸之路所销蜀锦大都是成都生产的。蜀锦在 1909 年的南洋博览会上获“国际特奖”。成都麻织的“蜀布”，在汉代是名扬天下的高级织物，远销“大夏”(即阿富汗)。

唐宋时期，成都的音乐、歌舞、戏剧已非常繁盛，有“蜀戏冠天下”之称。成都的乐器制造，闻名全国，成都乐器世家雷氏所制“雷琴”，使当时的文化界“叹为观止”，而留存于世者，珍同“国宝”。成都大慈寺的壁画也被称颂为“天下第一”。

饮茶文化始于中国。中国饮茶，源于四川。而四川最早进行茶叶贸易的是成都新津。诗歌中最早饮茶记录亦在成都。唐宋时期，成都是全国茶叶生产的主要地区，也是茶叶贸易的集散中心。清代以来，成都的茶馆文化别具一格，相沿至今。成都茶馆之多，世界第一。

成都是汇百流、善吸收、富创新的开放城市。自古就是一座人才荟萃的名城。汉赋四大家成都有司马相如和杨雄两位。唐代大画家成都有黄筌、黄居采父子。宋代著名史学家成都有范镇、范祖禹。成都还是名流云集之地，大政治家诸葛亮，大诗人李白、杜甫、岑参、薛涛、韦庄、陆游、范成大等都曾寓居这里，有“天下诗人皆入蜀”之说。无产阶级革命家朱德、陈毅都曾就学成都。现代著名文学家郭沫若、巴金、李劼人、李一氓，科学家周太玄等，都曾在成都石室中学受教。成都还具有不排外、汇百流、善吸收、富创新、勇进取的开放性格。开明氏入蜀，带来了荆楚文化;秦定蜀，带来了关中文化，后又把六国工商迁徙入蜀，带来了先进的工商技术;文翁兴学，派蜀人子弟到京师学习中原文化，隋代杨秀作蜀王带来中原高僧，使成都成为佛学中心之一。唐玄宗、僖宗两次“幸蜀”，随行带来了大批大诗人、画家、歌手和百工技艺之才。清代“湖广填四川”，促进了经济、文化、风俗的交流和融会。川剧、曲艺、绘画、川菜、小吃等，都是集各地之精华而形成成都特有文化。抗日战争时期，各种社会团体和名流志士移居成都，27 所大专院校迁来成都，使成都成为大后方文化中心。解放战争时期，随着大西南的解放，人民解放军又带来了晋、绥、秦、鲁、苏大批干部。新中国建立后的三线建设时期，又调进了全国各地的各种人才。成都的经济、政治、文化持久繁荣的重要原因，就在于二千多年来一直不断地吸收引进全国各地的先进文化和人才。

成都是富于革命传统的历史名城。在历史上数次成为革命起义的中心。西晋末年是“成汉”国的都城。北宋初期王小波、李顺起义发动于青城，建政权于成都。明末农民起义领袖张献忠在成都建立了大西国。1911 年辛亥秋成都的保路斗争，引起全川起义，成为 10 月 10 日武昌起义的开路先锋，被孙中山誉为立下了辛亥革命的“第一功”。五四运动以后，成都是发动赴法勤工俭学的重要城市。王右木、赵世炎、吴玉章、杨闇公、车耀先等革命先驱在成都进行过革命斗争。大革命失败后，“二•六”

烈士在下莲池英勇献身。1949 年 12 月，十二桥烈士用鲜血迎来了古城的新生。

在成都市区域内，被列为国家级历史文化名城的有都江堰市，列为省级历史文化名城的有邛崃市、崇州市、彭州市。2000 年 11 月，联合国第 24 届世界遗产委员会将青城山·都江堰列入《世界遗产名录》。2005 年 8 月 16 日，从金沙遗址上出土的“太阳神鸟”金饰图案被国家文物局正式确定为“中国文化遗产标志”。2006 年 7 月 12 日，联合国第 30 届世界遗产委员会将“四川熊猫栖息地”列入《世界遗产名录》，青城山-都江堰、西岭雪山、鸡冠山-九龙沟和天台山被纳入“四川熊猫栖息地”世界自然遗产地范围。

二、 地理位置和自然资源

地理位置 成都市位于四川省中部,四川盆地西部,介于东经 102° 54′ ～104° 53′ 和北纬 30° 05 ′ ～31° 26′ 之间，全市东西长 192 公里，南北宽 166 公里，总面积 12121 平方公里，其中耕地面积 636 万亩。东北与德阳市、东南与资阳市毗邻，南面与眉山市相连，西南与雅安市、西北与阿坝藏族羌族自治州接壤。距东海 1600 公里，南海 1090 公里，属内陆地带。

地形地貌 成都市地质历史悠久，地层出露较全。全市地势差异显著，西北高，东南低，西部属于四川盆地边缘地区，以深丘和山地为主，海拔大多在 1000—3000 米之间，最高处大邑县双河乡海拔为 5364 米，相对高度在 1000 米左右;东部属于四川盆地盆底平原，是成都平原的腹心地带，主要由第四系冲击平原、台地和部分低山丘陵组成，土层深厚，土质肥沃，开发历史悠久，垦殖指数高，地势平坦，海拔一般在 750 米上下，最低处金堂县云台乡仅海拔 387 米。 成都市东、西两个部分之间高差悬殊达 4977 米。由于地表海拔高度差异显著，直接造成水、热等气候要素在空间分布上的不同，不仅西部山地气温、水温、地温大大低于东部平原，而且山地上下之间还呈现出明显的不同热量差异的垂直气候带，因而在成都市域范围内生物资源种类繁多，门类齐全，分布又相对集中，这为成都市发展农业和旅游业带来了极为有利的条件。

土地资源 成都市土地资源有以下特点，一是土地类型多样。按地貌类型可分为平原、丘陵和山地;按土壤类型可分为水稻土、潮土、紫色土、黄壤、黄棕壤等 11 类;按土地利用现状类型可分为耕地、园林地、牧草地等 8 类。二是平原面积比重大，达 4971.4 平方公里，占全市土地总面积的 40.1%，远远高于全国占 12%和四川省占 2.54%的水平;丘陵面积占 27.6%，山地面积占 32.3%。三是土地垦殖指数高。土地肥沃，土层深厚，气候温和，灌溉方便，可利用面积的比重可达 94.2%，全市平均土地垦殖指数达 38.22%，其中平原地区高达 60%以上，远远高于全国 10.4%和四川省 11.5%的水平。

气候资源 成都市位于川西北高原向四川盆地过渡的交接地带，具有自己特有的气候资源：一是东西两部分之间气候不同。由于成都市东、西高低悬殊，热量随海拔高度急增而锐减， 所以出现东暖西凉两种气候类型并存的格局，而且，在西部盆周山地，山上山下同一时间的气温可以相差好几度，甚至由下而上呈现出暖温带、温带、寒温带、亚寒带、寒带等多种气候类型。这种热量的垂直变化，为成都市发展农业特别是多种经营创造了十分有利的条件。二是冬暖、春早、无霜期长，四季分明，热量丰富。年平均气温在 17.5° C 左右，≥10° C 的年平均活动积温为 4700° C～5300° C，全年无霜期大于 337 天，冬季最冷月(1 月)平均气温为 5° C 左右，0° C 以下天气很少，比同纬度的长江中下游地区高 2° ～3° C，提前一个月入春。三是冬春雨少，夏秋多雨，雨量充沛，年平均降水量为 1124.6 毫米，而且降水的年际变化不大，最大年降水量与最小年降水量的比值为 2:1 左右。四是光、热、水基本同季，气候资源的组合合理，很有利于生物繁衍。五是风速小， 广大平原、丘陵地区风速为 1～1.5 米/秒;晴天少，日照率在 24～32%之间，年平均日照时数为 1042～1412 小时，年平均太阳辐射总量为 83.0～94.9 千米/平方厘米。

水资源 成都市降水丰沛，年均水资源总量为 304.72 亿立方米，其中地下水 31.58 亿立方米，过境水 184.17 亿立方米，基本上能满足成都市人民生活和生产建设用水的需要。主要特点:一是河网密度大。成都市有岷江、沱江等 12 条干流及几十条支流，河流纵横，沟渠交错，河网密度高达 1.22 公里/平方公里;加上驰名中外的都江堰水利工程，库、塘、堰、渠星罗棋布。2004 年有效灌溉面积达 34.5 万公顷; 全市水能资源理论蕴藏量为 161.5 万千瓦。二是水质优良。成都地处长江流域上游，河水主要由大气降水、地下潜流和融雪组成，在流入成都平原之前，河道主要在高山峡谷之间，受人为污染极小，因而水质格外优良，绝大部分指标都符合国家地面水二级标准的要求 。

生物资源 成都市地处亚热带湿润地区，地形地貌复杂，自然生态环境多样，生物资源十分丰富。据初步统计，仅动、植物资源就有 11 纲、200 科、764 属、3000 余种。其中，种子植物 2682 种，特有和珍稀植物有银杏、珙桐、黄心树、香果树等;主要脊椎动物 237 种，国家重点保护的珍稀动物有大熊猫、小熊猫、金丝猴、牛羚等;中药材 860 多种，川芎、川郁金、乌梅、黄连等蜚声中外。

矿产资源 成都市矿产资源较为丰富。一是种类繁多，目前已探明的有铁、钛、钒、铜、铅、锌、铝、金、银、锶、稀土等金属矿产以及钙芒销、蛇纹石、石膏、方解石、石灰石、大理石、煤、天然气等非金属矿产资源 60 多种。二是分布相对集中。全市有大小矿产地 400 余处，多属矿产资源分布相对集中。煤炭探明储量 1.46 亿吨，主要集中在西部边沿山区的彭州市、都江堰市、崇州市和大邑县;天然气探明储量 16.77 亿立方米，远景储量为 42.21 亿立方米，主要集中于蒲江、邛崃、大邑、都江堰和金堂一带;钙芒硝储量全国第一，高达 98.62 亿吨，主要集中于新津县和双流县;多种金属矿产资源则相对集中于彭州市。三是共生矿多。

旅游资源 成都市名胜古迹蜚声中外，加上自然风光绮丽多姿，因而旅游资源得天独厚，并具有鲜明的成都特色。一是人文景观多。全市现有人文景观 172 处，具有类型多、规模大、分布广、价值高的特点。全市 19 个区(市)县，都有自己特有的人文景观。其中，尤以二王庙、文君井、武侯祠、杜甫草堂、文殊院、宝光寺、王建墓、蜀僖王陵以及古蜀文化——金沙遗址等最具特色;观音寺的壁画、塑像和花置寺的摩岩造像等也有很高的艺术观赏价值;举世闻名的都江堰水利工程，更是具有极高的科学研究价值。二是自然景观全。成都地形地貌复杂多样，山景、洞景、水景、生景、气景俱全。其中山景具有高、险、奇、秀、幽的特色，如有“天下幽”的青城山、雄奇多姿的九峰山、奇峰挺拔的雾中山、景色秀美的玉垒山等;水景中有汹涌湍急的溪流、清澈明亮的水潭、飞珠溅玉的瀑布、秀美如画的湖泊、千姿百态的泉眼等等。生景中，有少见的桂花林、箭竹林、杜鹃林等植物群落和大熊猫、小熊猫、蝴蝶群等珍稀动物。丰富多彩的成都气景中，有壮观的日出、多变的云海、神奇的佛光、奇特的“神灯”和玄幂的“阴阳界”等等。三是旅游资源分布相对集中。现已形成以成都市区为核心的、组合不同、风格各异的都江堰、青城山、宝光寺等 8 个国家、省、市级风景片区和西岭雪山国家级风景名胜区、龙池国家级森林公园、龙门山国家级地质公园和白水河国家自然保护区等。四是旅游地理位置十分优越。成都正处在由剑门蜀道、九寨沟、成都、峨眉山、长江三峡等旅游胜地组成的四川旅游环和由北京、西安、成都、昆明、桂林、广州等旅游中心组成的全国旅游环的联结点上，还是内地前往西藏的主要通道。

三、 人口和行政区划

人口 2012 年末，成都市户籍总人口为 1173.35 万人，在全国特大城市中，仅次于北京、上海、重庆，居第四位。其中，市区人口 554.18 万人，县(市)人口 619.17 万人;女性人口 587.38 万人，男性人口 585.97 万人。全市共 446.85 万户，其中市区为 210.62 万户，县(市)为 236.23 万户。全市平均每户 2.63 人，其中市区平均每户 2.63 人。全市人口密度为每平方公里 964 人，其中市区人口稠密，每平方公里达 2530 人。

行政区划 新中国建立后，成都市行政辖区几经调整，面积由 29.9 平方公里扩大到 1.21 万平方公里。1952 年撤消成都县，部分划归成都市郊区。1953 年后，相继建立了东城区、西城区、金牛区、青白江区、龙泉驿区和一个区级办事处(黄田坝)。1976 年将温江地区的双流县、金堂县划入成都市管辖。1983 年 5 月，实行市领导县体制，温江地区 10 个县并入成都市。1990 年 10 月，经国务院批准，成都市进行区划调整，五区划为七区。2002 年，经国务院批准，又将原新都县、温江县撤县设区，形成今天 9 区 4 市(县级市)6 县的格局，即:锦江区、青羊区、金牛区、武侯区、成华区、龙泉驿区、青白江区、新都区、温江区,都江堰市、彭州市、邛崃市、崇州市，金堂县、双流县、郫县、大邑县、蒲江县、新津县。

四、 经济社会发展概况

成都市的国民经济和各项社会事业经过解放后 60 年，特别是改革开放 30 多年的发展，城市综合实力显著增强，社会全面进步，人民生活极大改善，使成都市在全省、西南、全国的地位明显提高。

1984 年 1 月 11 日，国务院批准成都市城市性质为“省会，历史文化名城，重要的科学文化中心”。1993 年 6 月 29 日，国务院进一步要求“充分发挥成都市作为西南地区科技中心、商贸中心、金融中心和交通通信枢纽的作用”，并先后批准成都市实行沿海开放城市政策，列入全国率先建立社会主义市场经济体制试点城市、金融对外开放城市、行政副省级城市。城市综合实力 1992 年进入全国城市 50 强，位居第 11 位，投资硬环境为全国城市 40 优之一，2003 年《中国城市发展报告》成都综合实力位列第九位。 2006 年，荣获“国家园林城市”称号。2007 年 2 月，荣获“中国最佳旅游城市”称号；5 月,荣获“国家森林城市”称号；6 月，成都市全国统筹城乡综合配套改革试验区获国务院批准；2008 年荣获“全国文明城市”称号。

——经济快速发展，综合实力显著增强。2012 年，全市地区生产总值达到 8138.9 亿元，在全国 15 个副省级城市中，居第 3 位，按可比价格计算，增长 13.0%。三次产业协调发展，以商品流通、交通运输、邮电通信、金融保险、房地产、技术服务、旅游等为主的第三产业迅速发展，产业结构调整成效明显，2012 年第一、二、三产业在地区生产总值中的比重分别为 4.3%、46.2%、49.5%。

—— 基础设施建设成效显著，城市面貌发生重大变化。近 20 多年来，相继完成了一环路、二环路、三环路、内环路、府南河综合整治和天府广场工程，城市面貌和生态环境明显改善，城市特色更加突出。实施了蜀都大道、羊市街东西延线，东城根街、红星路、新华路和长顺街南北延线、人民北路等多条城区道路的改造建设；城市立体交通发展迅速，兴建立交桥数十座。建成成温邛、成南、成灌、成彭、成绵、成渝、成雅、成乐、成都外环高速公路和机场高速。实现了县县通高速，建成了全市高速公路网。2010 年9 月 27 日，成都地铁 1 号线一期工程正式开通试运营，地铁线路为南北方向，贯穿成都市主城区，全长 18.5 公里，共设 17 座车站。这是我国西部地区开通的首条地铁线路。2012 年 9 月 16 日，成都地铁 2 号线一期工程正式开通运营，地铁线路为东南——西北方向，与地铁 1 号线相交于天府广场，全长 23 公里，共设有站点 20 座。完成自来水六厂、西郊天然气储罐站、成都污水处理厂和成都长途电话枢纽工程等若干重点项目，城市供电、供气、供水和通信能力逐步增强。城市管理、城市园林绿化、环境保护、市容环卫等工作成效明显，1993 年 10 月，成都市在全国省会城市中，第一个被命名为国家卫生城市；2000 年获得全国城市环境综合整治“优秀城市”称号；2005 年被授予“国家环境保护模范城市”称号；2008 年被授予“全国文明城市”称号。

——开发区快速发展，建设规模不断扩大。成都的开发区创建于 20 世纪 80 年代末、90 年代初，经过近 20 年的发展，现已初具规模。全市主要开发区有：成都高新技术产业开发区 ，始建于 1988 年，1991 年 3 月被国务院批准为国家级高新技术产业开发区。成都经济技术开发区，创建于 1990 年，2000 年 2 月被国务院批准为国家级经济技术开发区。其他主要开发区还有：成都海峡两岸科技产业开发园，西南航空港经济开发区等。

——城乡居民收入快速增长，生活水平不断提高。2012 年，城镇居民人均可支配收入达到 27194 元，农民人均纯收入 11501 元，城乡居民储蓄存款余额达 7157 亿元。城乡居民生活质量明显改善。

一 综 合

简 要 说 明

主要内容

本部分包括成都的自然地理、行政区划、国民经济和社会发展综合指标，成都与全国、全省对比情况等内容。

资料来源

气象资料来源于成都市气象局。

行政区域、乡(镇)名录来源于成都市民政局。

其他资料主要依据成都市统计局综合统计年报和各专业统计年报及其相关部门的资料整理而得。

其他需要说明的问题

地区生产总值、工业总产值、农业总产值总量与结构指标按当年价格计算，速度指标均按可比价格计算。

自 然 地 理

位置：

成都，简称蓉。地处东经 102 度 54 分至 104 度 53 分与北纬 30 度 05 分至 31 度 26 分之间，位于四川省中部，东北与德阳市，东南与资阳市毗邻，西南与雅安市，西北与阿坝藏族羌族自治州接壤，南面与眉山市相连。境内海拔最高 5364 米，最低 387 米。

面积：

全市面积 12121 平方公里，东西长 192 公里，南北宽 166 公里，平原面积占 40.1%，丘陵面积占 27.6%，山区面积占 32.3%。

河流：

境内河网稠密，西南部为岷江水系，东北部为沱江水系，全市有大小河流 40 余条，水域面积 700 多平方公里。

气候：

成都属于亚热带湿润季风气候区，热量丰富、雨量充沛、四季分明。年平均气温在 15.2℃～16.6℃左右，全年无霜期大于 300 天，年平均降水量 873 毫米～1265 毫米，年平均日照百分率一般在 23%～30%之间，年平均太阳辐射总量为 80.0 千卡/平方厘米～93.5 千卡/平方厘米。

1-1 成都市气象情况(2012 年)

Meteorological Phenomenon in Chengdu (2012)

	平均气温 (摄氏度)	日照时数 (小时)	雾　日 (天)	降雨日数 (天)	降雨量 (毫米)	平均风速 (米/秒)
全　年	**15.9**	**780.6**	**28**	**215**	**610.9**	**1.1**
一　月	5.0	26.2	5	24	13.6	1.1
二　月	6.0	21.6	2	13	6.3	1.2
三　月	11.2	78.1	4	21	26.2	1.3
四　月	17.7	115.8	3	15	17.6	1.2
五　月	21.2	68.6		19	118.8	1.3
六　月	22.5	63.6		24	74.9	1.1
七　月	24.8	73.7		19	143.1	1.1
八　月	26.0	141.0		20	64.1	1.2
九　月	20.9	57.4	3	18	76.7	1.0
十　月	17.2	44.9	2	19	57.0	1.1
十一月	11.0	44.1	2	11	9.7	0.9
十二月	6.8	45.6	7	12	2.9	1.0

1-2 成都市行政区划(2012年末)

Division of Administrative Areas in Chengdu (End of 2012)

单位：个

	乡政府	镇政府	街道办事处	社区居委会	村民委员会
全　　市	**27**	**193**	**95**	**1598**	**1771**
高新区		1	5	47	
锦江区			16	64	
青羊区			14	75	
金牛区			15	109	
武侯区			13	59	27
成华区			14	101	
龙泉驿区	1	7	4	61	78
青白江区	2	7	2	26	94
新都区	0	11	2	127	127
温江区	0	6	4	76	35
金堂县	2	19		47	185
双流县	0	18	6	148	106
郫　县	0	14		56	139
大邑县	3	17		66	152
蒲江县	4	8		25	107
新津县	1	11		26	80
都江堰市	2	17		256	
彭州市	0	20		102	251
邛崃市	6	18		62	202
崇州市	6	19		65	188

1-3 成都市乡(镇)名录

Name List of Townships and Villages in Chengdu

区(市)县	政府驻地	乡 (镇)
龙泉驿区	龙泉街办	万兴乡、洛带镇、西河镇、柏合镇、洪安镇、茶店镇、黄土镇、山泉镇
青白江区	红阳街办	福洪乡、人和乡、城厢镇、弥牟镇、清泉镇、大同镇、祥福镇、姚渡镇、龙王镇
新都区	新都镇	新都镇、新民镇、泰兴镇、马家镇、清流镇、新繁镇、龙桥镇、斑竹园镇、石板滩镇、木兰镇、军屯镇
温江区	柳城街办	和盛镇、金马镇、万春镇、永盛镇、永宁镇、寿安镇
金堂县	赵镇	平桥乡、栖贤乡、赵镇、淮口镇、竹篙镇、土桥镇、五凤镇、云合镇、广兴镇、高板镇、福兴镇、赵家镇、金龙镇、白果镇、三星镇、官仓镇、清江镇、隆盛镇、三溪镇、转龙镇、又新镇
双流县	东升街办	大林镇、煎茶镇、永安镇、黄水镇、籍田镇、正兴镇、彭镇、太平镇、永兴镇、金桥镇、黄龙溪镇、胜利镇、新兴镇、兴隆镇、万安镇、白沙镇、三星镇、合江镇
郫县	郫筒镇	郫筒镇、安靖镇、红光镇、唐昌镇、安德镇、团结镇、犀浦镇、花园镇、德源镇、新民场镇、友爱镇、三道堰镇、唐元镇、古城镇
大邑县	晋原镇	金星乡、雾山乡、鹤鸣乡、晋原镇、安仁镇、悦来镇、新场镇、西岭镇、斜源镇、青霞镇、沙渠镇、董场镇、韩场镇、王泗镇、三岔镇、花水湾镇、出江镇、上安镇、苏家镇、蔡场镇
蒲江县	鹤山镇	复兴乡、光明乡、白云乡、长秋乡、鹤山镇、寿安镇、大塘镇、西来镇、大兴镇、甘溪镇、朝阳湖镇、成佳镇
新津县	五津镇	文井乡、五津镇、花桥镇、金华镇、兴义镇、安西镇、新平镇、永商镇、邓双镇、普兴镇、花源镇、方兴镇
都江堰市	灌口镇	向峨乡、虹口乡、灌口镇、蒲阳镇、石羊镇、安龙镇、胥家镇、大观镇、紫坪铺镇、玉堂镇、幸福镇、中兴镇、柳街镇、聚源镇、天马镇、崇义镇、龙池镇、青城山镇、翠月湖镇
彭州市	天彭镇	天彭镇、通济镇、丹景山镇、隆丰镇、敖平镇、磁峰镇、桂花镇、红岩镇、升平镇、军乐镇、三界镇、小鱼洞镇、龙门山镇、新兴镇、丽春镇、九尺镇、蒙阳镇、白鹿镇、葛仙山镇、致和镇
邛崃市	临邛镇	茶园乡、孔明乡、道佐乡、油榨乡、南宝乡、大同乡、临邛镇、固驿镇、羊安镇、宝林镇、天台山镇、牟礼镇、桑园镇、平乐镇、夹关镇、火井镇、水口镇、冉义镇、回龙镇、高埂镇、前进镇、高何镇、临济镇、卧龙镇
崇州市	崇阳镇	锦江乡、公议乡、济协乡、集贤乡、鸡冠山乡、燎原乡、崇阳镇、怀远镇、元通镇、隆兴镇、羊马镇、三江镇、道明镇、王场镇、三郎镇、江源镇、白头镇、廖家镇、街子镇、文井江镇、观胜镇、大划镇、梓潼镇、崇平镇、桤泉镇

1-4 国民经济和社会发

Principal Aggregate Indicators on National Economic

	单　位	1978 年	1980 年	1990 年	2000 年
一、人口与就业					
人　口					
年末总人口	万人	806.06	822.54	919.50	1013.35
#市区人口	万人	228.80	238.31	280.81	335.86
#非农业人口	万人	179.46	192.04	250.99	345.90
就　业					
从业人员数	万人	372.30	393.12	562.67	574.13
#在岗职工人数	万人	109.99	115.90	152.71	124.53
#乡村劳动力	万人	262.11	276.57	382.33	387.92
二、宏观经济					
国民核算					
地区生产总值	亿元	35.94	46.30	194.09	1156.79
第一产业	亿元	11.45	12.60	40.56	116.36
第二产业	亿元	16.97	22.98	77.07	422.13
工　业	亿元	16.35	21.60	67.92	328.72
建筑业	亿元	0.62	1.38	9.15	93.41
第三产业	亿元	7.52	10.72	76.46	618.30
# 交通运输、仓储和邮政业	亿元	1.53	2.00	12.21	71.22
批发和零售业	亿元	1.96	2.83	16.59	121.01
住宿和餐饮业	亿元	0.55	0.82	5.76	52.72
金融业	亿元	0.56	0.81	7.15	65.71
房地产业	亿元	0.18	0.30	3.57	51.54
农　业					
农林牧渔业从业人员	万人	241.36	258.45	305.13	244.09
农林牧渔业总产值	亿元	15.71	17.15	60.19	197.74

注：2003 年以后市区人口含新都区、温江区，下同。

展总量与速度指标

and Social Development and Their Related Indices Growth Rates

2011 年	2012 年	2012 年为下列年度(%)				
		1978 年	1980 年	1990 年	2000 年	2011 年
1163.28	1173.35	145.6	142.6	127.6	115.8	100.9
544.78	554.18	242.2	232.5	197.4	165.0	101.7
705.66	716.72	399.4	373.2	285.6	207.2	101.6
773.17	793.75	213.2	201.9	141.1	138.3	102.7
171.04	177.63	161.5	153.3	116.3	142.6	103.9
428.12	426.08	162.6	154.1	111.4	109.8	99.5
6950.58	8138.94	47.8 倍	37.9 倍	15.7 倍	4.7 倍	113.0
327.34	348.10	4.7 倍	4.4 倍	2.7 倍	1.9 倍	103.8
3143.82	3765.62	81.9 倍	61.0 倍	23.3 倍	6.4 倍	115.6
2610.80	3127.61	82.3 倍	62.8 倍	24.6 倍	7.1 倍	116.5
533.02	638.01	164.5 倍	75.1 倍	20.7 倍	4.3 倍	111.1
3479.42	4025.22	66.6 倍	48.0 倍	16.6 倍	4.2 倍	111.5
312.25	361.03	28.9 倍	22.6 倍	9.2 倍	3.4 倍	107.5
580.96	653.12	47.8 倍	34.1 倍	14.4 倍	4.0 倍	110.3
244.13	279.35	75.0 倍	52.0 倍	18.3 倍	4.0 倍	108.7
638.44	740.59	117.6 倍	84.0 倍	23.5 倍	5.0 倍	113.7
387.90	426.20	267.5 倍	169.3 倍	34.8 倍	5.0 倍	105.7
142.23	139.29	57.7	53.9	45.6	57.1	97.9
547.00	577.84	5.5 倍	5.1 倍	3.0 倍	1.9 倍	103.5

1-4 续表 1

	单　位	1978 年	1980 年	1990 年	2000 年
主要农产品、畜产品产量					
粮　食	万吨	294.85	305.14	381.70	363.71
油菜籽	万吨	10.82	13.70	19.85	18.59
蔬　菜	万吨	87.61	75.09	222.80	409.82
水　果	万吨	2.66	4.21	11.17	52.40
肉　类	万吨	14.16	18.60	38.53	68.62
#猪　肉	万吨	12.95	17.14	33.79	46.52
牛　奶	万吨	1.17	1.30	3.17	4.98
禽　蛋	万吨	1.77	1.87	5.97	14.64
水产品	万吨	0.23	0.27	2.39	4.96
工　业					
主要工业产品产量					
钢　材	万吨	35.55	40.86	86.32	126.21
发电量	亿千瓦小时	10.36	7.06	23.60	53.13
水　泥	万吨	25.37	37.46	112.87	324.00
化学原料药	吨	544	447	1344	3109
合成氨	万吨	61.44	61.99	55.58	74.40
汽　车	辆	641	966	5230	20124

2011 年	2012 年	2012 年为下列年度(%)				
		1978 年	1980 年	1990 年	2000 年	2011 年
265.43	255.56	86.7	83.8	67.0	70.3	96.3
24.20	24.28	224.4	177.2	122.3	130.6	100.3
529.88	538.61	614.8	717.3	241.7	131.4	101.6
117.80	118.18	44.4 倍	28.1 倍	10.6 倍	225.5	100.3
104.22	105.65	746.1	568.0	274.2	154.0	101.4
72.77	74.74	577.1	436.1	221.2	160.7	102.7
11.42	11.41	9.8 倍	8.8 倍	3.6 倍	229.1	99.9
20.48	19.61	11.1 倍	10.5 倍	328.5	133.9	95.8
10.40	9.02	39.2 倍	33.4 倍	377.4	181.9	86.7
409.23	417.51	11.7 倍	10.2 倍	4.8 倍	3.3 倍	102.0
136.96	139.51	13.5 倍	19.8 倍	5.9 倍	2.6 倍	101.9
1328.8	1468.13	57.9 倍	39.2 倍	13.0 倍	4.5 倍	110.5
12595	22999	42.3 倍	51.5 倍	17.1 倍	7.4 倍	182.6
38.42	48.03	78.2	77.5	86.4	64.6	125.0
181809	392374	612.1 倍	406.2 倍	75.0 倍	19.5 倍	215.8

1-4 续表 2

	单　位	1978 年	1980 年	1990 年	2000 年
卷　烟	万箱	11.19	12.60	22.01	51.10
固定资产投资					
全社会固定资产投资总额	亿元	2.94	5.57	40.12	475.90
#国有单位投资	亿元	2.83	5.20	28.20	227.86
#市及市以下投资	亿元	0.98	2.48	28.92	370.79
#基本建设投资	亿元	2.75	4.67	12.94	228.39
更新改造投资	亿元		0.53	11.77	48.95
房地产投资	亿元			2.99	129.16
运输业					
货物运输量	万吨	2874	4295	10139	21489
货物周转量	亿吨公里	81.29	86.68	147.83	362.65
旅客运输量	万人	2635	4586	12894	46459
客运周转量	亿人公里	27.16	38.43	98.42	288.95
邮电通信业					
邮电业务总量	亿元	0.28	0.31	1.55	71.64
移动电话	万部				99.10
国内贸易与旅游					
社会消费品零售总额	亿元	13.81	20.51	85.69	554.21
#个体私营经济	亿元	0.02	0.06	21.72	230.21

注：①从 2003 年起运输量只包括营运性运输，且从 2004 年后成都铁路局数据为西南三省合并后数据，2011 年为

2011 年	2012 年	2012 年为下列年度(%)				
		1978 年	1980 年	1990 年	2000 年	2011 年
944.20	978.85	87.5 倍	77.7 倍	44.5 倍	19.2 倍	103.7
4995.65	5890.10	2003.4 倍	1057.5 倍	146.8 倍	12.4 倍	117.9
1475.75	1888.51	667.3 倍	363.2 倍	67.0 倍	8.3 倍	128.0
4348.21	5351.69	5460.9 倍	2157.9 倍	185.1 倍	14.4 倍	123.1
2267.36	2751.71	1000.6 倍	589.2 倍	212.7 倍	12.0 倍	121.4
1014.23	1154.09		2177.5 倍	98.1 倍	23.6 倍	113.8
1585.28	1890.04			632.1 倍	14.6 倍	119.2
34368	39569	13.8 倍	9.2 倍	3.9 倍	184.1	115.1
288.37	325.17					112.8
99070	106874	40.6 倍	23.3 倍	828.9	230.0	107.9
769.71	795.81	29.3 倍	20.7 倍	808.6	275.4	103.4
170.81	213.15					124.8
2022.99	2136.10				21.6 倍	105.6
2861.28	3317.67					116.0
—	—					

成都铁路加成都地铁数据。②从 2011 年起，电信数据按国家新政策进行调整，故与往年不可比。

1-4 续表 3

	单　位	1978 年	1980 年	1990 年	2000 年
旅游总收入	亿元				131.10
#创汇收入	万美元				8108
物价指数(上年=100)					
居民消费价格指数		101.1	106.6	103.5	100.2
#食品类		101.1	110.6	102.5	96.3
服务项目类		100.9	100.7	108.5	115.1
.商品零售价格指数		101.1	107.1	102.9	98.2
对外贸易					
进出口总额(海关口径)	亿美元				14.81
#出　口	亿美元				8.18
财政与金融					
财政收入	亿元	7.39	7.57	20.40	118.61
#地方公共财政收入	亿元				54.73
财政支出	亿元	2.96	3.34	11.92	82.94
国家银行存款余额	亿元	23.80	24.88	129.65	1298.25
国家银行贷款余额	亿元	22.53	26.96	137.66	1074.78
城乡居民储蓄余额	亿元	2.40	4.28	79.15	831.00
三、教育文化					
教　育					
专任教师数					
普通高等学校	万人	0.69	0.74	1.07	1.12
普通中等专业学校	万人	0.22	0.26	0.33	0.32
普通中学	万人	2.74	2.56	2.49	3.07

注：从 1999 年起金融数据含省级在蓉机构数据。

2011 年	2012 年	2012 年为下列年度(%)				
		1978 年	1980 年	1990 年	2000 年	2011 年
805.01	1050.78				801.5	130.5
45640	62785				774.4	137.6
105.4	103.0					
112.6	103.9					
104.3	102.8					
104.3	101.4					
379.06	475.57				32.1 倍	125.5
229.56	303.70				37.1 倍	132.3
2269.46	2331.26	315.5 倍	308.0 倍	114.3 倍	19.7 倍	102.7
680.69	780.90					118.9
1794.27	1770.44	598.1 倍	530.1 倍	148.5 倍	21.3 倍	98.7
7784.64	9030.48	379.4 倍	362.9 倍	69.6 倍	7.0 倍	116.0
5732.63	6270.44	278.3 倍	232.6 倍	45.5 倍	5.8 倍	109.4
5980.01	7157.04	2982.1 倍	1672.2 倍	90.4 倍	8.6 倍	119.7
3.96	4.32	6.3 倍	5.8 倍	4.0 倍	3.9 倍	109.1
0.84	0.88	4.0 倍	3.4 倍	2.7 倍	2.8 倍	104.8
4.37	4.50	164.2	175.8	180.7	146.6	103.0

注：2004 年起中等专业学校数据含职业高中数，下同。

1-4 续表 4

	单　位	1978 年	1980 年	1990 年	2000 年
小　　学	万人	4.10	4.26	4.05	3.76
在校学生数					
普通高等学校	万人	1.96	2.88	5.69	14.07
普通中等专业学校	万人	1.50	1.73	2.80	6.50
普通中学	万人	57.40	43.82	34.70	48.25
小　　学	万人	120.25	123.44	67.07	77.16
文　化					
公共图书馆					
图 书 馆	个			16	17
阅览室席数	个			2375	2200
总 藏 量	万册（件）			643	746
广播节目制作时间	小时			6200	42280
电视节目制作时间	小时			1183	12826
四、人民生活及其他					
家　庭					
总户数	万户	185.56	192.24	262.61	317.2
城镇居民平均每户家庭人口	人	4.19	3.84	3.15	2.88
农村居民平均每户家庭人口	人	5.55	5.17	4.20	3.60
城乡居民最低生活保障人数	人				47962
#城　镇	人				27487
交通事故伤亡人数	人				5582
婚　姻					
结婚数	万对			9.64	7.23
离婚数	万对			1.55	2.01

注：广播、电视节目制作时间 1990 年及以前年份未含区(市)县级广播、电视节目制作时间。

2011年	2012年	2012年为下列年度(%)				
		1978年	1980年	1990年	2000年	2011年
3.79	3.86	94.1	90.6	95.3	102.7	101.8
64.72	68.56	35.0倍	23.8倍	12.0倍	487.3	105.9
23.75	23.85	15.9倍	13.8倍	851.8	366.9	100.4
62.19	61.41	107.0	140.1	177.0	127.3	98.7
68.01	68.33	56.8	55.4	101.9	88.6	100.5
22	22			137.5	129.4	100.0
9748	10078			4.2倍	4.6倍	103.4
1539	1642			2.6倍	2.2倍	106.7
122438	129261			20.8倍	3.1倍	105.6
94134	34167					
439.69	446.85	240.8	232.4	170.2	140.9	101.6
2.75	2.81	67.1	73.2	89.2	97.6	102.2
3.30	3.41	61.3	65.8	81.0	94.4	103.0
203562	173635				362.0	85.3
65787	51285				186.6	78.0
3675	2971				53.2	80.8
13.43	12.49			129.6	172.8	93.0
5.82	5.34			3.5倍	2.7倍	91.8

1-4 续表 5

	单　位	1978 年	1980 年	1990 年	2000 年
居　住					
人均住宅建筑面积	平方米				
农村居民人均住房面积	平方米	9.6	10.0	20.6	34.9
居民收支					
城市居民人均可支配收入	元	340	395	1755	7649
城市居民人均消费性支出	元	328	391	1681	6423
农村居民人均纯收入	元	140	223	773	2926
农村居民人均生活消费支出	元	117	186	693	2201
卫　生					
医院、卫生院数	个	556	556	516	568
执业（助理）医师数	万人		1.43	2.32	2.62
医院、卫生院床位数	万张		2.17	3.04	3.41
市政建设					
全市用电量	亿千瓦小时	19.70	23.68	35.61	82.10
自来水供应量	亿吨	0.82	0.97	4.10	4.68
天然气供气量	亿立方米	4.42	4.56	10.40	15.18
公共交通营运车辆	辆	361	476	942	2118
出租汽车	辆		32	1585	7852
铺装道路长度	公里	319	324	423	1058
园林绿地面积	公顷	160	277	1896	4013

注：①城镇居民人均可支配收入1990年前为生活费收入；②人均住宅建筑面积按五城区（含高新区）常住人口计算。

2011年	2012年	2012年为下列年度(%)				
		1978年	1980年	1990年	2000年	2011年
30.68	32.94					107.4
50.20	52.20	5.4倍	5.2倍	2.5倍	149.6	104.0
23932	27194	80.0倍	68.8倍	15.5倍	3.6倍	113.6
17795	19054	58.1倍	48.7倍	11.3倍	3.0倍	107.1
9895	11051	78.9倍	49.6倍	14.3倍	3.8倍	114.2
7033	8061	68.9倍	43.3倍	11.6倍	3.7倍	114.6
659	685	123.2	123.2	132.8	120.6	103.9
3.99	4.28		299.3	184.5	163.4	107.3
7.34	8.50		391.7	279.6	249.3	115.8
385.82	411.80	20.9倍	17.4倍	11.6倍	5.0倍	106.7
7.08	7.60	9.3倍	7.8倍	185.4	162.4	107.3
22.66	21.10	4.8倍	4.6倍	2.0倍	139.0	93.1
7188	8383	23.2倍	17.6倍	8.9倍	4.0倍	116.6
12419	14009		437.8倍	8.8倍	178.4	112.8
2704	2797	8.8倍	8.6倍	6.6倍	264.4	103.4
17314	18519	115.7倍	66.9倍	9.8倍	4.6倍	107.0

③执业（助理）医师数2009年以前为医生数。

1-5　国民经济和社会发展结构指标

Structural Indicators on National Economic and Social Development

单位：%

	1978 年	1980 年	1990 年	2000 年	2011 年	2012 年
一、人口与就业						
人　口						
农业与非农业结构						
农　业	77.7	76.7	72.7	65.9	39.3	38.9
非农业	22.3	23.3	27.3	34.1	60.7	61.1
性别结构						
男　性	50.9	50.9	51.2	50.9	50.0	49.9
女　性	49.1	49.1	48.8	49.1	50.0	50.1
地域结构						
市　区	28.4	29.0	30.5	33.1	46.8	47.2
县(市)	71.6	71.0	69.5	66.9	53.2	52.8
就　业						
从业人员产业结构						
第一产业	63.4	63.3	53.5	44.9	18.7	17.9
第二产业	16.2	16.1	25.9	26.5	34.6	34.7
第三产业	20.4	20.6	20.6	28.6	46.7	47.4
从业人员经济类型结构						
#国有经济	22.3	22.8	21.8	16.9	13.2	13.7
城乡个体及私营				11.8	45.2	45.6
#城镇				6.5	29.3	29.4

1-5 续表 1

单位：%

	1978 年	1980 年	1990 年	2000 年	2011 年	2012 年
二、宏观经济						
国民经济核算						
地区生产总值结构						
第一产业	31.8	27.2	20.9	10.1	4.7	4.3
第二产业	47.2	49.7	39.7	36.5	45.2	46.2
第三产业	21.0	23.1	39.4	53.4	50.1	49.5
固定资产投资						
投资经济类型结构						
#国有单位	96.4	93.3	70.3	47.9	29.5	32.1
集体单位	3.6	6.7	11.4	7.8	0.7	0.4
私营及个体经济			18.3	8.9	9.5	12.2
投资种类结构						
#基本建设	93.4	83.8	32.3	48.0	45.4	46.7
更新改造		9.6	29.3	10.3	20.3	19.6
房地产			7.4	27.1	31.7	32.1
国内贸易						
社会消费品零售总额						
行业结构						
批发零售贸易业	90.0	85.2	75.4	58.9	86.7	86.5
餐饮业	5.9	5.8	8.2	18.5	12.1	12.3

1-5 续表 2

单位：%

	1978 年	1980 年	1990 年	2000 年	2011 年	2012 年
其　他	0.8	2.0	5.8	17.6	1.2	1.2
隶属关系结构						
市的零售额	47.4	48.0	65.9	64.1	98.7	98.7
县及县以下零售额	52.6	52.0	34.1	35.9	1.3	1.3
财　政						
地方公共财政收入结构						
#增值税					6.6	6.3
营业税					23.7	25.4
企业所得税					12.5	13.0
个人所得税					3.4	3.0
公共财政支出结构						
#一般公共服务					13.1	12.5
公共安全					6.3	6.1
教　育					13.7	16.5
社会保障和就业					5.8	5.9
医疗卫生					5.8	5.6
城乡社区事务					15.4	17.0
三、人民生活及其他						
居民生活消费						
城镇居民人均生活消费结构						

1-5 续表 3

单位：%

	1978 年	1980 年	1990 年	2000 年	2011 年	2012 年
#食品类	57.6	57.8	51.4	38.8	37.0	35.4
衣着类	17.1	15.4	14.6	9.0	9.2	9.8
居　住	5.0	4.6	4.9	11.9	9.1	9.1
交通通讯	1.2	1.1	1.3	5.9	16.7	16.7
医疗保健费	1.3	1.3	1.5	6.5	5.2	5.4
农村居民人均生活消费结构						
#食品类		71.1	63.6	51.2	42.0	41.1
衣着类		10.1	6.7	6.7	9.7	9.8
居　住		8.9	16.6	14.6	10.3	9.9
交通及通讯		0.7	1.6	5.5	15.8	16.6
医疗保健费		0.5	2.4	4.5	6.2	6.2
卫　生						
卫生技术人员结构						
#执业（助理）医师					39.5	38.6
注册护士					39.6	40.7
药剂人员					6.0	5.7

1-6 国民经济和社会发展比例和效益指标

Indicators on Proportions and Efficiency in National Economic and Social Development

	单 位	1978 年	1980 年	1990 年	2000 年	2011 年	2012 年
一、人 口							
出生率	‰	10.3	11.2	13.1	9.6	9.0	10.0
死亡率	‰	6.0	6.1	6.4	6.6	4.6	9.9
自然增长率	‰	4.3	5.1	6.7	3.1	4.5	0.1
二、宏观经济							
全社会劳动生产率	**元/人**	**965**	**1203**	**3485**	**19994**	**91099**	**103885**
第一产业	元/人	485	517	1357	4550	22028	24314
第二产业	元/人	2817	3692	5326	27688	121459	138670
第三产业	元/人	986	1356	6746	36296	97864	109162
农 业							
农业从业者人均提供农产品产量							
粮 食	千克	1222	1181	1251	1463	1866	1816
油菜籽	千克	45	53	65	75	170	173
肉 类	千克	59	72	126	276	733	751
水产品	千克	1.0	1.0	7.8	20.0	73.1	64.1
每公顷播种面积农产品产量							
粮 食	千克	4010	4245	5433	5902	6219	6243
油菜籽	千克	1680	1807	1924	1948	2369	2404
蔬 菜	吨	26	26	28	26	32.6	33.5

1-6 续表 1

	单 位	1978 年	1980 年	1990 年	2000 年	2011 年	2012 年
工 业							
独立核算工业企业效益							
综合经济效益指数	%				103.1	261.9	268.5
#总资产贡献率	%				7.8	16.0	16.8
资本保值率	%				108.5	118.0	116.0
资产负债率	%				62.0	57.7	59.8
流动资产周转次数	次				1.2	2.1	1.9
成本费用利润率	%				4.0	7.6	9.2
劳动生产率	元/人				36454	234522	235592
建筑业							
产值利税率	%				4.69	9.02	12.22
固定资产投资							
固定资产投资率	%	8.2	12.0	20.7	41.1	71.9	72.4
房屋建设竣工率	%	52.6	53.9	73.8	56.8	24.3	24.3
基本建设固定资产交付使用率	%	120.0	90.7	78.6	71.5	71.1	66.1
基本建设项目竣工率	%	23.7	33.1	42.5	48.1	51.7	52.2
财 政							
财政收入占地区生产总值比重	%	20.6	16.4	10.5	10.3	32.7	28.6
财政支出占地区生产总值比重	%	8.3	7.2	6.1	7.2	25.8	21.8

1-6 续表 2

	单　位	1978 年	1980 年	1990 年	2000 年	2011 年	2012 年
三、教　育							
学龄儿童入学率	%			99.50	99.95	99.94	99.94
小学升学率	%			68.3	98.3	105.14	104.76
初中升学率	%			51.2	80.8	96.49	96.70
每一教师负担学生数							
普通高等学校	人	2.8	3.9	5.3	12.5	16.3	15.9
普通中等专业学校	人	6.8	6.6	8.6	20.5	28.4	27.3
普通中学	人	20.9	17.1	13.9	15.7	14.2	13.6
小　学	人	29.3	29.0	16.6	20.5	18.0	17.7
四、人民生活及其他							
家　庭							
城市居民家庭							
平均每户就业面	%	41.53	51.30	56.83	50.15	52.36	50.89
每一就业者负担人数	人	2.41	1.95	1.76	1.99	1.91	1.97
农村居民家庭							
平均每一劳动力赡养人口	人	2.2	2.0	1.4	1.4	1.32	1.36
卫　生							
每万人卫生技术人员	人			53	54	87	94
每万人医生数	人		18	25	26	34	36
每万人医院、卫生院床位数	张		27	33	34	63	79

1-7 社会经济主要指标人均水平

Per Capita Level of Main Indicators in Social and Economic Activities

	单 位	1978 年	1980 年	1990 年	2000 年	2011 年	2012 年
地区生产总值	元	**449**	**565**	**2123**	**11471**	**60117**	**69664**
农业总产值	元	**196**	**209**	**659**	**1961**	**4731**	**4946**
社会消费品零售总额	元	**172**	**250**	**937**	**5496**	**24748**	**28397**
城乡居民储蓄存款余额	元	**30**	**52**	**866**	**8240**	**51723**	**61260**
财政收入	元	**92**	**92**	**223**	**1198**	**19631**	**19954**
主要农产品产量							
粮 食	千克	367	372	418	361	230	218
油菜籽	千克	13.4	16.7	21.7	18.4	20.9	20.7
蔬 菜	千克	109	92	244	406	458	459
水 果	千克	3.3	5.1	12.2	52.0	101.9	100.7
肉 类	千克	17.6	22.7	42.2	68.0	90.1	90.0
#猪 肉	千克	16.1	20.9	37.0	46.1	62.9	63.7
牛 奶	千克	1.5	1.6	3.5	4.9	9.9	9.7
禽 蛋	千克	2.2	2.3	6.5	14.5	17.7	16.7
水产品	千克	0.3	0.3	2.6	4.9	9.0	7.7

注：本表均按户籍人口计算。

1-7 续表

	单　位	1978 年	1980 年	1990 年	2000 年	2011 年	2012 年
主要工业品产量							
钢　材	千克	44	50	94	125	352	357
发电量	千瓦小时	129	86	258	437	1177	1194
原　煤	千克	218	224	340	248	—	—
水　泥	千克	32	46	123	321	1142	1157
卷　烟	千支					8.1	8.4
人民生活							
城镇全部单位就业人员平均工资	元					33861	38221
城市居民人均可支配收入	元	340	395	1755	7649	23932	27194
城市居民人均消费性支出	元	328	391	1681	6423	17795	19054
农村居民人均纯收入	元	140	223	773	2926	9895	11501
农村居民人均生活消费支出	元	117	186	693	2201	7033	8061

注：　城市居民人均可支配收入 1978 年、1980 年为生活费收入。

1-8 成都高新技术产业开发区主要指标

Main Indicators of Chengdu High-Tech Developing Zone

	单　位	2008 年	2009 年	2010 年	2011 年	2012 年
地区生产总值	亿元	324.4	396.5	538.9	706.5	878.9
#第二产业	亿元	219.7	274.5	384.6	528.5	665.0
#工　业	亿元	197.7	250.6	354.1	490.2	618.4
第三产业	亿元	104.7	122.0	153.1	177.4	213.6
技工贸总收入	亿元	735.0	955.0	1183.0	1773.0	2615
全部工业总产值	亿元	577.8	663.0	928.0	1456.0	2230
#支柱产业产值	亿元	351.0	480.0	643.2	1330.0	1824
#电　子	亿元	225.0	360.0	572.0	1220.0	1729
医　药	亿元	95.0	60.0	36.8	52.0	58
工业利税	亿元	81.3	95.4	115.0	193.9	285.0
社会消费品零售总额	亿元	86.7	112.7	142.8	170.2	200.4
地方公共财政收入	亿元	30.3	33.6	42.4	61.4	84.71
协议外资金额	万美元	218000	61420	69000	—	—
实际到位外资金额	万美元	122900	79686	90200	119700	161527
全社会固定资产投资总额	亿元	287.6	370.4	394.8	489.6	568.5
年末总人口	万人	24.5	25.5	55.3	55.8	57.93
从业人员	万人	21.9	22.8	26.3	43.8	48.6

注：本表数据 2008 年、2009 年为高新区南、西区数据，2010 年起含中和街道。

1-9 成都主要经济指标与全国、全省对比(2012年)

Positions of Chengdu in China and Sichuan Province (2012)

	单 位	全 国	全 省	成 都		
				绝对数	占全国比 重(%)	占全省比 重(%)
国内生产总值	亿元	519322	23849.8	8138.9	1.6	34.1
第一产业	亿元	52377	3297.2	348.1	0.7	10.6
第二产业	亿元	235319	12587.8	3765.6	1.6	29.9
#工 业	亿元	199860	10800.5	3127.6	1.6	29.0
第三产业	亿元	231626	7964.8	4025.2	1.7	50.5
全社会固定资产投资	亿元	374676	18038.9	5890.1	1.6	32.7
#房地产	亿元	71804	3266.4	1890.0	2.6	57.9
社会消费品零售总额	亿元	210307	9087.9	3317.7	1.6	36.5
进出口总额(海关数)	亿美元	38668	591.3	475.6	1.2	80.4
#出口总额	亿美元	20489	384.6	303.7	1.5	79.0
居民消费品价格指数		102.6	102.5	103.0		
商品零售价格指数		102.0	101.6	101.4		
实际利用外商直接投资	亿美元	1117	98.7	85.9	7.7	87.0
旅游创汇收入	亿美元	500	8.0	6.3	1.3	78.8
年末金融机构人民币存款余额	亿元	918000	41131	20354	2.2	49.5
#城乡居民储蓄存款额	亿元	406192	19438	7157	1.8	36.8
年末金融机构人民币贷款余额	亿元	630000	25560	15630	2.5	61.2
城市居民人均可支配收入	元	24565	20307	27194		
农村居民人均纯收入	元	7917	7001	11501		
土地面积	万平方公里	960	48.5	1.2	0.1	2.5
年末常住人口	万人	135404	8076.2	1417.8	1.0	17.6

主 要 统 计 指 标 解 释

市 是指经国家批准成立“市”建制的城市。

按城市市区非农业人口规模分：

①超大城市：200 万人以上；

②特大城市：100 至 200 万人口；

③大 城 市：50 至 100 万人口；

④中等城市：20 至 50 万人口；

⑤小 城 市：20 万以下人口。

全市 指 9 区 4 市 6 县和在管理及统计均为单列的成都高新技术产业开发区。即锦江区、青羊区、金牛区、武侯区、成华区、龙泉驿区、青白江区、新都区、温江区、金堂县、双流县、郫县、大邑县、蒲江县、新津县、都江堰市、彭州市、邛崃市、崇州市和高新区。

市区 包括城区和郊区，不包括市辖县（含县级市）。即锦江区、青羊区、金牛区、武侯区、成华区、龙泉驿区、青白江区、新都区、温江区和在管理和统计均为单列的成都高新技术产业开发区。

城区 包括锦江区、青羊区、金牛区、武侯区、成华区和在管理及统计均为单列的成都高新技术产业开发区。

镇 是指经省、自治区、直辖市批准的镇。1963 年以前为常住人口在 2000 人以上，非农业人口占 50%以上的。1964 年起改为常住人口在 3000 人以上，非农业人口占 70%以上，或常住人口在 2500 人以上，不满 3000 人，非农业人口占 85%以上的。1984 年后又调整为：凡县级地方国家机关所在地；或总人口在 20000 人以下的乡，乡政府驻地非农业人口超过 2000 人的；或总人口在 20000 人以上的乡，乡政府驻地非农业人口占全乡人口 10%以上；或少数民族地区、人口稀少的边远地区、山区和小型工矿区、小港口、风景旅游、边境口岸等地，非农业人口虽不足 2000 人，都可建镇。

二　国民经济核算

简 要 说 明

主要内容

本部分包括全市生产总值及其构成。

资料来源

地区生产总值资料来源于成都市统计局。

其他需要说明的问题

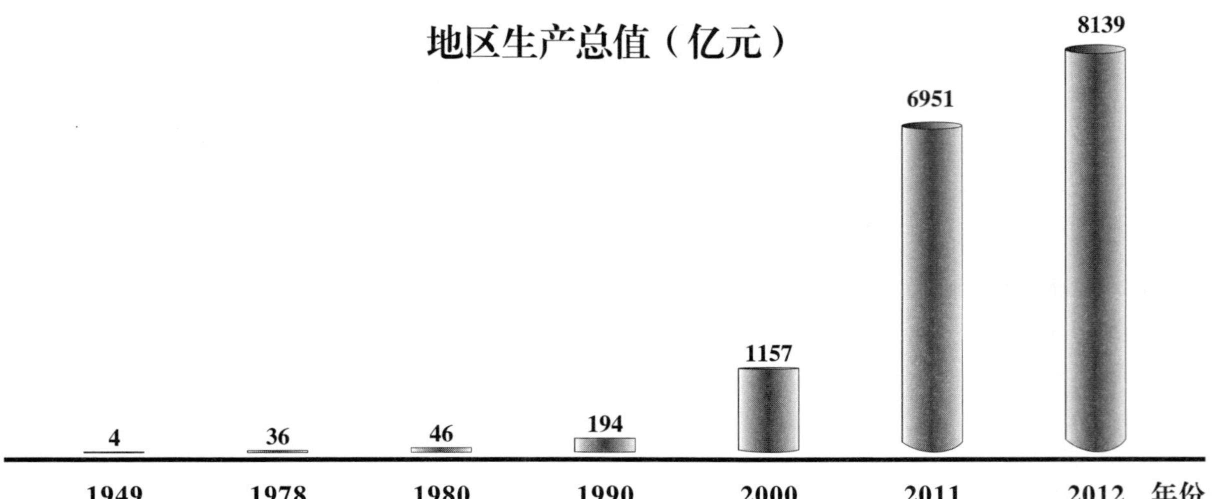
地区生产总值（亿元）
4
36
46
194
1157
6951
8139
1949
1978
1980
1990
2000
2011
2012
年份

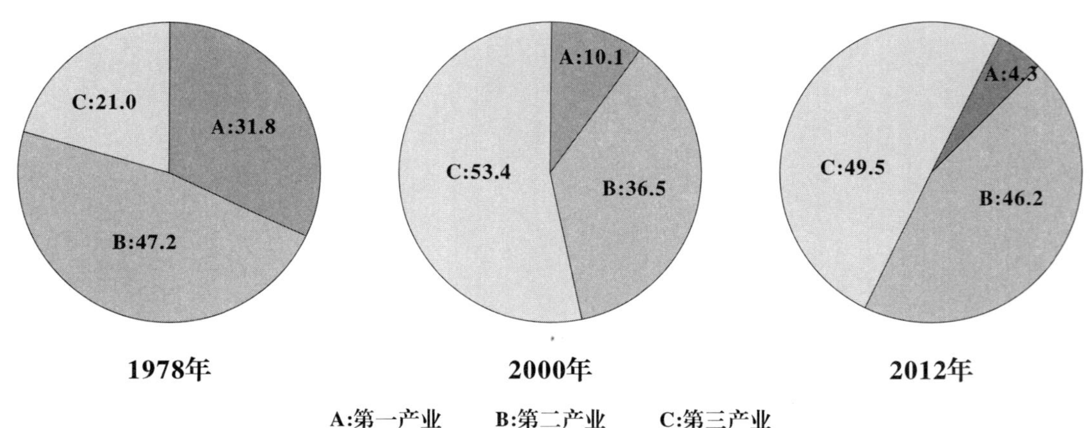
地区生产总值构成（%）
C:21.0
A:31.8
B:47.2
A:10.1
C:53.4
B:36.5
A:4.3
C:49.5
B:46.2
1978年
2000年
2012年
A:第一产业
B:第二产业
C:第三产业

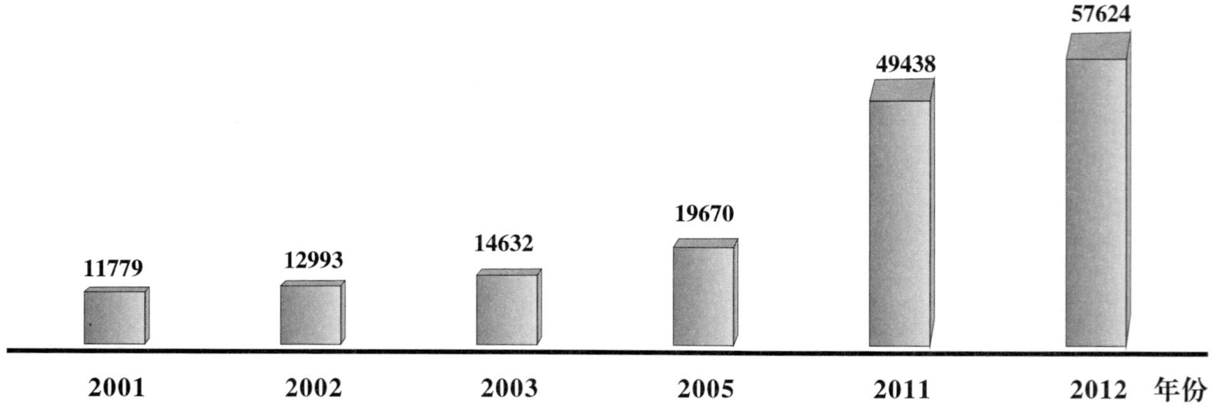
人均地区生产总值（元）
11779
12993
14632
19670
49438
57624
2001
2002
2003
2005
2011
2012
年份

2-1 历年地区生产总值

Gross Domestic Product over the Years

年份	地区生产总值(万元)	第一产业	第二产业	第三产业	人均地区生产总值(元)
1949	39953	29315	3867	6771	80
1950	42058	30634	4041	7383	84
1951	45902	32471	5371	8060	91
1952	51090	35388	6510	9192	100
1953	62510	39415	9241	13854	121
1954	66230	41708	9384	15138	125
1955	69748	42413	10646	16689	128
1956	79610	44961	14538	20111	141
1957	90359	48206	19471	22682	154
1958	103925	49357	29659	24909	174
1959	125501	40997	53922	30582	210
1960	128171	30519	67266	30386	220
1961	79866	28874	26435	24557	142
1962	77482	35064	21974	20444	140
1963	84932	42271	23191	19470	151
1964	104283	50382	31250	22651	180
1965	136371	59250	45569	31552	228
1966	167303	63481	65756	38066	271
1967	146728	64966	44858	36904	231
1968	119505	60438	26949	32118	183
1969	151898	62810	53191	35897	227
1970	205059	68416	91279	45364	299
1971	232066	72740	105637	53689	328
1972	223627	72340	95511	55776	307
1973	231546	78786	95797	56963	311
1974	222283	83198	82927	56158	293
1975	248198	83355	110844	53999	321
1976	221926	81344	87763	52819	282
1977	287141	90442	131807	64892	362
1978	359356	114449	169748	75159	448
1979	413577	126351	196055	91171	510
1980	462957	126040	229767	107150	565

注：人均地区生产总值 2001 年前按户籍人口计算，2001 年及以后按常住人口计算。

2-1 续表

年　份	地　区 生产总值 (万元)	第一产业	第二产业	第三产业	人均地区 生产总值 (元)
1981	490129	130146	239291	120692	592
1982	554095	163066	267797	123232	661
1983	627673	173242	315517	138914	742
1984	712035	189588	343487	178960	836
1985	864945	209288	420508	235149	1008
1986	948905	224929	437115	286861	1092
1987	1158644	273588	516883	368173	1315
1988	1464911	322463	687197	455251	1641
1989	1639063	344174	741164	553725	1814
1990	1940857	405650	770657	764550	2123
1991	2327841	413213	880691	1033937	2520
1992	2925556	454357	1089187	1382012	3138
1993	3885838	539474	1500798	1845566	4125
1994	5073962	745596	1987076	2341290	5319
1995	6472632	941089	2462805	3068738	6700
1996	7722699	1051228	2913114	3758357	7911
1997	8754888	1089434	3248582	4416872	8888
1998	9618871	1118116	3549095	4951660	9686
1999	10449059	1121532	3837886	5489641	10446
2000	11567929	1163651	4221275	6183003	11471
2001	13220544	1184869	4902971	7132704	11779
2002	14887638	1254993	5585906	8046739	12993
2003	17052732	1370525	6524538	9157669	14632
2004	20310663	1682481	8055886	10572296	17158
2005	23759858	1771481	9841863	12146514	19670
2006	27721734	1951271	11709654	14060809	22445
2007	33647844	2350971	14440778	16856095	26849
2008	39449148	2628824	17349512	19470812	31203
2009	45026032	2677725	20017952	22330355	35215
2010	55513336	2850910	24809035	27853391	41253
2011	69505786	3273391	31438233	34794162	49438
2012	81389438	3481001	37656163	40252274	57624

2-2 历年地区生产总值构成及增长速度

Composition and Growth Rate of Gross Domestic Product over the Years

年 份	三次产业构成 (%)			增长速度(%)				地区生产总值发展指数（1949=100）
	第一产业	第二产业	第三产业	地 区 生产总值	第一产业	第二产业	第三产业	
1949	73.4	9.7	16.9					
1950	72.8	9.6	17.6	5.0	4.5	4.5	8.9	105.0
1951	70.7	11.7	17.6	8.0	6.0	32.8	8.9	113.4
1952	69.3	12.7	18.0	10.5	9.0	21.1	13.7	125.4
1953	63.0	14.8	22.2	14.0	4.9	41.9	49.9	142.9
1954	62.9	14.2	22.9	5.5	5.3	1.5	8.7	150.8
1955	60.8	15.3	23.9	4.1	1.7	13.4	8.5	157.0
1956	56.4	18.3	25.3	11.7	5.6	36.6	20.2	175.3
1957	53.4	21.5	25.1	8.5	2.3	33.9	12.6	190.3
1958	47.5	28.5	24.0	12.0	2.4	52.3	9.8	213.2
1959	32.7	42.9	24.4	11.0	–20.5	81.8	22.5	236.6
1960	23.8	52.5	23.7	–2.6	–26.8	23.8	–0.9	230.4
1961	36.2	33.1	30.7	–38.1	–14.8	–61.0	–23.9	142.6
1962	45.2	28.4	26.4	–2.4	17.2	–16.9	–16.8	139.2
1963	49.8	27.3	22.9	10.4	20.0	5.5	–4.8	153.6
1964	48.3	30.0	21.7	21.6	19.2	34.7	13.5	186.7
1965	43.5	33.4	23.1	29.1	17.6	45.6	38.8	241.1
1966	37.9	39.3	22.8	20.6	7.1	43.3	20.6	290.7
1967	44.2	30.6	25.2	–10.8	2.3	–32.0	–3.1	259.3
1968	50.5	22.6	26.9	–17.5	–7.0	–40.4	–14.0	213.9
1969	41.4	35.0	23.6	23.6	3.9	96.5	11.8	264.4
1970	33.4	44.5	22.1	31.8	8.9	71.4	26.3	348.5
1971	31.3	45.6	23.1	11.6	4.0	15.7	18.3	389.0
1972	32.3	42.8	24.9	–4.1	–2.6	–9.6	3.9	373.0
1973	34.0	41.4	24.6	3.5	8.9	–0.1	1.0	386.1
1974	37.4	37.3	25.3	–4.6	2.1	–13.6	–1.4	368.3
1975	33.6	44.6	21.8	9.7	–1.8	33.5	–3.8	404.0
1976	36.7	39.5	23.8	–10.6	–4.1	–20.8	–2.2	361.2
1977	31.5	45.9	22.6	26.0	8.8	48.8	19.9	455.1
1978	31.8	47.2	21.0	19.2	10.2	28.7	14.6	542.5
1979	30.6	47.4	22.0	13.8	8.3	14.6	20.2	617.4
1980	27.2	49.7	23.1	10.9	–1.7	17.1	15.1	684.7

注：增长速度以上年为基期，按可比价格计算。

2-2 续表

年 份	三次产业构成(%)			增长速度(%)				地区生产总值发展指数以1949年为100
	第一产业	第二产业	第三产业	地 区 生产总值	第一产业	第二产业	第三产业	
1981	26.6	48.8	24.6	4.1	2.9	3.1	7.7	712.7
1982	29.4	48.4	22.2	10.3	15.4	11.7	2.0	786.1
1983	27.6	50.3	22.1	11.2	6.0	14.5	10.4	874.2
1984	26.6	48.3	25.1	11.4	6.2	8.6	24.3	973.8
1985	24.2	48.6	27.2	18.4	3.0	24.3	22.6	1153.0
1986	23.7	46.1	30.2	5.2	3.7	3.6	9.8	1213.0
1987	23.6	44.6	31.8	12.0	6.2	16.3	8.5	1358.5
1988	22.0	46.9	31.1	12.7	–0.9	20.2	8.2	1531.1
1989	21.0	45.2	33.8	2.7	3.1	0.9	6.5	1572.4
1990	20.9	39.7	39.4	4.8	4.6	0.8	13.9	1647.9
1991	17.8	37.8	44.4	14.1	2.6	10.8	23.4	1880.2
1992	15.5	37.2	47.3	16.2	5.8	15.9	21.1	2184.8
1993	13.9	38.6	47.5	18.4	4.4	25.9	17.2	2586.9
1994	14.7	39.2	46.1	13.5	3.1	14.8	15.8	2936.1
1995	14.5	38.0	47.5	11.8	3.9	13.6	12.5	3282.5
1996	13.6	37.7	48.7	11.3	4.4	12.2	12.3	3653.5
1997	12.4	37.1	50.5	11.2	3.2	12.8	11.9	4062.7
1998	11.6	36.9	51.5	10.0	3.1	10.3	11.4	4468.9
1999	10.7	36.8	52.5	10.1	3.4	10.0	11.7	4920.3
2000	10.1	36.5	53.4	10.7	4.3	11.3	11.5	5446.8
2001	9.0	37.1	53.9	12.8	4.3	14.9	12.9	6143.9
2002	8.4	37.5	54.0	13.1	5.3	15.7	12.6	6948.8
2003	8.0	38.3	53.7	13.0	5.6	15.8	12.3	7852.1
2004	8.3	39.7	52.0	13.6	5.7	17.9	11.6	8920.0
2005	7.5	41.4	51.1	14.0	5.7	17.4	12.6	10168.8
2006	7.0	42.3	50.7	14.2	4.8	17.1	13.2	11612.8
2007	7.0	42.9	50.1	15.7	5.5	18.1	15.0	13436.0
2008	6.6	44.0	49.4	12.4	4.4	14.9	11.2	15102.1
2009	5.9	44.5	49.6	14.7	3.7	17.7	13.4	17322.1
2010	5.1	44.7	50.2	15.0	4.1	19.8	11.8	19920.4
2011	4.7	45.2	50.1	15.2	3.7	19.8	12.4	22948.3
2012	4.3	46.2	49.5	13.0	3.8	15.6	11.5	25931.6

2-3 历年支出法地区生产总值

Gross Domestic Product by Expenditure Approach over the Years

年　份	支出法地区生产总值(万元)	#最终消费	#资　本形成总额	最终消费率(%)	资本形成率(%)
1978	359356	170906	80326	47.6	22.4
1979	413577	210317	83971	50.9	20.3
1980	462957	253687	86934	54.8	18.8
1981	490129	290307	101708	59.2	20.8
1982	554095	308727	130072	55.7	23.5
1983	627673	342830	139400	54.6	22.2
1984	712035	422163	168301	59.3	23.6
1985	864945	520571	262097	60.2	30.3
1986	948905	595148	283415	62.7	29.9
1987	1158644	711667	373801	61.4	32.3
1988	1464911	953240	454188	65.1	31.0
1989	1639063	1038328	547435	63.3	33.4
1990	1940857	1128800	727239	58.2	37.5
1991	2327841	1298167	870581	55.8	37.4
1992	2925556	1519164	1191319	51.9	40.7
1993	3885838	1900524	1702254	48.9	43.8
1994	5073962	2643753	2145035	52.1	42.3
1995	6472632	3363453	2823044	52.0	43.6
1996	7722699	3967385	3465512	51.4	44.9
1997	8754888	4617586	3842845	52.7	43.9
1998	9618871	4942999	4443042	51.4	46.2
1999	10449059	5235461	4979985	50.1	47.7
2000	11567929	5825144	5553157	50.4	48.0
2001	13220544	6487929	6559727	49.1	49.6
2002	14887638	7079540	7634479	47.6	51.3
2003	17052732	7992132	8885391	46.9	52.1
2004	20310663	9408665	10723814	46.3	52.8
2005	23759858	10457264	13115156	44.0	55.2
2006	27721734	11754910	16142977	42.4	58.2
2007	33647844	14398185	19961699	42.8	59.3
2008	39449148	17377791	24897549	44.1	63.1
2009	45026032	20182729	33788975	44.8	75.0
2010	55513336	24603824	37790353	44.3	68.1
2011	69505786	30388473	44950790	43.7	64.7
2012	81389438	34629275	51650295	42.5	63.5

2-4 历年支出法地区生产总值结构

Structure of Gross Domestic Product by Expenditure Approach over the Years

年 份	最终消费				资本形成总额			
	绝对额(万元)		比重(%)		绝对额(万元)		比重(%)	
	居民消费	政府消费	居民消费	政府消费	固定资本形成总额	存货增加	固定资本形成总额	存货增加
1978	128249	42657	75.0	25.0	23388	56938	29.1	70.9
1979	156184	54133	74.3	25.7	40323	43648	48.0	52.0
1980	190888	62799	75.2	24.8	44360	42574	51.0	49.0
1981	217958	72349	75.1	24.9	58293	43415	57.3	42.7
1982	228428	80299	74.0	26.0	75803	54269	58.3	41.7
1983	252809	90021	73.7	26.3	85363	54037	61.2	38.8
1984	312113	110050	73.9	26.1	116457	51844	69.2	30.8
1985	390488	130083	75.0	25.0	192491	69606	73.4	26.6
1986	448823	146325	75.4	24.6	198036	85379	69.9	30.1
1987	536428	175239	75.4	24.6	243153	130648	65.0	35.0
1988	712527	240713	74.7	25.3	290270	163918	63.9	36.1
1989	812590	225738	78.3	21.7	283744	263691	51.8	48.2
1990	892823	235977	79.1	20.9	358766	368473	49.3	50.7
1991	1013675	284492	78.1	21.9	513816	356765	59.0	41.0
1992	1227360	291804	80.8	19.2	764247	427072	64.2	35.8
1993	1520011	380513	80.0	20.0	1204357	497897	70.8	29.2
1994	2108378	535375	79.7	20.3	1577291	567744	73.5	26.5
1995	2710831	652622	80.6	19.4	2087927	735117	74.0	26.0
1996	3167271	800114	79.8	20.2	2696994	768518	77.8	22.2
1997	3670171	947415	79.5	20.5	3106393	736452	80.8	19.2
1998	3861050	1081949	78.1	21.9	3715621	727421	83.6	16.4
1999	3967190	1268271	75.8	24.2	4200054	779931	84.3	15.7
2000	4350956	1474188	74.7	25.3	4710674	842483	84.8	15.2
2001	4739697	1748232	73.1	26.9	5745946	813781	87.6	12.4
2002	5114619	1964921	72.2	27.8	6712748	921731	87.9	12.1
2003	5735507	2256625	71.8	28.2	7879353	1006038	88.7	11.3
2004	6659242	2749423	70.8	29.2	9591183	1132631	89.4	10.6
2005	7139668	3317596	68.3	31.7	11850681	1264475	90.4	9.6
2006	7864648	3890262	66.9	33.1	14672967	1470010	90.9	9.1
2007	9612137	4786048	66.8	33.2	18184929	1776770	91.1	8.9
2008	11514730	5863061	66.3	33.7	22747190	2150359	91.4	8.6
2009	13264317	6918412	65.7	34.3	31596673	2192302	93.5	6.5
2010	15928135	8675689	64.7	35.3	34763934	3026419	92.0	8.0
2011	20619647	9768826	67.9	32.1	40752886	4197904	90.7	9.3
2012	23316974	11312301	67.3	32.7	47479989	4170306	91.9	8.1

2-5　支出法地区生产总值及构成

Gross Domestic Product and Its Composition by Expenditure Approach

年　　份	绝对额(万元)		增长速度(%)
	2011 年	2012 年	
地区生产总值	69505786	81389438	13.0
一、最终消费	30388473	34629275	11.0
1、居民消费	20619647	23316974	10.4
农村居民消费	3727098	4089246	5.5
城镇居民	16892549	19227728	11.5
2、政府消费	9768826	11312301	12.1
二、资本形成总额	44950790	51650295	11.9
1、固定资本形成总额	40752886	47479989	13.2
第一产业	216953	312348	
第二产业	10263170	12114717	
工　业	10249519	12015864	
建筑业	13651	98853	
第三产业	30272763	35052924	
交通运输、仓储和邮政业	3854549	4856087	
批发和零售业	927024	1052378	
其他行业	25491190	29144459	
2、存货增加	4197904	4170306	-0.3
第一产业	77918	152108	
第二产业	2651697	2591889	
工　业	1784273	1817015	
建筑业	867424	774874	
第三产业	1468289	1426309	
交通运输、仓储和邮政业	55283	54497	
批发和零售业	695414	448327	
其他行业	717592	923485	
三、货物和服务净出口	-5833477	-4890132	

2-6 历年分产业地区

Gross Domestic Product and Its composition

	1978 年	1980 年	1985 年	1990 年
绝 对 额 (万 元)				
地区生产总值	**359356**	**462957**	**864945**	**1940857**
第一产业	114449	126040	209288	405650
第二产业	169748	229767	420508	770657
工　业	163508	215974	370931	679216
建筑业	6240	13793	49577	91441
第三产业	75159	107150	235149	764550
交通运输、仓储和邮政业	15280	20028	38538	122114
信息传输、计算机服务和软件业	1978	2656	6800	25514
批发和零售业	19648	28314	57145	165873
住宿和餐饮业	5548	8230	17042	57601
金融业	5602	8072	16853	71529
房地产业	1822	2969	10272	35660
租赁和商务服务业	2125	3181	8102	24652
科学研究、技术服务和地质勘查业	2860	4445	13004	45933
水利、环境和公共设施管理业	1192	1718	4167	14699
居民服务和其他服务业	5329	7881	18372	53175
教育	4516	6773	15977	52747
卫生、社会保障和社会福利业	1666	2444	6188	20498
文化、体育和娱乐业	2564	3536	8115	25754
公共管理和社会组织	5029	6903	14574	48801
构　　成 (%)				
地区生产总值	**100.0**	**100.0**	**100.0**	**100.0**
第一产业	31.8	27.2	24.2	20.9
第二产业	47.2	49.7	48.6	39.7
工　业	45.5	46.7	42.9	35.0
建筑业	1.7	3.0	5.7	4.7
第三产业	21.0	23.1	27.2	39.4
交通运输、仓储和邮政业	4.2	4.3	4.5	6.3
信息传输、计算机服务和软件业	0.6	0.6	0.8	1.3
批发和零售业	5.5	6.1	6.6	8.5
住宿和餐饮业	1.5	1.8	2.0	3.0
金融业	1.6	1.7	2.0	3.7
房地产业	0.5	0.6	1.2	1.8
租赁和商务服务业	0.6	0.7	0.9	1.3
科学研究、技术服务和地质勘查业	0.8	0.9	1.5	2.4
水利、环境和公共设施管理业	0.3	0.4	0.5	0.8
居民服务和其他服务业	1.5	1.7	2.1	2.7
教育	1.3	1.5	1.8	2.7
卫生、社会保障和社会福利业	0.5	0.5	0.7	1.1
文化、体育和娱乐业	0.7	0.8	0.9	1.3
公共管理和社会组织	1.4	1.5	1.7	2.5

生产总值及构成

by Industry over the Years

1995 年	2000 年	2005 年	2010 年	2011 年	2012 年
6472632	**11567929**	**23759858**	**55513336**	**69505786**	**81389438**
941089	1163651	1771481	2850910	3273391	3481001
2462805	4221275	9841863	24809035	31438233	37656163
2063821	3287170	7509476	20628175	26107999	31276070
398984	934105	2332387	4180860	5330234	6380093
3068738	6183003	12146514	27853391	34794162	40252274
390036	712203	1234810	2603524	3122521	3610338
194641	535748	1012315	2217779	2610286	3006194
672624	1210087	2219522	4939955	5809575	6531188
221758	527235	1047486	2075352	2441246	2793486
345705	657144	1210959	4372812	6384378	7405878
203601	515438	1409487	3316866	3878989	4262000
92470	167334	393417	1228084	1720450	2382224
153074	316443	653060	1508100	1824773	2164878
50887	82831	134809	144332	168525	182365
187987	344324	584912	791181	1040164	1270765
198265	383268	792489	1513276	1796542	2094909
74414	167512	332693	834289	1018012	1162568
91391	175145	355542	796590	1143287	1408460
191885	388291	765013	1511251	1835414	1977021
100.0	**100.0**	**100.0**	**100.0**	**100.0**	**100.0**
14.5	10.1	7.5	5.1	4.7	4.3
38.0	36.5	41.4	44.7	45.2	46.2
31.9	28.4	31.6	37.2	37.5	38.4
6.1	8.1	9.8	7.5	7.7	7.8
47.5	53.4	51.1	50.2	50.1	49.5
6.0	6.1	5.2	4.7	4.5	4.5
3.0	4.6	4.3	4.0	3.8	3.7
10.4	10.5	9.3	8.9	8.4	8.0
3.4	4.6	4.4	3.8	3.5	3.5
5.3	5.7	5.1	7.9	9.2	9.1
3.2	4.5	5.9	6.0	5.6	5.2
1.4	1.4	1.7	2.2	2.5	2.9
2.4	2.7	2.7	2.7	2.6	2.7
0.8	0.7	0.6	0.3	0.2	0.2
2.9	3.0	2.5	1.4	1.5	1.6
3.1	3.3	3.3	2.7	2.6	2.6
1.2	1.4	1.4	1.5	1.5	1.4
1.4	1.5	1.5	1.4	1.6	1.7
3.0	3.4	3.2	2.7	2.6	2.4

2-7 各时期地区生产总值

Gross Domestic Product by Period

单位：万元

时　期	地区生产总值	第一产业	第二产业	第三产业
“一五”时期	368457	216703	63280	88474
“二五”时期	514945	184811	199256	130878
1963–1965 年	325586	151903	100010	73673
“三五”时期	790493	320111	282033	188349
“四五”时期	1157720	390419	490716	276585
“五五”时期	1744957	538626	815140	391191
“六五”时期	3248877	865330	1586600	796947
“七五”时期	7152380	1570804	3153016	2428560
“八五”时期	20685829	3093729	7920557	9671543
“九五”时期	48113446	5543961	17769952	24799533
“十五”时期	89231435	7264349	34911164	47055922
“十一五”时期	201358094	12459701	88326931	100571462

注：各计划时期对应年份为：“一五”1953–1957 年；“二五”1958–1962 年；“三五”1966–1970 年；“四五”1971–1975 年；“五五”1976–1980 年；“六五”1981–1985 年；“七五”1986–1990 年；“八五”1991–1995 年；“九五”1996–2000 年；“十五”2001–2005 年；“十一五”2006–2010 年。

2-8 各时期地区生产总值结构

Structure of Gross Domestic Product by Period

单位：%

时　期	地区生产总值	第一产业	第二产业	第三产业
“一五”时期	100.0	58.8	17.2	24.0
“二五”时期	100.0	35.9	38.7	25.4
1963–1965 年	100.0	46.7	30.7	22.6
“三五”时期	100.0	40.5	35.7	23.8
“四五”时期	100.0	33.7	42.4	23.9
“五五”时期	100.0	30.9	46.7	22.4
“六五”时期	100.0	26.6	48.9	24.5
“七五”时期	100.0	22.0	44.1	33.9
“八五”时期	100.0	15.0	38.3	46.7
“九五”时期	100.0	11.5	36.9	51.6
“十五”时期	100.0	8.2	39.1	52.7
“十一五”时期	100.0	6.2	43.9	49.9

2-9 地区生产总值构成项目(2012 年)

Composition of Gross Domestic Product (2012)

单位：万元

	增加值	劳动者报酬	固定资产折旧	生产税净额	营业盈余
地区生产总值	**81389438**	**37347755**	**9579609**	**10068756**	**24393318**
第一产业	3481001	3349174	131827	0	0
农　业	2105599	2025859	79740	0	0
林　业	73094	70326	2768	0	0
牧　业	1104672	1062838	41834	0	0
渔　业	84619	81414	3205	0	0
农林牧渔服务业	113017	108737	4280	0	0
第二产业	37656163	14999343	4439190	4903217	13314413
工　业	31276070	11501785	4070449	3577349	12126487
建筑业	6380093	3497558	368741	1325868	1187926
第三产业	40252274	18999238	5008592	5165539	11078905
交通运输、仓储和邮政业	3610338	1723221	1039132	383974	464011
交通运输业	3275240	1418801	952268	350652	553519
仓储业	88139	33018	18909	15873	20339
邮政业	246959	271402	67955	17449	-109847
信息传输、计算机服务和软件业	3006194	875716	589178	204639	1336661
信息传输业	2593828	663265	532654	167931	1229978
计算机服务业	146144	57666	23493	13768	51217
软件业	266222	154785	33031	22940	55466
批发和零售业	6531188	2466101	267348	1956567	1841172
住宿和餐饮业	2793486	2347811	165978	207616	72081
住宿业	479146	284549	120468	60499	13630
餐饮业	2314340	2063262	45510	147117	58451
金融保险业	7405878	2305265	277879	801373	4021361
金融业	7274591	2022999	261963	711239	4278390
保险业	131287	282266	15916	90134	-257029
房地产业	4262000	653777	1184746	893973	1529504
房地产开发业	2490588	367053	60570	784836	1278129
房地产管理业	370950	137087	2961	16955	213947
房地产中介服务业	336466	149637	57219	92182	37428
城市居民自有住房	712988	0	712988	0	0
农村居民自有住房	351008	0	351008	0	0
租赁和商务服务业	2382224	1147568	517646	257417	459593
科学研究、技术服务和地质勘查业	2164878	1014891	181048	170457	798482
水利、环境和公共设施管理业	182365	79595	79560	10056	13154
居民服务和其他服务业	1270765	1140475	28101	60859	41330
教育	2094909	1681887	275038	7417	130567
卫生、社会保障和社会福利业	1162568	916983	99416	8524	137645
文化、体育和娱乐业	1408460	950324	136327	187390	134419
公共管理和社会组织	1977021	1695624	167195	15277	98925

主 要 统 计 指 标 解 释

国内生产总值 是按市场价格计算的国内生产总值的简称。它是一个国家(地区)所有常住单位在一定时期内生产活动的最终成果。国内生产总值有三种表现形态，即价值形态、收入形态和产品形态。从价值形态看，它是所有常住单位在一定时期内所生产的全部货物和服务价值超过同期投入的全部非固定资产货物和服务价值的差额，即所有常住单位的增加值之和；从收入形态看，它是所有常住单位在一定时期内所创造并分配给常住单位和非常住单位的初次分配收入之和；从产品形态看，它是最终使用的货物和服务减去进口货物和服务。在实际核算中，国内生产总值的三种表现形态表现为三种计算方法,即生产法、收入法和支出法。三种方法分别从不同的方面反映国内生产总值及其构成。

根据国家新的国民经济行业分类(GB / T4754—2002)，考虑我国宏观经济管理、社会公众和对外交流工作的需要和统计基础，目前我国国内生产总值的产业部门分类如下：

一、第一产业(农、林、牧、渔及服务业)

二、第二产业

（一）工业

（二）建筑业

三、第三产业

（一）交通运输、仓储和邮政业

（二）信息传输、计算机服务和软件业

（三）批发和零售业

（四）住宿和餐饮业

（五）金融保险业

（六）房地产业

（七）租赁和商务服务业

（八）科学研究、技术服务和地质勘查业

（九）水利、环境和公共设施管理业

（十）居民服务和其他服务业

（十一）教育

（十二）卫生、社会保障和社会福利业

（十三）文化、体育和娱乐业

（十四）公共管理和社会组织

按照国家统计局的统一规定，从2004年起省及以下GDP的中文称谓改为“地区生产总值”。

支出法国内生产总值 指一个国家(或地区)所有常住单位在一定时期内用于最终消费、资本形成总额，以及货物和服务的净出口总额，它反映本期生产的国内生产总值的使用构成。

最终消费 指常住单位在一定时期内对于货物和服务的全部最终消费支出，也就是常住单位为满足物质、文化和精神生活的需要，从本国经济领土和国外购买的货物和服务的支出。它不包括非常住单位在本国经济领土内的消费支出。最终消费分为居民消费和政府消费。

资本形成总额 指常住单位在一定时期内获得减去处置的固定资产和存货的净额，包括固定资产形成总额和存货增加两项。

三　人口及劳动力

简要说明

主要内容

本部分反映了全市人口总量，构成及变动情况、婚姻状况、计划生育情况、劳动力资源配置、从业人员构成、工资总额等基本情况。

资料来源

人口资料来源于成都市公安局户籍统计年报资料

婚姻状况资料来源于成都市民政局、成都市中级人民法院。

计划生育资料来源于成都市人口计划生育委员会。

城镇登记失业资料及其职业介绍机构资料来源于成都就业服务管理局。

劳动仲裁受理及保险福利费用等资料来源于成都市人力资源和社会保障局。

劳动力资源配置、从业人员、工资等资料来源于成都市统计局。

年末户籍总人口（万人）

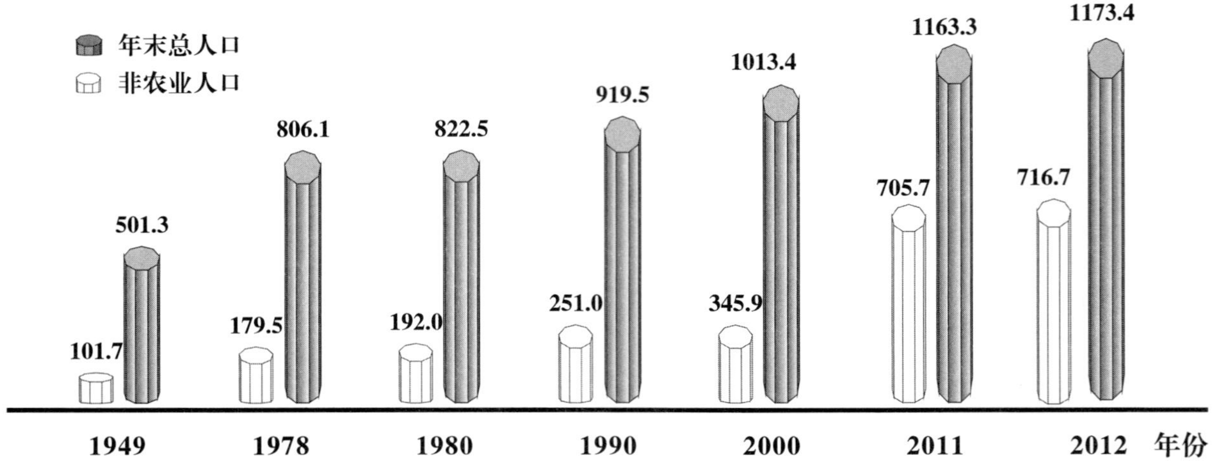

年末从业人员构成（%）

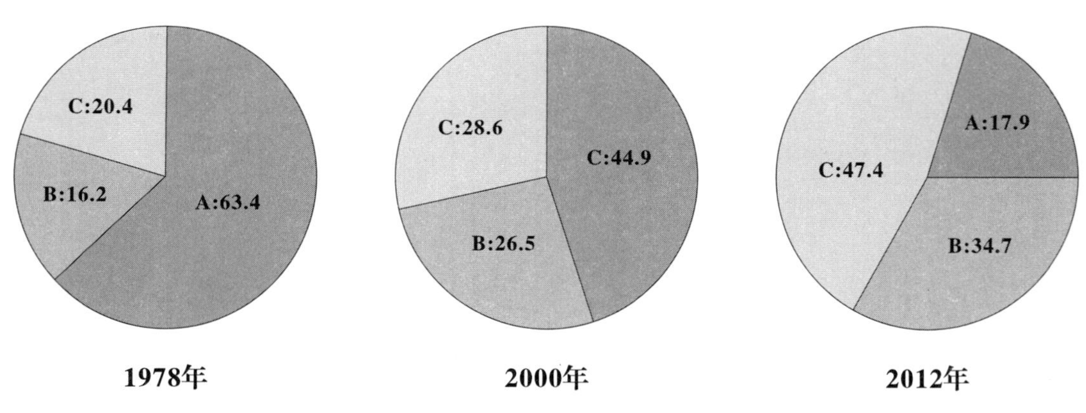

A:第一产业　　B:第二产业　　C:第三产业

3-1 历年全市年末户籍总户数、总人口数

Total Registered Households and Population over the Years(Year-end)

年 份	总户数(万户)			总人口(万人)		
		市区	县(市)		市区	县(市)
1949	105.83	24.35	81.48	501.32	112.50	388.82
1950	109.24	24.51	84.73	504.80	112.43	392.37
1951	111.39	26.10	85.29	507.07	109.67	397.40
1952	115.56	27.25	88.31	511.96	113.18	398.78
1953	118.02	27.84	90.18	523.51	117.68	405.83
1954	124.56	31.11	93.45	535.98	130.23	405.75
1955	126.30	32.14	94.16	549.77	136.22	413.55
1956	129.59	34.66	94.93	577.00	155.11	421.89
1957	132.10	36.41	95.69	594.19	162.69	431.50
1958	131.47	35.91	95.56	597.06	167.22	429.84
1959	131.51	38.11	93.40	595.79	180.41	415.38
1960	127.34	35.30	92.04	570.11	179.94	390.17
1961	129.27	36.56	92.71	552.59	174.85	377.74
1962	132.84	37.13	95.71	551.34	171.65	379.69
1963	134.17	38.07	96.10	572.14	178.56	393.58
1964	137.65	39.85	97.80	588.15	181.51	406.64
1965	138.74	40.38	98.36	609.38	188.83	420.55
1966	140.88	41.50	99.38	626.22	191.54	434.68
1967	142.91	42.29	100.62	641.81	195.60	446.21
1968	146.05	43.56	102.49	663.32	200.42	462.90
1969	151.85	45.10	106.75	676.44	199.14	477.30
1970	155.95	46.95	109.00	695.21	202.84	492.37
1971	159.29	47.47	111.82	719.81	207.57	512.24
1972	161.92	48.37	113.55	735.78	210.69	525.09
1973	165.76	49.40	116.36	752.25	214.24	538.01
1974	170.24	50.85	119.39	766.04	216.94	549.10
1975	175.16	52.03	123.13	781.97	218.71	563.26
1976	180.27	53.25	127.02	789.92	220.44	569.48
1977	184.15	54.38	129.77	798.60	223.06	575.54
1978	185.56	55.46	130.10	806.06	228.80	577.26
1979	188.15	56.70	131.45	815.81	234.90	580.91
1980	192.24	58.01	134.23	822.54	238.31	584.23

3-1 续表 1

年 份	总户数 (万户)	市区	县(市)	总人口 (万人)	市区	县(市)
1981	200.00	61.39	138.61	833.41	242.77	590.64
1982	203.94	63.44	140.50	843.25	247.25	596.00
1983	208.06	65.02	143.04	848.85	250.54	598.31
1984	212.47	67.23	145.24	854.00	253.96	600.04
1985	218.24	69.08	149.16	862.68	258.31	604.37
1986	224.18	71.15	153.03	874.73	264.24	610.49
1987	233.36	73.76	159.60	887.30	269.43	617.87
1988	244.41	76.25	168.16	898.57	273.65	624.92
1989	254.37	79.20	175.17	908.59	277.62	630.97
1990	262.61	81.12	181.49	919.50	280.81	638.69
1991	268.15	82.69	185.46	927.73	284.18	643.55
1992	274.56	84.93	189.63	936.86	288.28	648.58
1993	278.42	86.55	191.87	947.30	293.35	653.95
1994	285.05	89.83	195.22	960.39	301.47	658.92
1995	289.51	92.62	196.89	971.60	307.86	663.74
1996	295.50	96.95	198.55	980.74	317.12	663.62
1997	300.08	99.93	200.15	989.19	321.92	667.27
1998	304.29	102.16	202.13	997.00	325.98	671.02
1999	309.93	106.95	202.98	1003.56	330.29	673.27
2000	317.20	110.84	206.36	1013.35	335.86	677.49
2001	320.63	112.08	208.55	1019.90	341.52	678.38
2002	325.35	145.33	180.02	1028.48	439.79	588.69
2003	336.12	152.60	183.52	1044.31	452.57	591.74
2004	350.53	159.69	190.84	1059.69	464.54	595.15
2005	366.72	168.31	198.41	1082.03	482.07	599.96
2006	382.22	174.54	207.68	1103.40	497.15	606.25
2007	391.58	178.26	213.32	1112.28	502.70	609.58
2008	405.20	183.30	221.90	1124.96	510.16	614.80
2009	417.87	190.14	227.73	1139.63	520.86	618.77
2010	430.68	199.88	230.80	1149.07	535.15	613.92
2011	439.69	205.37	234.32	1163.28	544.78	618.50
2012	446.85	210.62	236.23	1173.35	554.18	619.17

3-1 续表 2

年　份	在总人口中:		在总人口中:		性别比（女=100）
	农业人口(万人)	非农业人口(万人)	男(万人)	女(万人)	
1949	399.63	101.69	259.23	242.09	107.08
1950	404.11	100.69	258.71	246.09	105.13
1951	410.72	96.36	258.90	248.17	104.32
1952	417.73	94.23	260.03	251.93	103.22
1953	427.82	95.69	265.89	257.62	103.21
1954	428.52	107.46	274.83	261.15	105.24
1955	436.71	113.06	281.21	268.56	104.71
1956	447.93	129.07	299.38	277.62	107.84
1957	455.79	138.39	305.46	288.73	105.79
1958	445.36	151.71	308.46	288.60	106.88
1959	424.82	170.97	311.51	284.28	109.58
1960	398.62	171.49	297.64	272.47	109.24
1961	391.59	161.00	284.32	268.27	105.98
1962	402.63	148.71	282.06	269.28	104.75
1963	418.06	154.08	292.06	280.08	104.28
1964	433.65	154.50	302.29	285.86	105.75
1965	446.21	163.18	311.45	297.93	104.54
1966	462.83	163.39	320.60	305.62	104.90
1967	476.23	165.58	329.52	312.29	105.52
1968	492.82	170.50	340.07	323.25	105.20
1969	512.04	164.40	344.94	331.50	104.05
1970	530.09	165.12	355.77	339.44	104.81
1971	553.70	166.11	368.47	351.34	104.88
1972	567.16	168.62	375.90	359.88	104.45
1973	581.72	170.54	384.26	367.99	104.42
1974	594.98	171.06	391.14	374.90	104.33
1975	611.03	170.94	398.20	383.77	103.76
1976	619.27	170.64	402.39	387.53	103.83
1977	625.44	173.16	406.66	391.94	103.76
1978	626.60	179.46	410.51	395.55	103.78
1979	627.99	187.82	415.43	400.38	103.76
1980	630.50	192.04	418.95	403.59	103.81

3-1 续表 3

年　份	在总人口中:		在总人口中:		性别比（女=100）
	农业人口 (万人)	非农业人口 (万人)	男 (万人)	女 (万人)	
1981	635.67	197.74	424.56	408.85	103.84
1982	639.51	203.74	429.91	413.34	104.01
1983	639.99	208.86	432.94	415.91	104.09
1984	628.50	225.50	435.70	418.30	104.16
1985	627.75	234.93	440.43	422.25	104.31
1986	647.49	227.25	447.02	427.71	104.51
1987	654.09	233.21	453.80	433.50	104.68
1988	658.41	240.16	459.70	438.87	104.75
1989	663.26	245.34	465.21	443.38	104.92
1990	668.51	250.99	471.00	448.50	105.02
1991	671.69	256.04	475.11	452.62	104.97
1992	670.12	266.74	479.67	457.19	104.92
1993	671.16	276.14	485.09	462.21	104.95
1994	669.41	290.98	491.01	469.38	104.61
1995	670.74	300.86	496.78	474.82	104.62
1996	670.59	310.15	501.16	479.58	104.50
1997	670.69	318.50	505.50	483.69	104.51
1998	669.71	327.29	508.64	488.36	104.15
1999	667.41	336.15	511.54	492.02	103.97
2000	667.45	345.90	515.80	497.55	103.67
2001	665.12	354.78	518.89	501.01	103.57
2002	662.76	365.72	523.61	504.87	103.71
2003	658.08	386.23	531.77	512.54	103.75
2004	605.96	453.73	538.17	521.52	103.19
2005	538.10	543.93	548.40	533.63	102.77
2006	531.90	571.50	558.28	545.12	102.41
2007	516.73	595.56	561.37	550.91	101.90
2008	512.88	612.08	566.68	558.28	101.50
2009	510.25	629.38	572.74	566.89	101.03
2010	498.15	650.91	575.75	573.32	100.42
2011	457.62	705.66	582.05	581.23	100.14
2012	456.63	716.72	585.97	587.38	99.76

3-2 历年户籍总人口自然变动

Statistics on Natural Changes of Total Registered Population over the Years

年份	出生		死亡		自然增长	
	人数(人)	出生率(‰)	人数(人)	死亡率(‰)	人数(人)	增长率(‰)
1949	133811		64491		69320	
1950	136426	27.1	65826	13.1	70600	14.0
1951	149622	29.6	77248	15.3	72374	14.3
1952	153469	30.1	73919	14.5	79550	15.6
1953	164276	31.7	67181	13.0	97095	18.7
1954	169748	32.1	58411	11.1	111337	21.0
1955	164417	30.3	62931	11.6	101486	18.7
1956	167416	29.7	58275	10.3	109141	19.4
1957	184963	31.6	74356	12.8	110607	18.8
1958	168719	28.3	115344	19.5	53375	8.8
1959	104306	17.5	230527	38.7	–126221	–21.2
1960	73974	12.7	307248	52.7	–233274	–40.0
1961	71568	12.8	151448	27.0	–79880	–14.2
1962	155735	28.2	76576	13.9	79159	14.3
1963	285634	50.9	57550	10.3	228084	40.6
1964	225550	38.9	52393	9.0	173157	29.9
1965	220307	36.8	52840	8.8	167467	28.0
1966	217252	35.3	45189	7.3	172063	27.9
1967	201477	31.8	42980	6.8	158497	25.0
1968	236703	36.3	46239	7.1	190464	29.2
1969	239366	35.8	46560	7.0	192806	28.8
1970	245224	35.9	45844	6.7	199380	29.2
1971	251582	35.7	57740	8.2	193842	27.5
1972	214835	29.5	58511	8.0	156324	21.5
1973	190465	25.6	51523	6.9	138942	18.7
1974	183811	24.2	55571	7.3	128240	16.9
1975	175745	22.7	54341	7.0	121404	15.7
1976	143973	18.3	53190	6.8	90783	11.5
1977	114031	14.4	54087	6.8	59944	7.6
1978	82372	10.3	48141	6.0	34231	4.3
1979	94811	11.7	49048	6.1	45763	5.6
1980	91450	11.2	49604	6.1	41846	5.1

3-2 续表

年　份	出　生		死　亡		自然增长	
	人　数 (人)	出生率 (‰)	人　数 (人)	死亡率 (‰)	人　数 (人)	增长率 (‰)
1981	99299	12.0	40714	4.9	58585	7.1
1982	102489	12.2	41856	5.0	60633	7.2
1983	88709	10.5	51015	6.0	37694	4.5
1984	81265	9.5	51675	6.1	29590	3.4
1985	102427	11.9	51485	6.0	50942	5.9
1986	138763	15.9	51408	5.9	87355	10.0
1987	139874	15.9	52454	6.0	87420	9.9
1988	120285	13.5	57256	6.4	63029	7.1
1989	119200	13.2	56848	6.3	62352	6.9
1990	119446	13.1	58223	6.4	61223	6.7
1991	110067	11.9	58447	6.3	51620	5.6
1992	107086	11.5	61394	6.6	45692	4.9
1993	109881	11.7	58918	6.3	50963	5.4
1994	106333	11.2	58300	6.1	48033	5.1
1995	104362	10.8	61084	6.3	43278	4.5
1996	99279	10.2	60043	6.2	39236	4.0
1997	88460	9.0	57551	5.8	30909	3.1
1998	91112	9.2	61019	6.1	30093	3.0
1999	81729	8.2	59435	5.9	22294	2.2
2000	97092	9.6	66354	6.6	30738	3.1
2001	72504	7.1	56381	5.6	16123	1.6
2002	68338	6.6	65941	6.4	2397	0.2
2003	67966	6.6	62638	6.0	5328	0.5
2004	71601	6.8	62426	5.9	9175	0.9
2005	74638	7.0	56843	5.3	17795	1.7
2006	74226	6.8	50839	4.7	23387	2.1
2007	92522	8.4	96046	8.7	–3524	–0.3
2008	100976	9.0	52889	4.7	48087	4.3
2009	91520	8.1	62950	5.6	28570	2.5
2010	97877	8.6	99671	8.7	-1794	-0.1
2011	105248	9.1	53227	4.6	52021	4.5
2012	116941	10.0	115510	9.9	1431	0.1

注：2007 年和 2010 年全市集中开展户口应注销未注销人员清理与注销专项工作，全年死亡注销户口人数较往年大幅增加。

3-3 户籍人口构成及变动(2012 年)

Composition of Registered Population and Its Variations (2012)

	单位	全市	市区	县(市)
总人口	人	**11733486**	**5541838**	**6191648**
人口构成				
按性别分				
男性	人	5859730	2752715	3107015
女性	人	5873756	2789123	3084633
性别比例(以女性为 100)		99.76	98.69	100.73
按农业、非农业人口分				
农业人口	人	4566258	928547	3637711
非农业人口	人	7167228	4613291	2553937
人口自然变动				
出生人口	人	116941	59443	57498
死亡人口	人	115510	40727	74783
出生率	‰	10.01	10.82	9.29
死亡率	‰	9.89	7.41	12.08
自然增长率	‰	0.12	3.41	-2.79
人口机械变动				
迁入人口	人	212085	156879	55206
迁出人口	人	112793	81581	31212
迁入率	‰	18.15	28.55	8.92
迁出率	‰	9.65	14.85	5.04
机械变动增长率	‰	8.50	13.70	3.88
附:总户数	户	**4468501**	**2106194**	**2362307**

3-4 常住人口及城镇化率(2000—2012 年)

Resident Population and Rate of Urban Population (2000—2012)

年　份	常住人口 (万人)			城镇化率 (%)
		城　镇	乡　村	
2000	1110.85	596.75	514.10	53.72
2001	1134.22	619.96	514.26	54.66
2002	1157.41	640.63	516.78	55.35
2003	1173.40	674.94	498.46	57.52
2004	1194.13	693.91	500.22	58.11
2005	1221.72	731.20	490.52	59.85
2006	1248.50	768.20	480.30	61.53
2007	1257.94	787.22	470.72	62.58
2008	1270.62	807.86	462.76	63.58
2009	1286.60	834.36	452.24	64.85
2010	1404.76	923.70	481.06	65.75
2011	1407.08	942.74	464.34	67.00
2012	1417.78	970.26	447.52	68.44

注：根据第六次人口普查结果，2010 年城镇化率有修正。

3-5 婚姻登记和离婚情况

Number of Marriages and Divorces

	单 位	1990 年	2000 年	2010 年	2011 年	2012 年
准予登记结婚	对	96368	72339	119408	134297	124891
#初 婚	人	179959	128342	175077	200237	181763
再 婚	人	12777	16336	63739	68357	68019
结婚率	%	2.11	1.43	2.08	2.31	2.13
离 婚	对	15461	20069	49238	58154	53362
离婚率	%	0.34	0.40	0.86	1.00	0.91

3-6 计划生育情况(2012 年)

Conditions of Family Planning (2012)

	单 位	全 市	市 区	县 (市)
符合政策生育率	%	93.61	96.66	91.05
一孩率	%	84.53	88.47	81.22
已婚育龄妇女人数	人	2456240	1061798	1394442
综合避孕率	%	89.36	88.47	90.04

3-7 历年全市年末从业人员情况(按产业分)

Number of Employed Persons by Industry (Year-end)

年 份	从业人员(人)				从业人员构成(%)		
		第一产业	第二产业	第三产业	第一产业	第二产业	第三产业
1978	3722994	2358518	602615	761861	63.4	16.2	20.4
1979	3764661	2383030	609875	771756	63.3	16.2	20.5
1980	3931217	2488349	634664	808204	63.3	16.1	20.6
1981	4118652	2607106	679578	831968	63.3	16.5	20.2
1982	4276459	2732657	731275	812527	63.9	17.1	19.0
1983	4465414	2866943	785303	813168	64.2	17.6	18.2
1984	4728724	2796695	1061878	870151	59.1	22.5	18.4
1985	4933036	2736616	1315398	881022	55.5	26.7	17.8
1986	5085687	2780993	1348568	956126	54.7	26.5	18.8
1987	5268072	2884365	1353518	1030189	54.8	25.7	19.5
1988	5389769	2877430	1409976	1102363	53.4	26.2	20.4
1989	5511830	2966603	1436504	1108723	53.8	26.1	20.1
1990	5626680	3010955	1457603	1158122	53.5	25.9	20.6
1991	5809154	3046286	1531561	1231307	52.4	26.4	21.2
1992	5941185	3039578	1587082	1314525	51.2	26.7	22.1
1993	5959391	3019385	1514713	1425293	50.7	25.4	23.9
1994	6029501	2878742	1720745	1430014	47.8	28.5	23.7
1995	6037492	2835200	1806794	1395498	47.0	29.9	23.1
1996	6045850	2732497	1774346	1539007	45.2	29.3	25.5
1997	6064707	2691771	1764825	1608111	44.4	29.1	26.5
1998	5948366	2680317	1646067	1621982	45.0	27.7	27.3
1999	5829821	2538904	1529615	1761302	43.6	26.2	30.2
2000	5741347	2576208	1519515	1645624	44.9	26.5	28.6
2001	5758033	2410214	1481423	1866396	41.9	25.7	32.4
2002	5844215	2315113	1583001	1946101	39.6	27.1	33.3
2003	5932727	2209537	1666227	2056963	37.2	28.1	34.7
2004	6039731	2107853	1808403	2123475	34.9	29.9	35.2
2005	6190374	2001677	1905898	2282799	32.3	30.8	36.9
2006	6401398	1887612	1966586	2547200	29.5	30.7	39.8
2007	6871337	1793309	2102606	2975422	26.1	30.6	43.3
2008	7044940	1733032	2151504	3160404	24.6	30.5	44.9
2009	7295164	1627873	2329109	3338182	22.3	31.9	45.8
2010	7527799	1526985	2501175	3499639	20.3	33.2	46.5
2011	7731668	1445000	2675589	3611079	18.7	34.6	46.7
2012	7937488	1418336	2755449	3763703	17.9	34.7	47.4

3-8 全市年末从业人员情况((按行业分))

Number of Employed Persons by Sector (Year-end)

单位：万人

	2008 年	2009 年	2010 年	2011 年	2012 年
从业人员总计	**704.49**	**729.52**	**752.78**	**773.17**	**793.75**
按国民经济行业分组					
农、林、牧、渔业	173.30	162.78	152.7	144.5	141.83
采矿业	2.56	2.06	1.27	1.19	1.15
制造业	112.57	120.08	127.62	140.71	145.34
电力、燃气及水的生产和供应业	2.34	2.38	2.41	2.94	2.82
建筑业	97.68	107.88	118.81	122.73	126.24
交通运输、仓储和邮政业	26.5	28.81	30.05	31.23	31.77
信息传输、计算机服务和软件业	8.12	9.47	11.14	10.98	11.33
批发和零售业	96.88	101.57	105.36	107.28	110.80
住宿和餐饮业	52.66	54.33	55.57	57.76	60.75
金融业	4.50	5.06	5.47	6.02	7.21
房地产业	12.12	12.65	13.14	12.91	13.27
租赁和商务服务业	24.94	25.95	26.82	26.5	26.72
科学研究、技术服务和地质勘查业	6.33	7.90	8.95	9.05	10.24
水利、环境和公共设施管理业	2.33	2.78	3.12	3.37	3.62
居民服务和其他服务业	37.91	39.08	40.15	41.30	41.53
教　育	15.81	17.17	18.04	19.71	22.52
卫生、社会保障和社会福利业	8.39	8.80	9.86	11.94	13.41
文化、体育和娱乐业	4.21	4.46	4.82	5.22	5.08
公共管理和社会组织	15.34	16.31	17.48	17.83	18.12

3-9 历年全市年末从业人员情况(按经济类型分)

Number of Employed Persons by Ownership (Year-end)

单位：人

年份	从业人员合计	城镇	国有经济	集体经济	其他经济	私营与个体	农村
1978	3722994	1101925	832123	267769		2033	2621069
1979	3764661	1126661	862966	261680		2015	2638000
1980	3931217	1165499	896191	262787		6521	2765718
1981	4118652	1224652	934221	277176		13255	2894000
1982	4276459	1273459	971687	284267		17505	3003000
1983	4465414	1292205	982389	284893		24923	3173209
1984	4728724	1470071	981600	319406	129084	39981	3258653
1985	4933036	1538595	1017857	328212	146153	46373	3394441
1986	5085687	1594578	1056750	330413	154719	52696	3491109
1987	5268072	1659937	1099618	329053	160442	70824	3608135
1988	5389769	1715929	1133013	327634	169043	86239	3673840
1989	5511830	1738376	1157857	315211	175880	89428	3773454
1990	5626680	1803394	1188123	334923	183003	97345	3823286
1991	5809154	1887157	1240718	339265	196276	110898	3921997
1992	5941185	1938010	1268306	340176	207887	121641	4003175
1993	5959391	1974864	1245842	334379	259041	135602	3984527
1994	6029501	2027232	1246100	309200	278232	193700	4002269
1995	6037492	2060424	1246900	305100	290389	218035	3977068
1996	6045850	2106542	1239409	301505	301971	263657	3939308
1997	6064707	2115747	1234089	282361	307860	291437	3948960
1998	5948366	2058912	1101636	237310	358713	361253	3889454
1999	5829821	1902480	988500	185650	361577	366753	3927341
2000	5741347	1862139	934427	171193	380722	375797	3879208
2001	5758033	1868360	884121	118072	421546	444621	3889673
2002	5844215	1980767	818698	124313	494919	542837	3863448
2003	5932727	2127096	826105	126804	507949	666238	3805631
2004	6039731	2382938	790021	121984	466426	1004507	3656793
2005	6190374	2765412	789867	108614	624188	1242743	3424962
2006	6401398	3100921	807318	101998	762300	1429305	3300477
2007	6871337	3601730	842776	99528	800211	1859215	3269607
2008	7044940	3822301	857658	83319	991910	1889414	3222639
2009	7295164	4094964	919600	85540	1051030	2038794	3200200
2010	7527799	4336984	977789	79937	1125011	2154247	3190815
2011	7731668	4663818	1019384	87634	1295162	2261638	3067850
2012	7937488	4897782	1083925	79689	1397334	2336834	3039706

3-10　企业、事业、机关单位数(2012 年末)

Number of Enterprises, Institutions and Agencies Organizations (End of 2012)

单位：个

	合　计	国有经济	集体经济	其他经济
总　　计	**9758**	**5330**	**842**	**3586**
按企业、事业、机关分组				
企　业	4934	902	516	3516
事　业	3111	2718	325	68
机　关	1710	1710		
民间非盈利组织	3		1	2
其　他				
按三次产业分组				
第一产业	63	58	1	4
第二产业	2565	273	246	2046
第三产业	7130	4999	595	1536
按国民经济行业分组				
农、林、牧、渔业	63	58	1	4
采矿业	5	1	1	3
制造业	1847	136	154	1557
电力、燃气及水的生产和供应业	126	50	5	71
建筑业	587	86	86	415
批发和零售业	628	157	154	317
交通运输、仓储和邮政业	159	100	8	51
住宿和餐饮业	271	58	22	191
信息传输、计算机服务和软件业	44	19		25
金融业	297	224	42	31
房地产业	563	57	8	498
租赁和商务服务业	179	90	40	49
科学研究、技术服务和地质勘查业	386	343	7	36
水利、环境和公共设施管理业	157	130	6	21
居民服务和其他服务业	103	16	66	21
教育	1463	1227	2	234
卫生、社会保障和社会福利业	595	305	234	56
文化、体育和娱乐业	252	240	6	6
公共管理和社会组织	2033	2033		

3-11 城镇非私营单位分行业年末从业人员数(2012 年末)

Number of Employed Persons in Urban Units by Sector (End of 2012)

单位：人

	总　计	国有经济	集体经济	其他经济
总　　计	**2122948**	**1040925**	**79689**	**1002334**
按企业、事业、机关分组				
企　业	1538634	493893	55431	989310
事　业	434975	398054	24238	12683
机　关	148978	148978		
民间非盈利组织	361		20	341
其　他				
按三次产业分组				
第一产业	2068	1881	21	166
第二产业	1150327	345193	46442	758692
第三产业	970553	693851	33226	243476
按国民经济行业分组				
农、林、牧、渔业	2068	1881	21	166
采矿业	897	98	18	781
制造业	591385	101422	11901	478062
电力、燃气及水的生产和供应业	23698	12474	1062	10162
建筑业	534347	231199	33461	269687
批发和零售业	100578	27498	1989	71091
交通运输、仓储和邮政业	60527	29141	649	30737
住宿和餐饮业	50816	10355	1304	39157
信息传输、计算机服务和软件业	17867	12371		5496
金融业	68492	44931	3734	19827
房地产业	30589	3273	199	27117
租赁和商务服务业	17946	9431	582	7933
科学研究、技术服务和地质勘查业	86100	77940	166	7994
水利、环境和公共设施管理业	26156	21101	2048	3007
居民服务和其他服务业	5580	1295	1471	2814
教育	212003	194087	49	17867
卫生、社会保障和社会福利业	113031	83467	20614	8950
文化、体育和娱乐业	17805	15898	421	1486
公共管理和社会组织	163063	163063		

3-12 城镇非私营单位女性从业人员数(2012 年末)

Number of Female Employed Persons in Urban Units (End of 2012)

单位：人

	总　　计	国有经济	集体经济	其他经济
总　　　计	**716089**	**362042**	**27555**	**326492**
按企业、事业、机关分组				
企　　业	452957	119984	13510	319463
事　　业	214183	193295	14037	6851
机　　关	48763	48763		
民间非盈利组织	186		8	178
其　　他				
按三次产业分组				
第一产业	686	627	11	48
第二产业	280048	58789	9391	211868
第三产业	435355	302626	18153	114576
按国民经济行业分组				
农、林、牧、渔业	686	627	11	48
采矿业	174	27	2	145
制造业	200990	32324	4127	164539
电力、燃气及水的生产和供应业	7682	3554	360	3768
建筑业	71202	22884	4902	43416
批发和零售业	48693	12588	849	35256
交通运输、仓储和邮政业	22402	11008	258	11136
住宿和餐饮业	24460	4790	774	18896
信息传输、计算机服务和软件业	8433	6328		2105
金融业	33571	20251	1780	11540
房地产业	11945	1407	49	10489
租赁和商务服务业	5267	2141	203	2923
科学研究、技术服务和地质勘查业	25068	22474	40	2554
水利、环境和公共设施管理业	9603	7090	732	1781
居民服务和其他服务业	1972	333	574	1065
教育	108969	98645	7	10317
卫生、社会保障和社会福利业	72710	53996	12767	5947
文化、体育和娱乐业	7687	7000	120	567
公共管理和社会组织	54575	54575		

3-13　职业介绍机构及工作情况

Basic Conditions of Employment Services

	单　位	2000 年	2005 年	2010 年	2011 年	2012 年
年末职业介绍机构	个	**243**	**193**	**157**	**188**	**151**
＃劳动部门办	个	53	20	22	42	21
非劳动部门办	个	190	173	135	146	130
求职登记总数	**人次**	**2241122**	**424410**	**919540**	**964000**	**855700**
＃介绍成功人数	人次	128416	232314	343943	281600	346100
用人登记总数	**人次**	**218903**	**608491**	**398592**	**473789**	**504737**
＃失业人员	人次	36802	151588	105503	125563	130712

3-14 历年全市年末城镇非私营单位在岗职工人数及构成(按经济类型分)

Number of Fully Employed Staff and Workers in Urban Units and Their Compositions by Ownership (Year-end)

年份	在岗职工人数(人)	国有经济单位	城镇集体经济单位	其他经济单位	构成(%) 国有经济单位	城镇集体经济单位	其他经济单位
1978	1099892	832123	267769		75.7	24.3	
1979	1124646	862966	261680		76.7	23.3	
1980	1158978	896191	262787		77.3	22.7	
1981	1211397	934221	277176		77.1	22.9	
1982	1255954	971687	284267		77.4	22.6	
1983	1267282	982389	284893		77.5	22.5	
1984	1302262	981600	319406	1256	75.4	24.5	0.1
1985	1347588	1017858	328212	1518	75.5	24.4	0.1
1986	1388267	1056750	330413	1104	76.1	23.8	0.1
1987	1430713	1099618	329053	2042	76.9	23.0	0.1
1988	1463385	1133013	327634	2738	77.4	22.4	0.2
1989	1476727	1157857	315211	3659	78.4	21.3	0.3
1990	1527114	1188123	334923	4068	77.8	21.9	0.3
1991	1588060	1240718	339265	8077	78.1	21.4	0.5
1992	1618676	1268306	340172	10198	78.4	21.0	0.6
1993	1610430	1225842	334379	50209	76.1	20.8	3.1
1994	1594135	1217480	302369	74286	76.4	19.0	4.6
1995	1615166	1230768	300071	84327	76.2	18.6	5.2
1996	1540594	1148671	268049	123874	74.6	17.4	8.0
1997	1450610	1103500	248945	98165	76.0	17.2	6.8
1998	1340520	994736	198221	147563	74.2	14.8	11.0
1999	1299774	953582	182005	164187	73.4	14.0	12.6
2000	1245294	896721	166909	181664	72.0	13.4	14.6
2001	1173195	841870	115574	215751	71.8	9.8	18.4
2002	1213477	791372	119343	302762	65.2	9.8	25.0
2003	1216720	786691	119736	310293	64.7	9.8	25.5
2004	1232511	757038	117561	357912	61.4	9.5	29.1
2005	1295541	755951	105167	434423	58.4	8.1	33.5
2006	1349987	779719	98073	472195	57.8	7.3	34.9
2007	1409270	807239	97299	504732	57.3	6.9	35.8
2008	1498938	818230	80700	600008	54.6	5.4	40.0
2009	1573561	870229	82071	621261	55.3	5.2	39.5
2010	1648431	879641	75562	693228	53.4	4.6	42.0
2011	1710406	790694	82279	837433	46.2	4.8	49.0
2012	1776322	790785	68933	916604	44.5	3.9	51.6

3-15 城镇全部单位就业人员工资总额(2012 年)

Total Wages Bill of Fully Employed Persons in Urban Units (2012)

单位：万元

	从业人员工资总额	国有经济	集体经济	私营经济	其他经济
总　　计	**12653666**	**5755111**	**300205**	**2917451**	**3680899**
按企业、事业、机关分					
企　　业	9255594	2529777	183864	2917451	3624502
事　　业	2571053	2400273	116277		54503
机　　关	825061	825061			
民间非盈利组织	1958		64		1894
其　　他					
按三次产业分					
第一产业	47195	8383	114	38379	319
第二产业	5407367	1506745	139220	1253977	2507425
第三产业	7199104	4239983	160871	1625095	1173155
按国民经济行业分					
农、林、牧、渔业	47195	8383	114	38379	319
采矿业	8586	287	40	6143	2116
制造业	3011874	539182	37518	799777	1635397
电力、燃气及水的生产和供应业	153713	89146	4163	11237	49167
建筑业	2233194	878130	97499	436820	820745
批发和零售业	905483	160069	6880	514128	224406
交通运输、仓储和邮政业	535951	208005	2399	82970	242577
住宿和餐饮业	290475	34479	3258	147702	105036
信息传输、计算机服务和软件业	205588	64340		108471	32777
金融业	615040	380198	27104	10029	197709
房地产业	356618	17254	680	198451	140233
租赁和商务服务业	357924	70321	2168	247823	37612
科学研究、技术服务和地质勘查业	682527	578626	657	45057	58187
水利、环境和公共设施管理业	127686	91158	5814	23656	7058
居民服务和其他服务业	175937	5231	2493	158175	10038
教育	1150567	1050684	204	30775	68904
卫生、社会保障和社会福利业	787486	603148	107598	33948	42792
文化、体育和娱乐业	114215	82863	1616	23910	5826
公共管理和社会组织	893607	893607			

3-16　城镇全部单位就业人员平均工资(2012 年)

Average Wage of Fully Employed Persons in Urban Units (2012)

单位：元

	总　计	国有经济	集体经济	私营经济	其他经济
总　　计	**38221**	**56816**	**38491**	**24015**	**36630**
按企业、事业、机关分					
企　业	33863	53549	34122	24015	36532
事　业	59878	61096	48268		43851
机　关	55880	55880			
民间非盈利组织	55322		32200		56707
其　他					
按三次产业分					
第一产业	26474	44784	54190	24338	19315
第二产业	32383	46374	31012	23547	32672
第三产业	44357	61794	48631	24382	49448
按国民经济行业分					
农、林、牧、渔业	26474	44784	54190	24338	19315
采矿业	23654	28939	23647	22242	28142
制造业	31257	52497	32246	23243	32374
电力、燃气及水的生产和供应业	54683	70892	39343	25418	48893
建筑业	33110	41909	30295	24099	32633
批发和零售业	28633	58734	34766	23616	32383
交通运输、仓储和邮政业	59184	72984	37085	25737	83154
住宿和餐饮业	25324	33514	25158	22900	27196
信息传输、计算机服务和软件业	36412	53532		27547	64713
金融业	86767	85025	72103	32851	102143
房地产业	33637	54447	34354	26176	52250
租赁和商务服务业	28716	73789	36317	23245	47587
科学研究、技术服务和地质勘查业	67827	75092	39776	28993	73982
水利、环境和公共设施管理业	37625	43500	28769	29651	23678
居民服务和其他服务业	22773	40116	16767	22054	36595
教育	52159	54695	41571	27655	39806
卫生、社会保障和社会福利业	64160	73897	52589	28225	49586
文化、体育和娱乐业	42700	51702	38208	27073	39737
公共管理和社会组织	55293	55293			

主 要 统 计 指 标 解 释

总人口 指一定时点、一定地区范围内的有生命的个人的总和。

年度统计的年末总人口是指每年 12 月 31 日 24 时的人口数。

出生率 指在一定时期内(通常为一年)平均每千人所出生的人数的比率，一般用千分率表示。计算公式：

$$出生率=\frac{年出生人数}{年平均人数}\times 1000‰$$

死亡率 指在一定时期内(通常为一年)一定地区的死亡人数与同期平均人数(或期中人数)之比，一般用千分率表示。计算公式：

$$死亡率=\frac{年死亡人数}{年平均人数}\times 1000‰$$

人口自然增长率 指在一定时期内(通常为一年)人口自然增加数(出生人数减死亡人数)与该时期内平均人数(或期中人数)之比，一般用千分率表示。计算公式：

$$人口自然增长率=\frac{本年出生人数-本年死亡人数}{年平均人数}\times 1000‰$$

人口自然增长率＝人口出生率–人口死亡率

从业人员 指从事一定社会劳动并取得劳动报酬或经营收入的人员。包括：

⑴全部职工

(2)再就业的离退休人员

(3)私营业主

(4)个体户主

(5)私营和个体从业人员

(6)乡镇企业从业人员

(7)农村从业人员

(8)其他从业人员（包括民办教师、宗教职业者、现役军人等）

这一指标反映了一定时期内全部劳动力资源的实际利用情况，是研究我国基本国情国力的重要指标。

各单位的从业人员是指在各级国家机关、政党机关、社会团体及企业、事业单位中工作，并取得劳动报酬的全部人员。包括在岗职工、再就业的离退休人员、民办教师以及在各单位中工作的外方人员和港、澳、台方人员。

各单位的从业人员反映了各单位实际参加生产或工作的全部劳动力。因此,从 1998 年开始,各单位的从业人员不包括离开本单位仍保留劳动关系的职工。

平均工资 指报告期内单位发放工资的人均水平。计算公式为：

$$平均工资=\frac{报告期工资总额}{报告期平均人数}$$

城镇私营和个体从业人员 城镇私营从业人员指在工商管理部门注册登记，其经营地址设在县城关镇（含城关镇）

以上的私营企业从业人员。包括：私营企业投资者和雇工。城镇个体从业人员指在工商管理部门注册登记，并持有城镇户口或在城镇长期居住，经批准从事个体工商经营的从业人员。包括：个体经营者和在个体工商户劳动的家庭帮工和雇工。

城镇登记失业人员及失业率 指有非农业户口，在一定的劳动年龄内，有劳动能力，无业而要求就业，并在当地就业服务机构进行求职登记的人员。城镇登记失业率，指城镇登记失业人数同城镇从业人数与城镇登记失业人数之和的比。计算公式为：

$$\text{城镇登记失业率}=\frac{\text{城镇登记失业人数}}{\text{城镇从业人数}+\text{城镇登记失业人数}}\times 100\%$$

四 固定资产投资 建筑业

简 要 说 明

主要内容

固定资产投资包括：全社会范围内的固定资产投资总额、发展速度及构成；基本建设、更新改造投资额及构成情况、资金状况；房地产开发投资情况等。

建筑业包括：全市建筑施工企业生产情况、财务状况及其他主要指标。

资料来源

固定资产投资和建筑业资料来源于成都市统计局。

其他需要说明的问题

建筑业统计范围：1995年以前为城镇集体及国有建筑企业;1996年起为具有建筑业资质等级四级及四级以上的各种经济类型的建筑企业。

建筑业统计原则:凡公司所在地在成都的建筑企业(含本公司在外地的生产活动)均纳入统计范围。

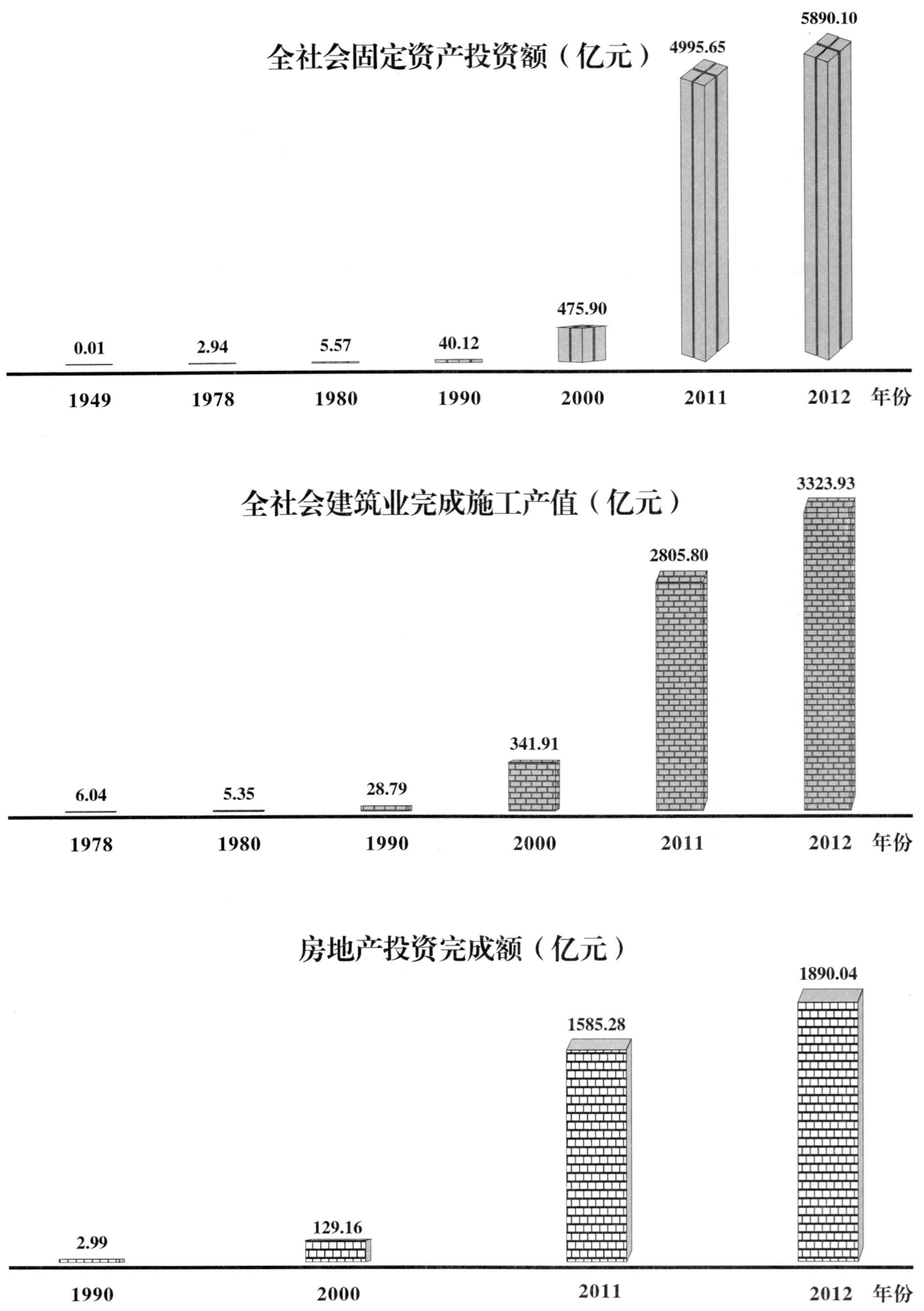
全社会固定资产投资额（亿元）
0.01
2.94
5.57
40.12
475.90
4995.65
5890.10
1949
1978
1980
1990
2000
2011
2012
年份
全社会建筑业完成施工产值（亿元）
6.04
5.35
28.79
341.91
2805.80
3323.93
1978
1980
1990
2000
2011
2012
年份
房地产投资完成额（亿元）
2.99
129.16
1585.28
1890.04
1990
2000
2011
2012
年份

4-1 历年全社会固定资产投资(按经济类型分)

Total Investment in Fixed Assets by Ownership

单位：万元

年　份	总　计	# 国有经济	# 集体经济	# 私营及个体经济	在总计中: 住　宅
1950	58	58			5
1951	440	440			57
1952	1303	1303			157
1953	3913	3913			512
1954	4395	4395			691
1955	4308	4308			903
1956	11275	11275			2724
1957	16124	16124			2180
1958	22197	22197			1003
1959	47190	47190			2207
1960	62127	62127			2124
1961	18784	18784			1050
1962	10653	10653			604
1963	13547	13547			1276
1964	20305	20305			2161
1965	32112	32112			1731
1966	31220	31220			1036
1967	14482	14482			794
1968	11917	11917			479
1969	14293	14293			827
1970	18540	18540			970
1971	19306	19306			1158
1972	23895	23895			1620
1973	20349	20349			1741
1974	13692	13692			1433
1975	17301	17196	105		1474
1976	16504	16403	101		1180
1977	19668	19468	200		2938
1978	29391	28334	1057		4738
1979	50706	48851	1855		13022
1980	55744	52022	3722		18516

4-1 续表

单位：万元

年　　份	总　　计	# 国有经济	# 集体经济	# 私营及 个体经济	在总计中： 住　　宅
1981	73229	61295	6800	5134	27456
1982	95271	81874	7100	6297	32273
1983	107318	89160	7723	10435	38566
1984	146399	103594	16667	26138	40609
1985	241874	173565	44316	23993	62835
1986	248741	185426	29631	33684	60259
1987	286695	199733	38558	48404	80648
1988	364892	241474	46717	76701	103857
1989	356684	243455	44230	68999	105130
1990	401156	282024	45853	73279	120688
1991	485147	349698	56475	78794	131234
1992	788038	523473	150423	114142	225462
1993	1413826	757296	340030	126496	380789
1994	1797908	910033	406660	188132	511760
1995	2156272	1081961	550455	217100	672640
1996	2588457	1192478	568105	308000	832200
1997	3100791	1480027	627493	332443	821886
1998	3718700	2101225	526100	364500	951400
1999	4190983	2339883	453457	365256	1064080
2000	4759020	2278569	372682	422201	1386892
2001	5822157	2869402	420045	661221	1810758
2002	7021455	3322330	479117	812526	2074475
2003	8629700	4014537	404889	1054117	2487521
2004	10574474	4417333	500981	1398723	2849689
2005	14586741	5773710	106657	1791346	3989685
2006	18979098	6829070	123274	2174166	5994888
2007	23900461	7378639	76198	3310197	7442067
2008	29938844	10184473	142602	2956647	7796308
2009	40124530	15804556	290579	3991218	9041631
2010	42553662	14296449	390218	3874959	9620925
2011	49956521	14757463	369011	4734064	12206190
2012	58900984	18885083	242747	7206969	13066328

4-2 历年全社会固定资产投资构成(按经济类型分)

Composition of Total Investment in Fixed Assets by Ownership

单位：%

年 份	总 计	# 国有经济	# 集体经济	# 私营及个体经济	在总计中：住 宅
1978	100	96.4	3.6		16.1
1979	100	96.3	3.7		25.7
1980	100	93.3	6.7		33.2
1981	100	83.7	9.3	7.0	37.5
1982	100	85.9	7.5	6.6	33.9
1983	100	83.1	7.2	9.7	35.9
1984	100	70.8	11.4	17.8	27.7
1985	100	71.8	18.3	9.9	26.0
1986	100	74.5	11.9	13.6	24.2
1987	100	69.7	13.4	16.9	28.1
1988	100	66.2	12.8	21.0	28.5
1989	100	68.3	12.4	19.3	29.5
1990	100	70.3	11.4	18.3	30.1
1991	100	72.1	11.6	16.3	27.1
1992	100	66.4	19.1	14.5	28.6
1993	100	53.6	24.0	8.9	27.0
1994	100	50.6	22.6	10.5	28.5
1995	100	50.2	25.5	10.1	31.2
1996	100	46.1	21.9	11.9	32.2
1997	100	47.7	20.2	10.7	26.5
1998	100	56.5	14.1	9.8	25.6
1999	100	55.8	10.8	8.7	25.3
2000	100	47.9	7.8	8.9	29.1
2001	100	49.3	7.2	11.4	31.1
2002	100	47.3	6.8	11.6	29.5
2003	100	46.5	4.7	12.2	28.8
2004	100	41.8	4.7	13.2	26.9
2005	100	39.6	0.7	12.3	27.4
2006	100	36.0	0.6	11.5	31.6
2007	100	30.9	0.3	13.8	31.1
2008	100	34.0	0.5	9.9	26.0
2009	100	39.4	0.7	9.9	22.5
2010	100	33.6	0.9	9.1	22.6
2011	100	29.5	0.7	9.5	24.4
2012	100	32.1	0.4	12.2	22.2

4-3 历年全社会固定资产投资发展速度(按经济类型分)

Development Rates of Total Investment in Fixed Assets by Ownership

单位：%

年 份	总 计	#国有经济	#集体经济	#私营及个体经济	在总计中：住 宅
1978	149.4	145.5	528.5		161.3
1979	172.5	172.4	175.5		274.8
1980	109.9	106.5	200.0		142.2
1981	131.4	117.8	182.7		148.3
1982	130.1	133.6	104.4	122.7	117.5
1983	112.6	108.9	108.8	165.7	119.5
1984	136.4	116.2	215.8	250.5	105.3
1985	165.2	167.5	265.9	91.8	154.7
1986	102.8	106.8	66.9	140.4	95.9
1987	115.3	107.7	130.1	143.7	133.8
1988	127.3	120.9	121.2	158.5	128.8
1989	97.8	100.8	94.7	110.0	101.2
1990	112.5	115.8	103.7	106.2	114.8
1991	120.9	124.0	123.2	107.5	108.7
1992	162.4	149.7	266.3	144.9	171.8
1993	179.4	144.7	226.0	110.8	168.9
1994	127.2	120.2	119.6	148.7	134.4
1995	119.9	118.9	135.4	115.4	131.4
1996	120.0	110.2	103.2	141.9	123.7
1997	119.8	124.1	110.5	107.9	101.2
1998	119.9	142.0	83.8	109.6	115.8
1999	112.7	111.4	86.2	100.2	111.8
2000	113.6	97.4	82.2	115.6	130.3
2001	122.3	125.9	112.7	156.6	130.6
2002	120.6	115.8	114.1	122.9	114.6
2003	122.9	120.8	84.5	129.7	119.9
2004	122.5	110.0	123.7	132.7	114.6
2005	137.9	130.7	122.3	128.1	140.0
2006	130.1	118.3	115.6	121.4	150.3
2007	125.9	108.0	61.8	152.3	124.1
2008	125.3	138.0	187.1	89.3	104.8
2009	134.0	155.2	203.8	135.0	116.0
2010	106.1	90.5	134.3	97.1	106.4
2011	117.4	103.2	94.6	122.2	126.9
2012	117.9	128.0	65.8	152.2	107.0

4-4 历年全社会固定资产投资(按种类和构成分)

Total Investment in Fixed Assets by Channel of Management and Use of Funds

单位：万元

年份	总计	按管理渠道分			按构成分		
		#基建投资	#更改投资	#房地产投资	建筑安装工程	设备工器具购置	其他费用
1978	29391	27461			16670	10602	2119
1979	50706	44684	4167		31002	15770	3934
1980	55744	46686	5336		39649	12617	3478
1981	73229	35295	26000		52427	15634	5168
1982	95271	51874	30000		63219	22659	9393
1983	107318	61509	27651		75420	21700	10198
1984	146399	63838	35723		96268	35330	14801
1985	241874	114097	56004		149299	67021	25554
1986	248741	113860	67889		149833	69875	29033
1987	286695	113392	85352		185231	72314	29150
1988	364892	128933	107003		225847	101739	37306
1989	356684	129297	109019		212140	102570	41974
1990	401156	129438	117733	29883	253113	109338	38705
1991	485147	210967	95843	31021	305714	126972	52461
1992	788038	269816	151885	94446	545039	182227	60772
1993	1413826	440521	202886	207310	939120	281104	193602
1994	1797908	614111	308087	337506	1184909	409941	203058
1995	2156272	754208	224222	545376	1482024	369660	304588
1996	2588457	908735	254270	684379	1950825	304328	333304
1997	3100791	1199554	347932	730147	2074831	635973	389987
1998	3718700	1693757	469391	799675	2194308	885732	638660
1999	4190983	2013052	450020	998565	2613297	923373	654313
2000	4759020	2283936	489530	1291611	3129144	803781	826095
2001	5822157	2815371	649091	1707554	3998475	868248	955434
2002	7021455	3356275	906388	2033104	4163072	1292108	1566275
2003	8629700	4014091	1306440	2453991	4779214	1351187	2499299
2004	10574474	5029585	1847735	3089697	6280177	1522686	2771611
2005	14586741	6448805	2957605	4518628	8189462	2045539	4351740
2006	18979098	9007689	3618208	6136351	10720823	2668806	5589469
2007	23900461	9617790	5065250	9052800	13107861	3381497	7411103
2008	29938844	13400284	6835674	9125057	17268656	4223919	8446269
2009	40124530	19703430	9308386	9451356	25652691	6019225	8452614
2010	42553662	19342589	9653933	12783390	29402935	6009704	7141023
2011	49956521	22673629	10142305	15852771	36759034	6222151	6975336
2012	58900984	27517055	11540904	18900420	42857052	7493313	8550619

4-5 历年全社会固定资产投资比重(按种类和构成分)

Proportion of Total Investment in Fixed Assets by Channel of Management and Use of Funds

单位：%

年　份	按管理渠道分			按构成分		
	#基建投资	#更改投资	#房地产投资	建筑安装工程	设备工器具购　置	其他费用
1978	93.4			56.7	36.1	7.2
1979	88.1	8.2		61.1	31.1	7.8
1980	83.8	9.6		71.1	22.6	6.3
1981	48.2	35.5		71.6	21.3	7.1
1982	54.4	31.5		66.4	23.8	9.8
1983	57.3	25.8		70.3	20.2	9.5
1984	43.6	24.4		65.8	24.1	10.1
1985	47.2	23.2		61.7	27.7	10.6
1986	45.8	27.3		60.2	28.1	11.7
1987	39.6	29.8		64.6	25.2	10.2
1988	35.3	29.3		61.9	27.9	10.2
1989	36.2	30.6		59.5	28.8	11.7
1990	32.3	29.3	7.4	63.1	27.3	9.6
1991	43.5	19.8	6.4	63.0	26.2	10.8
1992	34.2	19.3	12.0	69.2	23.1	7.7
1993	31.2	14.4	14.7	66.4	19.9	13.7
1994	34.2	17.1	18.8	65.9	22.8	11.3
1995	35.0	10.4	25.3	68.7	17.1	14.2
1996	35.1	9.8	26.4	75.4	11.8	12.8
1997	38.7	11.2	23.5	67.3	20.1	12.6
1998	45.5	12.6	21.5	59.0	23.8	17.2
1999	48.0	10.7	23.8	62.4	22.0	15.6
2000	48.0	10.3	27.1	65.8	16.9	17.3
2001	48.4	11.1	29.3	68.7	14.9	16.4
2002	47.8	12.9	29.0	59.3	18.4	22.3
2003	46.5	15.1	28.4	55.4	15.6	29.0
2004	47.6	17.5	29.2	59.4	14.4	26.2
2005	44.2	20.3	31.0	56.2	14.0	29.8
2006	47.5	19.1	32.3	56.5	14.1	29.4
2007	40.2	21.2	37.9	54.8	14.1	31.1
2008	44.8	22.8	30.5	57.7	14.1	28.2
2009	49.1	23.2	23.6	63.9	15.0	21.1
2010	45.5	22.7	30.0	69.1	14.1	16.8
2011	45.4	20.3	31.7	73.6	12.4	14.0
2012	46.7	19.6	32.1	72.8	12.7	14.5

4-6 历年全社会固定资产投资发展速度(按种类分)

Development Rates of Total Investment In Fixed Assets by Channel of Management

单位：%

年 份	总 计	# 基建投资	# 更改投资	# 房地产投资
1978	149.4	141.1		
1979	172.5	162.7		
1980	109.9	104.5	128.1	
1981	131.4	75.6	487.3	
1982	130.1	147.0	115.4	
1983	112.6	118.6	92.0	
1984	136.4	103.9	129.2	
1985	165.2	178.7	156.8	
1986	102.8	99.8	121.2	
1987	115.3	99.6	125.7	
1988	127.3	113.7	125.4	
1989	97.7	100.3	101.9	
1990	112.5	100.1	108.0	
1991	120.9	163.0	81.4	103.8
1992	162.4	127.9	158.5	304.5
1993	179.4	163.3	133.6	219.5
1994	127.2	139.4	151.8	162.8
1995	119.9	122.8	72.8	161.6
1996	120.0	120.5	113.4	125.5
1997	119.8	132.0	136.8	106.7
1998	119.9	141.2	134.9	109.5
1999	112.7	118.8	95.9	124.9
2000	113.6	113.5	108.8	129.3
2001	122.3	123.3	132.6	132.2
2002	120.6	119.2	139.6	119.1
2003	122.9	119.6	144.1	120.7
2004	122.5	125.3	141.4	125.9
2005	137.9	128.2	160.1	146.2
2006	130.1	139.7	122.3	135.8
2007	125.9	106.8	140.0	147.5
2008	125.3	139.3	135.0	100.8
2009	134.0	147.0	136.2	103.6
2010	106.1	98.2	103.7	135.3
2011	117.4	117.2	105.1	124.0
2012	117.9	121.4	113.8	119.2

4-7 历年全社会固定资产投资效果主要指标

Main Indicators of Total Investment Results in Fixed Assets over the Years

年　份	施工项目（个）	全部建成投产项目（个）	建设项目投产率（%）	新增固定资　产（万元）	固定资产交付使用率（%）	房屋面积竣工率（%）	住宅面积竣工率（%）
1978	693	171	24.6	29345	99.8	52.6	56.9
1979	1067	323	30.3	38966	76.8	49.4	50.7
1980	1228	535	43.6	49430	88.7	53.9	53.0
1981	1289	548	42.5	64474	87.8	68.1	70.1
1982	1633	750	45.9	71030	74.6	66.4	69.3
1983	2427	1482	61.1	82754	77.1	76.2	83.5
1984	1708	863	50.5	116641	79.7	76.7	86.8
1985	2386	1290	54.1	170909	70.7	72.1	79.7
1986	1861	929	49.9	201450	80.9	74.2	82.9
1987	1940	788	40.6	217055	75.7	71.8	80.9
1988	1855	881	47.5	271395	74.4	74.7	84.8
1989	1328	640	48.2	268313	75.2	76.2	86.8
1990	1654	736	44.5	330572	82.4	73.8	78.3
1991	2476	1431	57.8	383200	78.9	73.9	79.3
1992	3822	2089	54.7	519400	65.9	58.8	66.7
1993	4493	2639	58.7	836800	59.2	57.5	63.8
1994	3516	2305	65.6	1230700	68.5	58.1	67.2
1995	3553	2438	68.6	1379900	63.9	52.8	63.5
1996	3161	2156	68.2	1768600	68.3	59.1	68.9
1997	2948	1937	65.7	2289851	73.8	60.9	72.2
1998	4106	2826	68.8	2572400	69.1	53.2	61.9
1999	3190	2068	64.8	3180245	75.8	57.8	61.2
2000	2992	1988	66.4	3237100	68.0	56.8	61.8
2001	2145	1266	59.0	4101094	70.4	53.6	59.9
2002	2137	1251	58.5	4542637	64.7	57.5	63.6
2003	1774	668	37.7	4498586	52.1	52.6	59.2
2004	2126	1132	53.2	5704363	53.9	47.3	48.2
2005	3697	1451	39.2	5254965	36.0	30.1	29.2
2006	3820	1984	51.9	8375907	44.1	30.2	26.6
2007	4952	2746	55.5	9527738	39.9	24.9	20.3
2008	4682	2007	42.9	9960505	33.3	17.0	15.0
2009	6700	3653	54.5	26042535	64.9	26.9	26.4
2010	5229	2248	43.0	27546488	64.7	24.2	24.2
2011	4820	2168	45.0	32103672	64.3	24.3	18.0
2012	4684	2249	48.0	37280127	63.3	24.3	18.0

4-8 历年国有经济单位固定资产投资

Total Investment in Fixed Assets of State –owned Units over the Years

单位：万元

年 份	总 计	#基建投资	#更改投资	#房地产投资	在总计中：住 宅
1978	28334	27461			4706
1979	48851	44684	4167		12895
1980	52022	46686	5336		18198
1981	61295	35295	26000		21722
1982	81874	51874	30000		26020
1983	89160	61509	27651		28034
1984	103594	63838	35723		22963
1985	173565	114097	56004		38995
1986	185426	113860	67889		32100
1987	199733	113392	85352		36557
1988	241474	128933	107003		35276
1989	243455	129297	109019		42230
1990	282024	129438	117733	29883	52012
1991	349698	210967	95843	31021	60897
1992	523473	269816	151885	94446	128486
1993	757296	440521	202886	106647	195111
1994	910033	507497	270687	125555	209795
1995	1081961	673204	211501	191869	304617
1996	1192478	764703	189582	231519	324655
1997	1480027	1043977	273403	162647	253833
1998	2101225	1487162	379701	234362	356386
1999	2339883	1683602	319915	336366	447865
2000	2278569	1745390	192205	340974	441863
2001	2869402	2180143	242981	437594	577866
2002	3322330	2625351	265369	423496	566357
2003	4014537	3217917	395262	380273	513320
2004	4417333	3900470	387299	126432	646390
2005	5773710	4560259	563727	240896	772045
2006	6829070	5920456	623377	273939	1316574
2007	7378639	6021462	922934	375647	1291316
2008	10184473	8449141	1000913	410405	1699619
2009	15804556	13088265	1259753	916583	2633883
2010	14296449	11324534	1942669	734597	1643057
2011	14757463	11902357	2017610	568498	1592932
2012	18885083	15165419	2411544	888922	1488336

4-9 历年国有经济单位固定资产投资效果主要指标

Main Indicators of Total Investment Results in Fixed Assets of State-owned Units over the Years

年　份	施工项目 （个）	全部建成投产项目 （个）	建设项目投产率 （%）	新　增固定资产 （万元）	固定资产交付使用率 （%）	房屋面积竣工率 （%）	住宅面积竣工率 （%）
1978	667	158	23.7	28365	100.1	49.0	53.2
1979	1026	314	30.6	37637	77.0	48.9	50.6
1980	1135	484	42.6	45634	87.7	50.2	52.2
1981	1202	513	42.7	51242	83.6	53.6	50.8
1982	1541	710	46.1	57503	70.2	49.0	49.7
1983	2234	1356	60.7	65508	73.5	57.1	66.5
1984	1405	671	47.8	78120	75.4	49.2	60.7
1985	1969	1009	51.2	108007	62.2	46.9	52.8
1986	1532	792	51.7	141620	76.4	48.1	56.5
1987	1647	742	45.1	137999	69.1	43.1	44.4
1988	1855	881	47.5	157657	65.3	41.6	69.4
1989	1328	640	48.2	173883	71.4	46.2	54.2
1990	1488	685	46.0	202219	71.7	43.5	46.6
1991	1553	723	46.6	226324	64.7	44.8	47.1
1992	1397	542	38.8	331491	63.3	31.0	30.2
1993	1672	477	28.5	416878	55.0	39.1	40.7
1994	1070	424	39.6	656545	72.1	40.1	43.2
1995	990	437	44.1	714788	66.1	41.0	45.8
1996	1057	533	50.4	894062	75.0	44.4	54.8
1997	940	393	41.8	1147845	77.6	45.5	54.3
1998	1258	595	47.3	1307070	62.2	36.3	33.3
1999	1009	531	52.6	1752261	74.8	43.4	46.3
2000	962	470	48.9	1450128	63.6	49.9	54.5
2001	830	322	38.8	2126044	74.1	45.6	53.2
2002	794	301	37.9	1884759	56.7	41.1	47.1
2003	734	251	34.2	1766630	44.0	31.5	39.9
2004	662	282	42.6	2044878	46.3	30.6	26.1
2005	1081	294	27.2	1854286	32.1	18.8	9.9
2006	1296	625	48.2	2711640	39.7	25.1	21.3
2007	1437	798	55.5	3053096	41.4	25.1	25.5
2008	1451	541	37.3	2642377	25.9	52.7	35.9
2009	2442	1313	53.8	9397628	59.5	24.2	19.7
2010	1716	787	45.7	10156982	71.1	37.7	43.6
2011	1272	665	52.3	11239382	76.2	31.5	37.9
2012	1541	833	54.1	12377919	65.5	31.4	30.2

4-10 历年基本建设投资效果主要指标

Main Indicators of Investment Results in Capital Construction over the Years

年 份	项目竣工率(%)	施工项目(个)	固定资产交付使用率(%)	新增固定资产(万元)	房屋竣工率(%)	竣工房屋面积(万平方米)	住宅竣工率(%)	住宅竣工房屋面积(万平方米)
1978	23.7	667	102.0	28011	48.5	89.21	52.5	43.03
1979	26.2	736	79.7	35616	49.4	167.41	50.6	103.76
1980	33.1	845	90.7	42357	49.9	211.69	51.8	136.38
1981	38.0	923	88.5	31242	54.1	191.81	51.9	132.61
1982	42.3	1025	72.3	37503	47.4	212.00	48.1	156.72
1983	66.4	1033	74.9	46080	58.9	250.47	67.4	184.28
1984	44.3	774	69.5	44383	49.5	196.00	59.1	127.00
1985	48.5	968	58.8	67123	42.1	242.00	49.9	160.31
1986	57.8	809	74.2	84432	47.4	244.81	57.2	148.07
1987	46.2	741	68.2	77360	41.8	226.24	43.6	102.07
1988	44.1	743	65.3	84223	39.5	197.10	49.8	99.28
1989	50.7	745	81.9	105947	44.0	182.50	55.1	97.30
1990	42.5	857	78.6	101676	41.0	184.32	44.7	86.69
1991	47.7	938	69.4	146446	42.8	184.72	46.8	90.58
1992	36.5	792	78.9	212823	32.7	198.65	34.4	93.22
1993	40.6	793	53.1	233711	38.5	263.61	43.1	143.32
1994	39.3	781	68.6	421005	38.5	314.20	44.6	164.64
1995	39.8	788	61.9	466833	39.1	339.37	48.0	196.21
1996	44.1	833	68.3	620177	41.1	362.72	55.8	206.82
1997	36.6	747	75.4	904700	39.0	315.04	52.5	174.36
1998	36.6	993	64.2	1086984	37.2	352.16	41.0	187.89
1999	46.6	935	72.6	1460846	43.2	402.09	52.1	234.98
2000	48.1	1042	71.5	1632976	50.8	490.55	62.6	273.51
2001	43.4	1005	79.0	2225093	36.9	371.37	42.7	179.68
2002	39.6	970	55.6	1865408	33.6	355.17	33.4	113.14
2003	34.2	1014	40.8	1632512	25.8	309.83	27.0	93.00
2004	50.0	1108	50.0	2516435	30.1	524.89	22.0	158.77
2005	34.1	1795	30.5	1968084	19.0	420.81	9.1	80.58
2006	50.7	2258	43.2	3890792	27.3	1137.44	20.8	413.08
2007	56.8	2415	42.8	4121107	29.9	1363.26	26.5	562.20
2008	37.7	2247	28.6	3833988	16.0	882.64	11.2	262.14
2009	53.8	3426	61.6	12141842	25.1	1842.55	23.6	847.87
2010	42.5	2522	65.6	12680782	34.2	1967.10	48.6	981.10
2011	51.7	2250	71.1	16115869	36.6	2621.03	41.4	770.67
2012	52.2	2496	66.1	18179883	34.4	2416.42	28.2	518.13

4-11 历年基本

Investment in Capital

年　　份	总　　计	按隶属关系分		按建设性质分	
		中央、省	市及市以下	#新　建	#改扩建
1978	27461	19578	7883	4744	21546
1979	44684	28383	16301	12481	31208
1980	46686	30983	15703	11444	34763
1981	35295	23534	11761	4306	28059
1982	51874	31635	20239	6329	41229
1983	61509	42623	18886	8657	41697
1984	63838	47704	16134	15820	37500
1985	114097	82087	32010	35112	60392
1986	113860	79102	34758	45402	51887
1987	113392	81138	32254	37546	65670
1988	128933	84121	44812	45711	76120
1989	129297	85020	44277	33879	72925
1990	129438	76721	52717	38398	71553
1991	210967	130035	80932	60168	120590
1992	269816	127368	142448	58383	159132
1993	440521	184218	256303	112791	254247
1994	614111	290406	323705	210700	288804
1995	754208	337648	416560	249075	372410
1996	908735	332456	576279	290734	509662
1997	1199554	517783	681771	309353	723236
1998	1693757	631755	1062002	462547	1023206
1999	2013052	738199	1274853	599024	1016971
2000	2283936	816508	1467428	899973	947529
2001	2815371	873320	1942051	1014528	1481105
2002	3356275	854092	2502183	1171334	1577386
2003	4014091	883774	3130317	1894660	1676503
2004	5029585	1171567	3858018	2717527	1889046
2005	6448805	1209322	5239483	4108461	1744590
2006	9007689	1422219	7585470	6144410	2169880
2007	9617790	929675	8688115	7759586	1470664
2008	13400284	1395838	12004446	11151893	1866378
2009	19703430	2388063	17315367	16137525	3091577
2010	19342589	3009576	16333013	16708423	2347748
2011	22673629	3730841	18942788	19014341	3498547
2012	27517055	3701813	23815242	23412482	3882647

建设投资情况

Construction over the Years

单位：万元

	按构成分			在总计中：
#单纯购置	建筑安装工程	设备工器具购置	其他费用	住　　宅
1171	15089	10326	2046	4351
995	29169	12064	3451	12660
479	35929	7897	2860	17939
2930	30432	2544	2319	17722
4316	37923	7841	6110	22020
2182	46179	8333	6997	24348
2147	42251	10889	10698	18773
2562	75473	21366	17258	34064
2780	72608	19429	21823	26042
164	82642	14692	16058	27668
1199	83886	26583	18464	25357
14785	77562	22858	28877	35172
455	90306	21836	17296	22748
132	127167	58328	25472	28875
351	177072	45527	47217	46936
256	339660	48538	52323	89869
180	454877	97128	62106	102803
409	568007	77349	108852	172543
2360	649348	113503	145884	148599
80149	843668	205701	150185	143795
97263	1036438	348353	308966	186683
278778	1272504	441684	298864	223373
277202	1611785	420404	251747	260052
176349	1933642	487865	393864	231518
349010	1934605	707003	714667	205211
428531	1865843	668665	1479583	166881
277208	2809872	661696	1558017	599796
465754	3698489	664264	2086052	586463
402311	5477081	939080	2591528	1411659
156041	6081569	900487	2635734	1390032
185397	8073394	1201479	4125411	1593992
43623	13627138	1421288	4655004	2620051
55244	14601321	2159526	2581742	1442125
22671	18087518	1940449	2645662	1630795
32374	22511531	2059333	2946191	1335672

4-12 历 年 基 本 建

Composition of Capital

年 份	总 计	按隶属关系分		按建设性质分	
		中央、省	市及市以下	#新 建	#改扩建
1978	100	71.3	28.7	17.3	78.5
1979	100	63.5	36.5	27.9	69.8
1980	100	66.4	33.6	24.5	74.5
1981	100	66.7	33.3	12.2	79.5
1982	100	61.0	39.0	12.2	79.5
1983	100	69.3	30.7	14.1	67.8
1984	100	74.7	25.3	24.8	58.7
1985	100	71.9	28.1	30.8	52.9
1986	100	69.5	30.5	39.9	45.6
1987	100	71.6	28.4	33.1	57.9
1988	100	65.2	34.8	35.5	59.0
1989	100	65.8	34.2	26.2	56.4
1990	100	59.3	40.7	29.7	55.3
1991	100	61.6	38.4	28.5	57.2
1992	100	47.2	52.8	21.6	59.0
1993	100	41.8	58.2	25.6	57.7
1994	100	47.3	52.7	34.3	47.0
1995	100	44.8	55.2	33.0	49.4
1996	100	36.6	63.4	32.0	56.1
1997	100	43.2	56.8	25.8	60.3
1998	100	37.3	62.7	27.3	60.4
1999	100	36.7	63.3	29.7	50.5
2000	100	35.8	64.2	39.4	41.5
2001	100	31.0	69.0	36.0	52.6
2002	100	25.4	74.6	34.9	47.0
2003	100	22.0	78.0	47.2	41.8
2004	100	23.3	76.7	54.0	37.6
2005	100	18.8	81.2	63.7	27.1
2006	100	15.8	84.2	68.2	24.1
2007	100	9.7	90.3	80.7	15.3
2008	100	10.4	89.6	83.2	13.9
2009	100	12.1	87.9	81.9	15.7
2010	100	15.6	84.4	86.4	12.1
2011	100	16.5	83.5	83.9	15.4
2012	100	13.5	86.5	85.1	14.1

设投资构成

Construction over the Years

单位：%

	按构成分			在总计中：
#单纯购置	建筑安装工程	设备工器具购置	其他费用	住　　宅
4.2	54.9	37.6	7.5	15.8
2.3	65.3	27.0	7.7	28.3
1.0	77.0	16.9	6.1	38.4
8.3	86.2	7.2	6.6	50.2
8.3	73.1	15.1	11.8	42.4
3.5	75.1	13.5	11.4	39.6
3.4	66.2	17.0	16.8	29.4
2.2	66.1	18.7	15.2	29.9
2.4	63.8	17.0	19.2	22.9
0.1	72.9	13.0	14.1	24.4
0.9	65.1	20.6	14.3	19.7
11.4	60.0	17.7	22.3	27.2
0.3	69.8	16.9	13.3	17.6
0.1	60.3	27.6	12.1	13.7
0.1	65.6	16.9	17.5	17.4
0.1	77.1	11.0	11.9	20.4
	74.1	15.8	10.1	16.7
0.1	75.3	10.3	14.4	22.9
0.3	71.5	12.5	16.0	16.4
6.7	70.3	17.2	12.5	12.0
5.7	61.2	20.6	18.2	11.0
13.8	63.2	21.9	14.9	11.1
12.1	70.6	18.4	11.0	11.4
6.3	68.7	17.3	14.0	8.2
10.4	57.6	21.1	21.3	6.1
10.7	46.5	16.7	36.8	4.2
5.5	55.9	13.1	31.0	11.9
7.2	57.3	10.3	32.4	9.1
4.5	60.8	10.4	28.8	15.7
1.6	63.2	9.4	27.4	14.5
1.4	60.2	9.0	30.8	11.9
0.2	69.2	7.2	23.6	13.3
0.3	75.5	11.2	13.3	7.5
0.1	79.8	8.6	11.7	7.2
0.1	81.8	7.5	10.7	4.9

4-13 历年基本建设投资资金来源

Capital Construction by Source of Funds over the Years

单位：万元

年　份	总　计	#国家预算内资金	#国内贷款	#利用外资	#自筹资金	#其他资金
1978	27461	20572			6889	
1979	44684	29140	46		15498	
1980	46686	22743	1464	32	22447	
1981	35295	14847	2116	28	18304	
1982	51874	16927	1741	4801	25729	2676
1983	61509	24587	2365	4036	29509	1012
1984	63838	29975	4678	283	25146	3736
1985	114097	49848	13065		44623	6561
1986	113860	42582	17577		42039	11497
1987	114213	45279	13916		47469	7549
1988	131160	35119	25348	177	56852	6264
1989	141196	29352	23931	11743	60482	12163
1990	153562	28054	25080	30233	60674	4519
1991	284734	42430	48183	26860	95996	5710
1992	274872	48738	86710	1993	128219	9212
1993	443309	54743	112848	2190	227407	31194
1994	572310	55648	132642	24528	298296	52548
1995	749469	52162	164330	52768	370592	100367
1996	904586	47601	113683	45759	582707	102652
1997	1027699	50663	141203	34899	676260	119272
1998	1727367	130821	332852	134347	904951	138107
1999	2153283	133684	391282	134786	1187582	130037
2000	2430402	112098	528789	291572	1139342	201677
2001	2975173	152543	551451	242192	1588114	287703
2002	3467694	172506	765695	202394	1973426	172902
2003	4227149	122237	1416414	174279	2046469	319621
2004	5302645	201418	1409990	224757	2918829	196397
2005	6703345	133313	1501204	161095	4270249	336800
2006	9485780	216955	1702965	145607	6622692	550755
2007	9909745	313942	1848274	127731	6394114	1038636
2008	14034896	462045	2394097	87542	9105662	1455042
2009	19916986	2859996	3178845	52325	11208039	2271981
2010	21783154	1598304	4389871	145788	13476465	1444810
2011	22604695	1214356	4055356	90024	14778862	1496473
2012	27198575	3165701	4068345	86313	17742435	1305019

4-14 历年基本建设投资资金来源构成

Composition for Capital Construction by Source of Funds over the Years

单位：%

年份	总计	#国家预算内资金	#国内贷款	#利用外资	#自筹资金	#其他资金
1978	100	74.9			25.1	
1979	100	65.2			34.7	
1980	100	48.7	3.1		48.1	
1981	100	42.1	6.0		51.9	
1982	100	32.6	3.4	9.3	49.6	5.1
1983	100	40.0	3.8	6.5	48.0	1.6
1984	100	47.0	7.3	0.4	39.4	5.9
1985	100	43.7	11.5		39.0	5.8
1986	100	37.4	15.4		36.9	10.1
1987	100	39.6	12.2		41.6	6.6
1988	100	26.8	19.3	0.1	43.3	4.8
1989	100	20.8	16.9	8.3	42.8	8.6
1990	100	18.3	16.3	19.7	39.5	2.9
1991	100	14.9	16.9	9.4	33.7	2.0
1992	100	17.7	31.5	0.7	46.6	3.4
1993	100	12.3	25.5	0.5	51.3	7.0
1994	100	9.7	23.3	4.3	52.1	9.2
1995	100	7.0	21.9	7.0	49.4	13.4
1996	100	5.3	12.6	5.1	64.4	11.3
1997	100	4.9	13.7	3.4	65.8	11.6
1998	100	7.6	19.3	7.8	52.4	8.0
1999	100	6.2	18.2	6.3	55.2	6.0
2000	100	4.6	21.8	12.0	46.9	8.3
2001	100	5.1	18.5	8.1	53.4	9.7
2002	100	5.0	22.1	5.8	56.9	5.0
2003	100	2.9	33.5	4.1	48.4	7.6
2004	100	3.8	26.6	4.2	55.0	3.7
2005	100	2.0	22.4	2.4	63.7	5.0
2006	100	2.3	18.0	1.5	69.8	5.8
2007	100	3.2	18.7	1.3	64.5	10.5
2008	100	3.3	17.1	0.6	64.9	10.4
2009	100	14.4	16.0	0.3	56.3	11.4
2010	100	7.3	20.2	0.7	61.9	6.6
2011	100	5.4	17.9	0.4	65.4	6.6
2012	100	11.6	15.0	0.3	65.2	4.8

4-15 历年更新改造投资资金来源情况

Investment in Innovation by Source of Funds

单位：万元

年　份	总　计	#国家预算内资金	#国内贷款	#利用外资	#自筹资金	#其他资金
1979	4167	612	624		2733	198
1980	5336	500	2000		2836	
1981	26000	2000	5000		17480	1520
1982	30000	2000	7000	300	18837	1863
1983	27651	1890	6495		18946	320
1984	35723	3016	10076	410	20833	1388
1985	56004	4003	15939	177	32655	3230
1986	67889	4073	24448	234	35282	3852
1987	87950	5271	29923	1601	44498	5228
1988	109334	3812	32137	3236	58954	11195
1989	98853	1085	30569	12716	50475	4008
1990	132356	841	54677	12023	61650	3165
1991	130875	678	59296	9620	57847	3434
1992	159697	2769	76969	3571	72176	4212
1993	206824	663	75125	589	112834	16129
1994	295427	2943	93976	25927	153916	18315
1995	224227	980	57365	18437	127089	20356
1996	282475	408	71125	19158	175668	16116
1997	363442	290	80797	26166	236442	17191
1998	455994		34298	9513	408991	3192
1999	479459	3979	118405	38740	278121	40214
2000	521816	12001	118679	13857	302408	30041
2001	659214	38523	106580	20562	421719	71830
2002	1008256	22133	179011	34290	650067	43426
2003	1410116	32175	276903	20533	979744	32839
2004	1961679	3438	388709	87319	1368631	31035
2005	2938958	14487	426747	150695	2160724	106094
2006	3961313	70390	455457	300963	2899398	116881
2007	5270855	32189	822019	283921	3721032	212644
2008	6981849	53456	727513	56998	5703363	219153
2009	9459400	70427	729299	16407	8419568	223699
2010	10536882	265048	911213	10032	8597723	519747
2011	10165823	69537	234766	5413	9627894	73855
2012	11945548	459738	190153	19253	10973122	41059

4-16 历年更新改造投资资金来源构成

Composition of Investment in Innovation by Source of Funds

单位：%

年　　份	总　　计	#国　　家 预算内资金	#国内贷款	#利用外资	#自筹资金	#其他资金
1979	100	14.7	14.9		65.6	4.8
1980	100	9.4	37.5		53.1	
1981	100	7.7	19.2		67.3	5.8
1982	100	6.7	23.3	1.0	62.8	6.2
1983	100	6.8	23.5		68.5	1.2
1984	100	8.4	28.2	1.1	58.4	3.9
1985	100	7.1	28.5	0.3	58.3	5.8
1986	100	6.0	36.0	0.3	51.9	5.7
1987	100	6.0	34.0	1.8	50.6	6.0
1988	100	3.5	29.4	3.0	53.9	10.2
1989	100	1.1	30.9	12.8	51.1	4.1
1990	100	0.6	41.3	9.1	46.6	2.4
1991	100	0.5	45.3	7.4	44.2	2.6
1992	100	1.7	48.2	2.2	45.3	2.6
1993	100	0.3	36.3	0.3	54.6	7.8
1994	100	1.0	31.8	8.8	52.1	6.3
1995	100	0.4	25.6	8.2	56.7	9.1
1996	100	0.1	25.2	6.8	62.2	5.7
1997	100	0.1	22.2	7.2	65.1	4.7
1998	100		7.5	2.1	89.7	0.7
1999	100	0.8	24.7	8.1	58.0	8.5
2000	100	2.3	22.7	2.7	58.0	5.8
2001	100	5.8	16.2	3.1	64.0	10.9
2002	100	2.2	17.8	3.4	64.5	4.3
2003	100	2.3	19.6	1.5	69.5	2.3
2004	100	0.2	19.8	4.5	69.8	1.6
2005	100	0.5	14.5	5.1	73.5	3.6
2006	100	1.8	11.5	7.6	73.2	3.0
2007	100	0.6	15.6	5.4	70.6	4.0
2008	100	0.8	10.4	0.8	81.7	3.1
2009	100	0.7	7.7	0.2	89.0	2.4
2010	100	2.5	8.6	0.1	81.6	4.9
2011	100	0.7	2.3	0.1	94.7	0.7
2012	100	3.8	1.6	0.2	91.9	0.3

4-17 分行业固定资产投资完成情况

Total Investment in Fixed Assets by Sector

单位：万元

	2011 年 固定资产投资	#基本建设	#更新改造	2012 年 固定资产投资	#基本建设	#更新改造
总计	**33483750**	**22673629**	**10142305**	**39624098**	**27517055**	**11540904**
农、林、牧、渔业	373745	296062	28817	477783	454961	18467
采掘业	13671	4650	9021	31470	11470	20000
制造业	14132789	5150234	8953315	15920109	6331586	9528476
电力、煤气及自来水生产和供应业	816869	416061	392328	1527506	979412	541094
#电力	398316	250750	147566	706589	538838	160751
#燃气生产和供应	214901	59858	146563	54562	24292	30270
#水的生产和供应	203652	105453	98199	766355	416282	350073
建筑业	36578	5107	29252	262060	82989	102271
交通运输、仓储及邮政业	4412713	4225775	132764	5716328	5407189	258118
#交通运输业	3905886	3729209	132764	4885963	4579189	255753
#仓储业	482857	472596	0	775892	775892	0
#邮政业	23970	23970	0	54473	52108	2365
信息传输、计算机服务软件业	303725	271829	26996	88517	51501	16606
#电信和其他信息传输服务业	284448	252552	26996	77061	47845	14606
批发和零售贸易业	1092916	902833	162928	1161518	1060290	100278
住宿和餐饮业	401965	390335	11630	803655	669735	116530
金融、保险业	261201	195494	8194	444894	290927	60853
房地产业	2653163	2582949	24240	4103676	4087406	11974
租赁和商务服务业	1110661	933391	64500	620247	506969	81573
科学研究、技术服务、地质查业	110232	59877	15225	88489	76437	12052
水利、环境公共设施管理业	5648333	5419401	151192	5704651	5290985	400800
#水利管理业	202435	187850	14585	101351	95788	5563
#环境管理业	32176	30176	2000	47782	47782	0
#公共设施管理业	5413722	5201375	134607	5555518	5147415	395237
居民服务和其他服务业	125674	119919	3755	88956	81941	7015
教育	732918	680069	50136	867207	730401	127898
卫生、社会保障和其他服务业	343733	285620	40243	519719	357106	110766
文化、体育和娱乐业	504450	434570	8960	815969	771461	15358
公共管理和社会组织	408414	299453	28809	381344	274289	10775

注：固定资产投资不含房地产开发投资和农户投资。

4-18 历年市及市以下固定资产投资情况

Investment in Fixed Assets belong to Municipal & Below over the Years

单位：万元

年　份	总　计	在总计中:			在总计中:			在总计中:
		#国有经济	#集体经济	#私营及个体经济	#基建投资	#更改投资	#房地产投　资	住　宅
1978	9813	8756	1057		7883			1600
1979	22323	20468	1855		16301	4167		6455
1980	24761	21039	3722		15703	5336		6895
1981	38746	24761	6800	5134	11761	13000		8179
1982	50100	35539	7100	6297	20239	15300		12635
1983	51823	32414	7723	10435	18886	13528		10933
1984	82830	40025	16667	26138	16134	19858		10124
1985	142377	70672	44316	23993	32010	35218		19843
1986	154182	82849	29631	33684	34758	44414		16141
1987	181954	84177	38558	48404	32254	50934		16504
1988	263637	131235	46286	76701	44812	82042		18059
1989	247025	120828	44230	68999	44277	74868		22365
1990	289200	170113	45767	73279	52717	92138	24403	37041
1991	320729	185609	56326	78794	80932	68595	25272	42781
1992	637847	340589	150223	114142	142448	108665	84830	194332
1993	1017088	542521	325551	126496	284568	160845	107523	260734
1994	1240816	507611	399651	188132	305543	136031	268622	408201
1995	1680532	643704	542426	217100	416560	122801	509766	584518
1996	1943400	747600	545813	308000	576300	183200	649700	765500
1997	2424949	852287	592978	324055	681771	252409	683755	712747
1998	2897000	1451349	514500	358869	1062002	365366	720000	812675
1999	3212600	1458975	450457	365256	1274800	351443	861888	854463
2000	3707885	1443782	365419	369997	1467428	414750	1134904	942477
2001	4598998	3076144	409415	618949	1942051	478493	1533082	1616888
2002	5091006	2450773	476841	812526	2502183	721808	1842127	1915622
2003	7241321	3025894	394281	1054117	3130317	1014286	2255542	2256700
2004	9151191	3099998	500981	1346427	3858018	1560198	2672341	2625044
2005	12689408	4125996	105657	1777804	5239483	2476698	4346824	3857221
2006	16771098	5287883	114598	2287029	7585470	3125596	5843999	5683626
2007	21857418	5876360	71499	3136082	8688115	4434612	8584797	5633792
2008	27168971	8464394	142602	2863249	12004446	5999274	8610311	7358756
2009	36073329	12949092	273974	3991218	17315367	8382222	9048815	9099811
2010	37470650	10942272	383218	3874959	16333013	8493380	11911618	8863855
2011	43482055	10344780	337516	4734064	18942788	9120572	14900663	11365149
2012	53516917	14478772	301021	7206969	23815242	10903399	18111779	12440624

4-19 历年全社会房屋建筑情况

Total Construction of Buildings over the Years

单位：万平方米

年　份	施工面积	# 住　宅	竣工面积	# 住　宅
1978	192.63	83.55	101.35	47.54
1979	362.89	212.11	179.27	107.54
1980	448.85	275.03	242.15	145.77
1981	647.35	498.82	440.98	349.49
1982	827.20	607.12	548.85	421.02
1983	982.43	649.33	748.67	542.22
1984	1143.56	730.29	877.53	634.37
1985	1375.25	860.68	990.97	686.02
1986	1331.19	800.09	988.15	663.62
1987	1490.86	911.27	1070.43	737.40
1988	1503.38	998.10	1123.70	846.20
1989	1305.19	870.37	994.42	755.68
1990	1430.50	1031.50	1056.22	807.44
1991	1436.46	993.20	1061.68	788.02
1992	1717.90	1180.60	1010.14	787.97
1993	2348.62	1262.79	1350.48	806.04
1994	2936.40	1572.49	1706.14	1056.89
1995	3177.41	1682.58	1677.18	1068.87
1996	3274.28	1916.11	1936.29	1320.17
1997	3177.66	1950.47	1937.89	1408.19
1998	3180.07	1991.26	1690.54	1232.48
1999	3462.30	2203.34	2000.57	1348.21
2000	3627.93	2502.18	2062.11	1545.80
2001	4147.85	2833.15	2223.60	1696.85
2002	5011.98	3425.59	2881.39	2176.93
2003	5808.96	3960.84	3052.94	2344.61
2004	6624.12	4096.87	3133.47	1975.64
2005	7271.86	4306.92	2188.60	1257.50
2006	10491.10	6238.64	3172.77	1659.36
2007	12629.09	7565.93	3148.19	1534.11
2008	15417.99	8642.48	2616.89	1294.56
2009	18934.16	10941.24	5102.53	2886.43
2010	18645.24	9663.36	4503.37	2334.61
2011	22627.50	11336.63	5497.33	2044.27
2012	23187.71	11729.23	5638.04	2110.39

4-20 全社会固定资产投资主要指标(2012 年)

Main Indicators of Total Investment in Fixed Assets (2012)

	单 位	合 计	# 基本建设	# 更新改造	# 房地产开发
建设项目个数					
施工项目	个	4684	2496	1088	1061
全部建成投产项目	个	2249	1302	793	127
建成项目投产率	%	48.0	52.2	72.9	12.0
投资完成额	**万元**	**58900984**	**27517055**	**11540904**	**18900420**
按构成分					
建筑工程	万元	37946862	20397690	5177507	11927318
安装工程	万元	4910190	2113841	1091455	1688516
设备、工具、器具购置	万元	7493313	2059333	4595397	402850
其他费用	万元	8550619	2946191	676545	4881736
本年新增固定资产	**万元**	**37280127**	**18179883**	**10288179**	**8321899**
固定资产交付使用率	%	63.3	66.1	89.1	44.0
房屋建筑面积					
施工面积	万平方米	23187.71	7031.50	2011.91	14141.60
#住宅	万平方米	11729.23	1839.16	26.23	9861.89
竣工面积	万平方米	5638.04	2416.42	1119.96	2098.96
#住宅	万平方米	2110.39	518.13	0.08	1590.22
房屋竣工率	%	24.3	34.4	55.7	14.8
#住宅	%	18.0	28.2	0.3	16.1

4-21　房地产开发投资情况

Real Estate Development

单位：万元

年　　份	本年投资完成额	按构成分				#住宅投资	本年新增固定资产
		建筑安装工程	设备工具器具购置	其他费用	土地购置费		
1990	29883	20726	18	9139		23374	16543
1991	31021	19406	302	11313		25863	26278
1992	94446	47386	80	46980		74207	29717
1993	207310	123726	63	83521	67759	172211	59411
1994	337506	227361	2250	107895	53932	226016	69206
1995	545376	375634	8660	161082	73045	319019	212255
1996	684379	497252	36277	150850	65116	372952	451813
1997	730147	511129	36188	182830	57437	349139	540428
1998	799675	525943	19554	254178	172775	455224	441452
1999	998565	649077	33270	316218	257849	554029	791459
2000	1291611	842613	16968	432030	333655	867561	617708
2001	1707554	1247879	40810	418865	260481	1228045	954046
2002	2033104	1298970	33977	700157	445444	1488834	1428225
2003	2453991	1604109	24344	825538	579929	1890935	1249370
2004	3089697	1778861	45143	1265693	923860	1899704	1081187
2005	4518628	2524226	136904	1857498	1376528	2953364	1351383
2006	6136351	3495221	83366	2557764	1630964	4419478	2251461
2007	9052800	4752560	134529	4165711	2920798	5989351	2557663
2008	9125057	5548833	129783	3446441	2290995	6021184	2635238
2009	9451356	6664714	150884	2635758	1455072	6348234	4731138
2010	12783390	8828111	126808	3828471	2312584	8042936	5330101
2011	15852771	11957872	141890	3753009	2391004	10363125	5627297
2012	18900420	13615834	402850	4881736	3204476	11726003	8321899

4-21 续表

单位：万元

年份	本年资金来源合计	#资金来源小计						
		预算内资金	国内贷款	债券	利用外资	自筹资金	其他资金	定金及预收款
1991	59299	462	9969			18605	13987	
1992	207851	1000	46276		1437	71642	7391	
1993	329465		72470	6783	5265	128268	68004	
1994	472142		77716	13538	20100	138614	139987	
1995	923929	1630	176119	5726	32625	203744	357226	233879
1996	1018722	200	187832	4961	46143	276698	335559	202868
1997	1152949		255653	8278	41694	264529	403460	299650
1998	1205556		256554	533	34733	296355	413933	293054
1999	1406368		270707	5000	6164	455686	451019	363095
2000	1889031		307800	3020	19996	525043	757371	521799
2001	2408900		398929		15980	444538	1142603	770449
2002	2923740		632302		17263	693930	1181835	990684
2003	3832082		682418		5857	901263	1706931	1477360
2004	4606693		555037		16910	1028008	2364846	1929043
2005	6113568		592766		140601	2139824	2479102	1804209
2006	9759911		1086355		261226	3632142	3915844	2963387
2007	15091650		2279336		575108	4727057	5977707	3810750
2008	13610612		1945289		901289	4300534	4023316	2080414
2009	18676549		2500705		119268	4534096	9119141	4587377
2010	25226376		3141389		331378	7305073	8959237	4577534
2011	40631081		3390441		664182	9980745	11299455	7605884
2012	32769750		3344414		169309	9393406	12493849	7605391

4-22 房地产开发投资(按资金来源分、2012年)

Real Estate Development by Source of Funds (2012)

单位：万元

	按资质等级分				
	一级	二级	三级	四级	其他
本年资金来源合计	**1880602**	**5977851**	**13450405**	**339364**	**11121528**
上年末结余资金	**396542**	**1221175**	**3403288**	**56991**	**2290776**
本年资金来源小计	**1484060**	**4756676**	**10047117**	**282373**	**8830752**
国内贷款	251962	585135	1254441	13800	1239076
利用外资	0	16215	6940	0	146154
#外商直接投资	0	0	6940	0	140123
自筹资金	325526	1757039	3366510	213646	3730685
#自有资金	304504	1427690	2301354	104593	2104482
其他资金来源	906572	2398287	5419226	54927	3714837
#定金及预收款	365087	1430428	3338281	28299	2443296
本年各项应付款合计	**81455**	**430916**	**1795735**	**137361**	**1481020**
#工程款	50676	279068	1014980	48027	688931

4-23 房地产投资(按工程用途分、2012 年)

Investment in Real Estate by Use (2012)

单位：万元

按经济类型分	本年完成投资	按工程用途分			
		住　宅	办公楼	商业营业用房	其　他
合　　计	**18900420**	**11726003**	**1259429**	**2460393**	**3454595**
#国　　有	603948	390738	18286	61575	133349
集　　体	24593	20777	2260	565	991
股份制经济	972208	614595	56641	109188	191784
私营个体经济					
港澳台投资	1810766	1163535	170661	191327	285243
外商投资	2041391	981846	214931	385233	459381

4-24 房地产开发主要指标(按资质等级分、2012 年)

Main Indicators of Real Estate Development by Qualification Grades (2012)

按资质等级分	本年完成投资(万元)	#住　宅	施工面积(万平方米)	#住　宅	竣工面积(万平方米)	#住　宅	销售面积(万平方米)	#住　宅
一　级	937336	668370	807.88	582.11	80.47	57.91	116.61	109.22
二　级	2979381	2077977	2706.86	2027.31	757.83	613.42	540.14	456.48
三　级	7252652	4766515	6132.96	4322.17	907.77	670.10	1231.77	1059.03
四　级	304684	123111	172.12	100.70	29.72	21.96	24.51	20.92
其　他	7426367	4090030	4321.77	2829.59	323.17	226.84	932.19	782.06

4-25 房地产开发面积情况

Floor Space of Buildings of Real Estate Development

单位：万平方米

	1995 年	2000 年	2010 年	2011 年	2012 年
施工房屋面积	**881.50**	**1553.51**	**9778.90**	**12619.54**	**14141.60**
按用途分					
住　宅	630.20	1244.38	7550.32	9355.13	9861.89
办公楼	83.76	65.76	370.29	538.90	760.67
商业营业用房	134.08	183.89	634.98	1006.04	1469.59
其　他	33.46	59.48	1223.30	1719.46	2049.45
房屋新开工面积	**382.32**	**769.46**	**2698.23**	**3173.86**	**3558.17**
按用途分					
住　宅	298.81	667.00	1980.06	2250.76	2231.37
办公楼	26.28	15.99	119.57	122.14	286.88
商业营业用房	40.95	62.49	214.80	280.87	455.17
其　他	16.28	23.98	383.80	520.08	584.76
房屋竣工面积	**288.26**	**541.81**	**1577.86**	**1573.20**	**2098.96**
按用途分					
住　宅	235.40	464.77	1301.21	1194.15	1590.22
办公楼	16.08	15.07	26.10	48.15	105.60
商业营业用房	30.99	48.32	80.84	109.59	143.07
其　他	5.79	13.65	169.71	221.30	260.07

4-26 房地产开发销售情况

Selling of Real Estate Development

	单　　位	2008 年	2009 年	2010 年	2011 年	2012 年
商品房实际销售面积	**万平方米**	**1273.54**	**2708.76**	**2559.28**	**2704.36**	**2845.23**
按用途分						
住　宅	万平方米	1191.36	2547.59	2289.92	2311.20	2427.71
办公楼	万平方米	24.49	57.86	77.90	79.89	147.45
商业营业用房	万平方米	38.36	53.23	71.77	161.50	171.90
其　他	万平方米	19.33	50.08	119.70	151.77	98.17
商品房实际销售额	**万元**	**6267070**	**13339938**	**15193289**	**18057047**	**20698994**
按用途分						
住　宅	万元	5801169	12392530	13343841	14586288	16188880
办公楼	万元	140702	340274	722922	804529	1356312
商业营业用房	万元	261283	466287	666974	2018135	2799090
其　他	万元	63916	140847	459552	648095	354712
商品房待售面积	**万平方米**	**228.42**	**393.21**	**341.21**	**458.92**	**556.83**
按用途分						
住　宅	万平方米	121.47	185.86	161.75	232.88	299.95
办公楼	万平方米	6.47	42.66	21.22	14.94	15.47
商业营业用房	万平方米	58.30	67.37	55.94	67.66	69.50
其　他	万平方米	42.18	97.32	102.31	143.45	171.90

注：自 2004 年起，商品房销售为新口径：预售+现房销售

4-27 历年全社会建筑企业基本情况

Basic Conditions of Construction Enterprises over the Years

年 份	企业数（个）	建筑业总产值（万元）	计算劳动生产率平均人数（人）	劳动生产率（元/人）	房屋建筑施工面积（万平方米）	房屋建筑竣工面积（万平方米）
1978	44	60412	185515	3256		287.55
1979	50	47391	136867	3463		150.18
1980	53	53531	148347	3608		165.39
1981	100	61993	157881	3926	416.18	212.61
1982	103	76414	172985	4417	642.27	246.19
1983	106	88100	178687	4930	500.82	247.33
1984	110	124050	183170	6772	557.91	292.13
1985	111	142044	192228	7389	656.88	266.83
1986	117	174456	212918	8194	784.67	324.43
1987	118	208230	226041	9212	830.09	355.96
1988	112	230928	228992	10085	833.64	325.93
1989	112	252416	215544	11711	764.69	299.21
1990	121	287922	225079	12792	771.76	348.72
1991	137	290981	210500	13823	805.84	334.78
1992	148	379295	229000	16563	995.60	376.70
1993	164	643554	240481	26761	1323.50	548.40
1994	168	834061	248604	33549	1652.50	608.00
1995	166	1080921	257069	42048	2120.20	571.20
1996	600	1963802	524996	37406	3413.10	1409.90
1997	669	2299019	505480	45482	3369.39	1458.69
1998	715	2554229	528796	48302	3347.05	1456.40
1999	879	2970103	586161	50670	3296.47	1644.62
2000	1017	3419146	577153	59242	3794.68	1860.41
2001	1001	3822085	659773	57930	4447.66	2246.85
2002	1005	4639105	718981	64523	5044.39	2542.58
2003	1112	5709221	832419	68586	5590.85	2801.74
2004	1522	6376470	654709	97394	5918.69	2821.62
2005	1461	7211773	617644	116762	7287.73	2618.62
2006	1343	8677195	620056	139942	9353.15	2748.42
2007	1347	10447809	728320	143451	9918.17	3055.10
2008	1364	12417244	863981	143721	10994.54	4681.56
2009	1512	16121795	938371	171806	11220.13	3968.36
2010	1524	20958969	1285343	163061	12668.80	3726.60
2011	1528	28057968	1816109	154495	15945.53	4864.35
2012	1499	33239335	—	—	17266.37	5174.79

4-28 分月固定资产投资主要经济指标(2012 年)

Main Indicators of Investment in Fixed Assets of Each Month (2012)

单位：亿元

	固定资产投资	# 基本建设	# 房地产
1-2 月	512.42	248.44	181.13
1-3 月	1111.32	512.15	360.06
1-4 月	1541.66	706.98	496.76
1-5 月	2080.29	1002.78	659.91
1-6 月	2775.06	1296.96	884.24
1-7 月	3233.37	1516.67	1031.43
1-8 月	3692.71	1726.13	1178.44
1-9 月	4266.29	2000.67	1327.71
1-10 月	4776.90	2226.43	1499.01
1-11 月	5301.41	2467.12	1679.67
1-12 月	5890.10	2751.71	1890.04

主 要 统 计 指 标 解 释

全社会固定资产投资 以货币形式表现的在一定时期内全社会建造和购置固定资产的工作量以及与此有关的费用的总称。该指标是反映固定资产投资规模、结构和发展速度的综合性指标，又是观察工程进度和考核投资效果的重要依据。全社会固定资产投资按登记注册类型可分为国有、集体、联营、股份制、私营和个体、港澳台商、外商、其他等。

房地产开发投资 包括各种经济类型的房地产开发公司、商品房建设公司及其他房地产开发单位统一开发的包括统代建、拆迁还建的住宅、厂房、仓库、饭店、宾馆、度假村、写字楼、办公楼等房屋建筑物和配套的服务设施、土地开发工程，如道路、给水、排水、供电、供热、通讯、平整场地等基础设施工程的投资。包括非房地产企业实际从事房地产开发或经营活动，不包括单纯的土地交易活动。

建筑工程 是指各种房屋、建筑物的建造工程，又称建筑工作量。这部分投资额必须兴工动料，通过施工活动才能实现，是固定资产投资额的重要组成部分。

安装工程 指各种设备、装置的安装工程，又称安装工作量。在安装工程中，不包括被安装设备本身价值。

设备工器具购置 是指报告期内购置或自制的，达到固定资产标准的设备、工具、器具的价值。新建单位及扩建单位的新建车间，按照设计或计划要求购置或自制的全部设备、工具、器具，不论是否达到固定资产标准均计入“设备工器具购置”中。

其他费用 指在固定资产建造和购置过程中发生的，除建筑安装工程和设备、工器具购置投资完成额以外的应当分摊计入固定资产投资的费用，不指经营中财务上的其他费用。

新增固定资产 指已经完成建造和购置过程，并已交付生产或使用单位的固定资产的价值，包括已经建成投入生产或交付使用的工程投资和达到固定资产标准的设备、工具、器具的投资及有关应摊入的费用。属于增加固定资产价值的其他建设费用，应随同交付使用的工程一并计入新增固定资产。

建设项目投产率 指一定时期内全部建成投入生产项目个数占同期正式施工项目个数的比率。它是从项目建设速度的角度反映投资效果的指标。

固定资产交付使用率 指一定时期新增固定资产与同期完成投资额的比率。它是反映各个时期固定资产动用速度，衡量建设过程中投资效果的一个综合性指标。

未完工程占用率 指年末未完工程累计完成投资额占全年实际完成投资额的比率。它反映未完工程的相对规模，并可从资金占用的角度反映固定资产投资效果。由于未完工程是指已经开工，但尚未建成交付使用的工程，有个跨年度问题，因此未完工程占用率会出现大于 1 的情况。

建筑业总产值 指以货币表现的建筑业企业在一定时期内生产的建筑业产品和服务的总和。建筑业总产值包括建筑工程产值、安装工程产值和其他产值三部分内容。

房屋施工面积 指报告期内施工的全部房屋建筑面积。包括本期新开工的房屋建筑面积、上期跨入本期继续施工的房屋建筑面积、上期停缓建在本期恢复施工的房屋建筑面积、本期竣工的房屋建筑面积以及本期施工后又停缓建的房屋建筑面积。多层建筑应填各层建筑面积之和。

房屋新开工面积 指报告期内新开工建设的房屋建筑面积，以单位工程为核算对象，即整栋房屋的全部建筑面积，不能分割计算。不包括在上期开工跨入报告期继续施工的房屋建筑面积和上期停缓建而在本期恢复施工的房屋建筑面积。房屋的开工应以房屋正式开始破土刨槽（地基处理或打永久桩）的日期为准。

房屋竣工面积 指报告期内房屋建筑按照设计要求已全部完工，达到住人和使用条件，经验收鉴定合格或达到竣工验收标准，可正式移交使用的各栋房屋建筑面积的总和。

竣工面积以房屋单位工程（栋）为核算对象，在整栋房屋符合竣工条件后按其全部建筑面积一次性计算，而不是按各栋施工房屋中已完成的部分或层次分割计算。

计算房屋竣工面积，要求严格执行房屋竣工验收标准。民用建筑一般应按设计要求在土建工程和房屋本身附属的水、电、卫（包括设计中有的煤气、暖气）工程已经完工，通风、电梯等设备已经安装完毕，做到水通、灯亮，经验收鉴定合格，并正式交付给使用单位后，才能计算竣工面积。工业及科研等生产性房屋建筑一般应按设计要求在土建工程（包括水、暖、电、卫、通风）及属于房屋组成部分的生活间、操作间等已经完成（不包括安装设备的基础工程），可以进行工艺设备和管线安装时，方可计算房屋竣工面积。

商品房销售面积 指报告期内出售商品房屋的合同总面积（即双方签署的正式买卖合同中所确定的建筑面积）。本月销售面积指从本月1日起至本月最后一天止出售商品房屋的合同总面积。商品房销售面积由现房销售面积和期房销售面积两部分组成。现房销售面积：指在报告期内正式签订买卖合同、已经竣工达到入住条件的商品房屋建筑面积。包括以一次性付款方式和分期付款方式销售的现房建筑面积。期房销售面积：指在报告期内正式签订买卖合同、正在建设尚未竣工交付使用的商品房屋建筑面积。包括以一次性付款方式和分期付款方式销售的商品房屋建筑面积。期房销售建筑面积竣工后不再结转为现房销售建筑面积。

商品房销售额 指报告期内出售商品房屋的合同总价款（即双方签署的正式买卖合同中所确定的合同总价）。本月销售额指从本月1日起至本月最后一天止出售商品房屋的合同总价款。该指标与商品房销售面积同口径，由现房销售额和期房销售额两部分组成。现房销售额：指报告期内销售的已竣工商品房屋的合同总价款。包括现房销售前期预收的定金、预收款、首付款及全部按揭贷款的本金等款项。该指标与现房销售面积同口径。期房销售额：指报告期内销售的正在建设尚未竣工的商品房屋的合同总价款。包括预售房屋前期预收的定金、预收款、首付款及全部按揭贷款的本金等项。该指标与期房销售面积同口径。

五 能源购进、消费与库存

简要说明

主要内容

本部分资料反映成都市能源基本情况。包括规模以上工业企业万元工业总产值综合能源消费量,主要能源购进、消费与库存，主要能源按工业行业分组消费量，工业企业综合能源消费量按行业分类，工业企业水消费按行业分类等资料。

资料来源

本部分资料来源于成都市统计局。

5-1 规模以上工业企业万元工业总产值综合能源消费量

Per 10000 Yuan Gross Industrial Output Value Consumption of Energy

项　目	能源合计(吨标煤)	原　煤（吨）	焦　炭（吨）	天然气(立方米)	汽　油（吨）	煤　油（吨）	柴　油（吨）	电　力(千瓦时)
2005 年	0.4590	0.3414	0.0572	104.3185	0.0013	0.0008	0.0019	435.4632
2006 年	0.4210	0.2249	0.0658	91.7754	0.0023	0.0007	0.0020	558.3733
2007 年	0.3032	0.1821	0.0430	71.9796	0.0010	0.0005	0.0016	379.3602
2008 年	0.2245	0.1380	0.0304	60.9299	0.0011	0.0004	0.0015	304.5253
2009 年	0.1937	0.1228	0.0231	50.1368	0.0004	0.0004	0.0009	280.0156
2010 年	0.1657	0.1090	0.0196	40.4926	0.0003	0.0004	0.0008	268.0947
2011 年	0.1328	0.1017	0.0131	33.7243	0.0005	0.0003	0.0009	224.3223
2012 年	0.1200	0.0847	0.0120	29.0640	0.0005	0.0002	0.0008	217.6970

5-2 规模以上工业企业主要能源购进、消费及库存(2012 年)

Energy Purchasing Consumption and Inventory of Industrial Enterprises above the Set Scale (2012)

项　目	购进量		消费量合计		年末库存
	实物量	金额（万元）		#工业生产消费	
原煤（吨）	6362991.69	375684.02	6583941.49	6578818.07	384289.53
洗精煤（吨）	113943.15	9249.50	115063.02	114746.90	5584.92
其他洗煤（吨）	86156.07	5050.27	87437.85	86751.85	3027.58
煤制品（吨）	26075.75	1464.95	26261.04	26141.24	2258.47
焦炭（吨）	912293.53	138918.19	935687.45	935661.35	24043.86
其他焦化产品（吨）	5842.00	1343.70	6342.00	6342.00	0.00
其他煤气（万立方米）	1120.65	108.40	1120.65	1120.65	0.00
天然气（万立方米）	225894.33	438574.57	225893.40	223837.75	1.93
原油（吨）	100979.31	40399.22	100979.31	100965.23	0.00
汽油（吨）	38735.61	32186.40	38833.37	14154.40	258.69
煤油（吨）	18882.06	12842.92	19264.69	19178.99	763.70
柴油（吨）	62793.83	49201.48	62599.63	48250.89	2299.27
燃料油（吨）	1259.00	554.44	1259.00	1259.00	0.00
液化石油气（吨）	387.06	252.57	387.06	354.61	0.00
其他石油制品（吨）	768.34	868.18	796.27	796.27	97.26
热力（百万千焦）	3403439.69	14139.26	3403439.69	3403436.69	0.00
电力（万千瓦时）	1712442.47	1185101.01	1715524.66	1695433.03	0.00
其他燃料（吨标准煤）	14986.11	252.11	14986.11	14972.11	0.00

5-3 主要能源按工业行业分组消费量(2012 年)

Volume of Main Energy Consumption by Industrial Sector(2012)

行业分类	原煤（吨）	天然气（万立方米）	汽油（吨）	柴油（吨）	燃料油（吨）	电力（万千瓦时）
总 计	6583941.49	225893.40	38833.37	62599.63	1259.00	1715524.66
#石油和天然气开采业	0.00	6.76	174.32	678.48	0.00	1249.37
农副食品加工业	86929.85	6657.30	2232.09	1397.14	83.00	32051.26
食品制造业	69518.17	6321.09	1006.06	2518.79	0.00	30519.06
饮料制造业	70461.24	4754.93	690.76	2468.15	0.00	27775.64
烟草制品业	0.00	1581.60	387.43	95.36	0.00	9803.88
纺织业	35011.35	391.39	171.14	128.09	0.00	11822.16
纺织服装、鞋、帽制造业	1018.30	493.02	232.66	255.51	0.00	2765.79
皮革、毛皮、羽毛（绒）及其制品业	32475.46	2120.86	1172.17	435.27	0.00	19059.49
木材加工及木、竹、藤、棕、草制品业	19550.93	468.68	246.56	624.24	0.00	21423.32
家具制造业	429.74	2839.14	1772.78	830.85	0.00	55662.72
造纸及纸制品业	166917.32	1377.78	460.35	1322.66	0.00	32662.64
印刷业和记录媒介的复制	55798.51	807.88	567.21	485.84	0.00	24139.13
文教体育用品制造业	11.30	133.23	42.55	8.70	0.00	1234.62
石油加工、炼焦及核燃料加工业	0.00	223.35	32.10	0.00	0.00	2483.97
化学原料及化学制品制造业	280703.81	78891.73	2695.79	1502.01	168.00	217546.10
医药制造业	112713.47	7454.31	1840.46	881.56	0.00	62273.19
化学纤维制造业	64718.24	435.68	36.91	57.76	0.00	9121.67
橡胶和塑料制品业	12559.58	3403.34	1633.28	1514.93	0.00	76773.39
非金属矿物制品业	1467144.17	52973.26	2073.01	31183.66	1008.00	238146.16
黑色金属冶炼及压延加工业	345210.40	18566.51	999.62	2192.50	0.00	254657.97
有色金属冶炼及压延加工业	12947.94	5052.18	781.41	694.93	0.00	29054.52
金属制品业	999.79	5412.95	2547.28	1554.50	0.00	55317.65
通用设备制造业	631.73	6653.74	2425.37	1099.82	0.00	60465.20
专用设备制造业	3352.30	2472.78	2550.53	2272.01	0.00	48032.75
汽车制造业	8347.25	5379.84	2163.96	2406.59	0.00	66845.62
其他运输设备制造业	36753.64	791.21	649.57	819.79	0.00	28040.91
电气机械及器材制造业	1401.32	5862.84	2367.44	926.66	0.00	71304.94
通信设备、计算机及其他电子设备	160.00	1706.05	2211.92	982.78	0.00	111356.20
仪器仪表制造业	208.00	661.60	362.69	69.23	0.00	6447.52
其他制造业	0.00	95.73	55.06	32.56	0.00	3080.05
废弃资源综合利用业	2166.68	0.00	7.15	0.00	0.00	2828.10
金属制品、机械和设备修理业	0.00	296.43	2015.03	1323.50	0.00	6244.99
电力、热力的生产和供应业	3695801.00	1108.91	681.32	1457.86	0.00	76611.18
燃气生产和供应业	0.00	495.85	853.85	17.01	0.00	4709.47
水的生产和供应业	0.00	1.45	690.17	360.89	0.00	14009.05

5-4 规模以上工业企业综合能源消费量按行业分类

Volume of Overall Energy Consumption of Industrial Enterprises above the Set Scale by Sector

单位：吨标准煤

	2005 年	2008 年	2011 年	2012 年
总　　计	**7625478**	**9186979**	**10249029**	**9445854**
#石油和天然气开采业	285	461	3085	2870
农副食品加工业	63437	236283	200124	205034
食品制造业	82450	148126	149020	166600
饮料制造业	58409	129706	155170	152614
烟草制品业	13279	31797	29662	29700
纺织业	33137	43937	75487	72035
纺织服装、鞋、帽制造业	15268	11883	17698	11670
皮革、毛皮、羽毛（绒）及其制品业	26295	119946	87770	81805
木材加工及木、竹、藤、棕、草制品业	30183	62879	57815	49566
家具制造业	7365	80327	135286	126291
造纸及纸制品业	140527	170975	170570	175158
印刷业和记录媒介的复制	63230	103145	112129	99138
文教体育用品制造业	181	4939	2888	3550
石油加工、炼焦及核燃料加工业	9272	8299	40345	39961
化学原料及化学制品制造业	1730490	1869600	1521984	1411729
医药制造业	115010	393318	332846	340945
化学纤维制造业	118668	108998	109662	62336
橡胶和塑料制品业	40216	122640	153355	159340
非金属矿物制品业	1038074	1417348	2223040	2074537
黑色金属冶炼及压延加工业	1372960	1608517	1640310	1618584
有色金属冶炼及压延加工业	79752	168929	158824	138669
金属制品业	35228	162884	171482	146161
通用设备制造业	56643	203388	262533	171794
专用设备制造业	47999	100676	136719	128380
汽车制造业				158149
其他交通运输设备制造业	130404	260108	256151	85180
电气机械及器材制造业	36567	246614	221716	164838
通信设备、计算机及其他电子设备	24290	76138	129397	159382
仪器仪表制造业	6832	36913	22055	18183
其他制造业	5871	9683	6555	5050
废弃资源综合利用业	377	47	1770	5034
金属制品、机械和设备修理业				29372
电力、热力的生产和供应业	1939711	1205561	1628871	1321588
燃气生产和供应业	15567	10794	16586	12532
水的生产和供应业	7217	10998	18126	18073

5-5 规模以上工业企业

Volume of Water Consumption of

行业分类	工业取水总量		
	合　计（万立方米）	#自来水	
		数 量 (万立方米)	金 额 (万元)
总　　计	130136.53	19107.55	35132.08
#石油和天然气开采业	26.07	25.60	42.133
农副食品加工业	474.53	251.14	550.221
食品制造业	576.53	275.01	662.013
饮料制造业	1136.78	777.53	2293.41
烟草制品业	112.72	64.26	318.833
纺织业	181.75	33.30	71.648
纺织服装、鞋、帽制造业	147.43	114.97	195.842
皮革、毛皮、羽毛（绒）及其制品业	272.29	61.28	172.126
木材加工及木、竹、藤、棕、草制品业	126.90	27.44	48.38
家具制造业	324.05	174.22	227.485
造纸及纸制品业	913.13	111.74	312.031
印刷业和记录媒介的复制	532.94	104.64	228.471
文教体育用品制造业	11.60	11.13	21.969
石油加工、炼焦及核燃料加工业	8.49	4.96	19.513
化学原料及化学制品制造业	3669.72	564.40	1312.577
医药制造业	3286.46	632.37	1599.387
化学纤维制造业	387.77	5.92	9.541
橡胶和塑料制品业	254.77	180.44	441.973
非金属矿物制品业	1560.25	467.09	1112.958
黑色金属冶炼及压延加工业	1056.40	378.64	979.703
有色金属冶炼及压延加工业	303.93	218.19	459.195
金属制品业	366.24	279.02	731.633
通用设备制造业	316.63	247.00	634.507
专用设备制造业	519.08	301.76	838.628
汽车制造业	714.37	474.55	1037.11
其他交通运输设备制造业	445.45	430.85	427.038
电气机械及器材制造业	542.31	454.75	1302.69
通信设备、计算机及其他电子设备	719.81	663.22	2389.472
仪器仪表制造业	50.81	36.38	87.961
其他制造业	54.19	34.68	85.913
废弃资源综合利用业	1.99	0.69	1.774
金属制品、机械和设备修理业	127.04	66.02	218.694
电力、热力的生产和供应业	1514.73	62.44	114.091
燃气生产和供应业	49.84	49.69	189.396
水的生产和供应业	109349.39	11522.11	15993.59

水消费按行业分类(2012 年)

Industrial Enterprises above the Set Scale by Sector(2012)

工业取水总量		重复用水总量(万立方米)
#地下及地表水		
数　量 (万立方米)	金　额 (万元)	
108709.53	19447.29	80998.84
0.44	0	0.00
216.53	70.845	38.41
285.03	61.434	28.17
359.25	448.619	1668.17
48.27	11.7	8.35
147.24	19.444	6.82
32.46	29.834	0.39
210.80	60.949	6.60
99.46	26.126	2.81
149.81	109.617	16.77
800.65	61.228	808.12
428.08	59.781	860.23
0.47	2.25	0.01
3.54	1.028	0.00
3026.52	735.86	15719.20
2652.24	800.288	508.89
381.85	233.709	318.13
74.33	30.845	95.73
1090.83	585.297	10118.52
677.76	328.482	31519.39
79.02	24.334	1238.73
87.20	121.158	235.44
69.60	45.716	49.84
84.20	86.898	161.70
239.80	150.32	1024.31
14.59	11.328	485.08
85.67	45.279	5172.80
54.79	51.366	5208.03
14.43	6.266	0.01
9.61	10.486	10.21
1.30	0	0.60
61.02	7.185	208.77
1451.68	88.814	5474.79
0.15	0.444	3.82
95770.92	15120.36	0.00

5-6　规模以上工业企业工业产值综合能耗按行业分类(2012 年)

Overall Energy Consumption of Industrial Enterprises above the Set Scale by Sector (2012)

	综合能源消费量 （吨标准煤）	产值能耗 （吨标准煤/万元）
总　　计	9445854	0.12
#石油和天然气开采业	2870	0.01
农副食品加工业	205034	0.06
食品制造业	166600	0.09
饮料制造业	152614	0.10
烟草制品业	29700	0.01
纺织业	72035	0.17
纺织服装、鞋、帽制造业	11670	0.03
皮革、毛皮、羽毛（绒）及其制品业	81805	0.05
木材加工及木、竹、藤、棕、草制品业	49566	0.14
家具制造业	126291	0.05
造纸及纸制品业	175158	0.27
印刷业和记录媒介的复制	99138	0.10
文教体育用品制造业	3550	0.01
石油加工、炼焦及核燃料加工业	39961	0.12
化学原料及化学制品制造业	1411729	0.50
医药制造业	340945	0.12
化学纤维制造业	62336	1.08
橡胶和塑料制品业	159340	0.08
非金属矿物制品业	2074537	0.54
黑色金属冶炼及压延加工业	1618584	0.50
有色金属冶炼及压延加工业	138669	0.07
金属制品业	146161	0.06
通用设备制造业	171794	0.06
专用设备制造业	128380	0.04
汽车制造业	158149	0.02
其他交通运输设备制造业	85180	0.05
电气机械及器材制造业	164838	0.04
通信设备、计算机及其他电子设备	159382	0.01
仪器仪表制造业	18183	0.04
其他制造业	5050	0.04
废弃资源综合利用业	5034	0.20
金属制品、机械和设备修理业	29372	0.06
电力、热力的生产和供应业	1321588	0.62
燃气生产和供应业	12532	0.02
水的生产和供应业	18073	0.05

主 要 统 计 指 标 解 释

能源购进量 根据企业生产、经营性质划分，购进量分两种情况，一种是能源经销企业(批发、零售企业)用于销售的能源购进数量，另一种是能源使用企业用于消费的能源购进数量，分别在不同表式中统计。

能源经销企业能源购进量，指能源经销企业在报告期内购入的、用于销售的各种一次能源和二次能源。能源经销企业能源购进量由能源经销企业(批发、零售企业)填报。

能源使用企业能源购进量，指能源使用单位在报告期内外购的、用于企业消费的各种一次能源和二次能源。能源使用企业能源购进量由能源使用企业填报。

购进量金额 指本单位在报告期实际购进的、已办理验收入库手续的各种一次能源和二次能源的金额。其金额以购货发票上的总金额(含增值税)计算，统计原则、范围与购进量相同。

能源消费量 指能源使用单位在报告期内实际消费的一次能源或二次能源的数量。

能源消费量统计的原则是:

（1）谁消费、谁统计。

（2）何时投入使用，何时计算消费量。

（3）在计算综合能源消费量时，不应重复计算，应扣除二次能源的产出量和余热、余能的回收利用量。

（4）耗能工质(如水、氧气、压缩空气等)，不论是外购的还是自产自用的，均不统计在能源消费量中(计算单位产品能耗时应根据具体的指标规定将某些耗能工质包括在内)。

（5）企业自产的能源，凡作为企业生产另一种产品的原材料、燃料，又分别计算产量的，消费量要统计，但产品生产过程中消费的半成品和中间产品，不统计消费量。

工业企业能源消费量 工业企业能源消费包括工业企业在生产过程中作为燃料、动力、原料、辅助材料使用的能源以及工艺用能、非生产用能；作为能源加工转换企业，还要包括能源加工转换的投入量.

工业生产能源消费 指工业企业为进行工业生产活动所使用的能源。

交通运输工具用能 指在厂区内、外进行交通运输活动的交通运输工具所消费的能源。但是如果工业企业所属的车队是独立核算的企业，其消费的能源既不能包括在“工业企业能源消费”中，亦不能包括在“交通运输工具用能”中，它的消费应为交通运输业企业消费。

能源加工、转换消费 能源加工、转换是指为了特定的用途，将一种能源(一般为一次能源)，经过一定的工艺，加工或转换成另外一种能源(二次能源)。

能源加工转换产出量 指各种能源经过加工转换后产出的各种二次能源产品(包括不作能源使用的其他副产品和联产品)，比如火力发电产出的电力，热电联产同时产出的电力、蒸汽、热水，洗煤产出的洗精煤、洗中煤、煤泥等；炼焦产出的焦炭、焦炉煤气和其他焦化产品；炼油产出的汽油、煤油、柴油、燃料油、液化石油气、炼厂干气和其他石油制品(石脑油、各种原料油、溶剂油、石蜡、润滑油、石油沥青等)；制气产出的是焦炉煤气、其他煤气、焦炭和其他焦化产品(煤焦油、粗苯等)。

能源加工转换损失量 指在能源加工、转换过程中产生的各种损失量。

用作原材料的能源消费 指能源产品不作能源使用，即不作燃料、动力使用，而作为生产另外一种产品(非能源产品)的原料或作为辅助材料使用，作原料使用时通常构成这种产品的实体。

综合能源消费量 指报告期内工业企业在工业生产活动中实际消费的各种能源的总和净值。计算综合能源消费量时，需要先将使用的各种能源折算成标准燃料后再进行计算。

能源库存量 本制度中所涉及的能源库存量是指企业能源库存量，它是企业在报告期的某时间点所拥有的各种能源数量。根据企业的生产经营活动性质，企业库存量分为生产企业产成品库存、经销企业(批发、零售企业)用于经营销售的库存、使用企业用于消费的库存。

库存量的核算原则：(1)时点性原则；(2)实际数量原则；(3)库存量的核算，以验收合格、办理完入库手续为准，未经验收或不合格的不能计入库存；(4)能源生产企业产成品库存和能源经销企业（批发、零售企业）用于经营销售的库存按照能源的所有权原则统计，能源使用企业用于消费的库存按照能源的使用权原则统计（建筑业库存按照“谁管理，谁统计”的原则统计）。

工业取水总量 指工业企业法人单位从各种水源提取的新水量。

六 财政、金融和保险

简 要 说 明

主要内容

本部分包括全市财政收支情况;全市税收情况、金融机构及国家银行信贷收支情况；全市保险机构在本市的保险业务开办情况。

资料来源

财政资料来源于成都市财政局。

税收资料来源于成都市国家税务局和成都市地方税务局。

金融资料来源于中国人民银行成都分行营业管理部。

保险资料来源于四川省保险行业协会。

其他需要说明的问题

金融机构及国家银行信贷收支统计数含省级在蓉金融机构和国家银行在本市发生的信贷收支数。

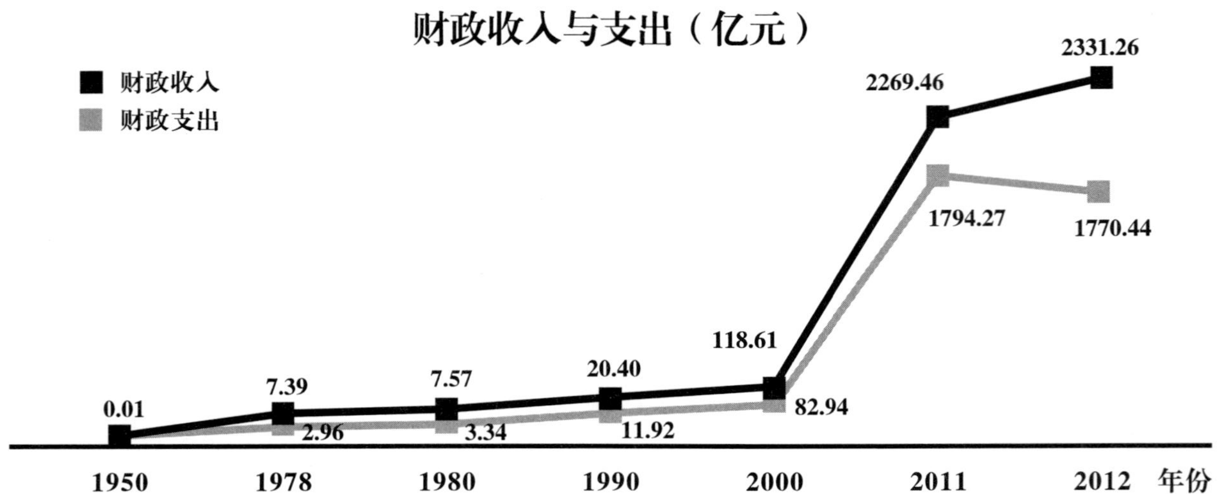
财政收入与支出（亿元）
财政收入
财政支出
0.01
7.39
2.96
7.57
3.34
20.40
11.92
118.61
82.94
2269.46
1794.27
2331.26
1770.44
1950
1978
1980
1990
2000
2011
2012
年份

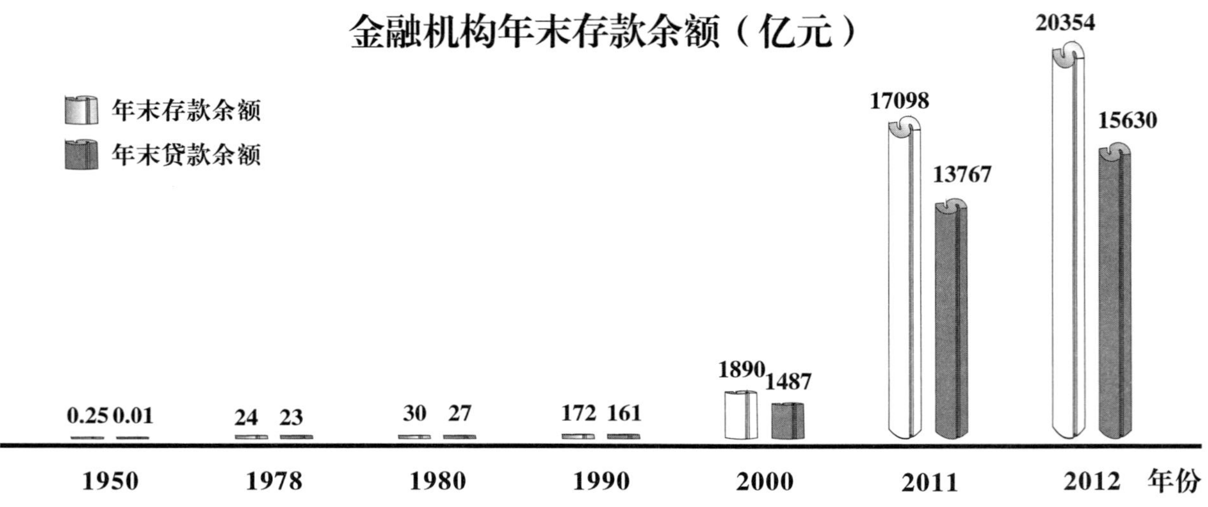
金融机构年末存款余额（亿元）
年末存款余额
年末贷款余额
0.25
0.01
24
23
30
27
172
161
1890
1487
17098
13767
20354
15630
1950
1978
1980
1990
2000
2011
2012
年份

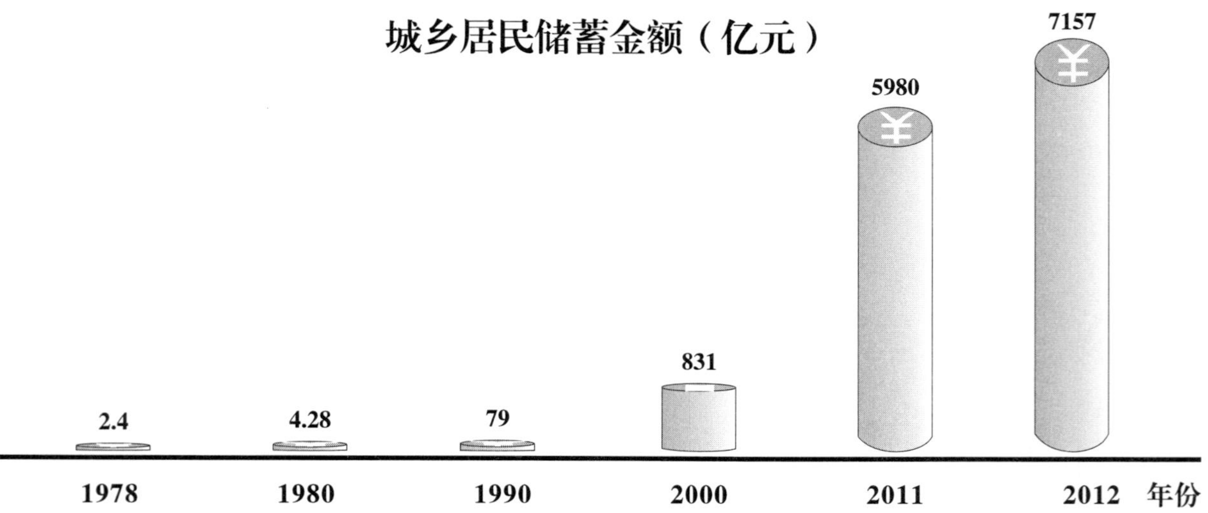
城乡居民储蓄金额（亿元）
2.4
4.28
79
831
5980
7157
1978
1980
1990
2000
2011
2012
年份

6-1 历年财政收入与财政支出

Government Financial Revenue and Expenditures over the Years

年份	财政收入(万元)	财政支出(万元)	财政收支差额(万元)	增长速度(%)		相当于本地生产总值比例(%)	
				财政收入	财政支出	财政收入	财政支出
1950	52	83	–31			0.1	0.2
1951	282	463	–181	4.4 倍	4.6 倍	0.6	1
1952	794	1407	–613	1.8 倍	2.0 倍	1.6	2.8
1953	9409	2723	6686	10.9 倍	93.5	15.1	4.4
1954	9614	2887	6727	2.2	6.0	14.5	4.4
1955	10520	3188	7332	9.4	10.4	15.1	4.6
1956	12141	4635	7506	15.4	45.4	15.3	5.8
1957	15334	4923	10411	26.3	6.2	17.0	5.5
1958	25431	12174	13257	65.8	1.5 倍	24.5	11.7
1959	40407	17679	22728	58.9	45.2	32.2	14.1
1960	60046	26489	33557	48.6	49.8	46.9	20.7
1961	21690	8613	13077	–63.9	–67.5	27.2	10.8
1962	14346	4997	9349	–33.9	–42.0	18.5	6.5
1963	20010	5996	14014	39.5	20.0	23.6	7.1
1964	19321	10375	8946	–3.4	73.0	18.5	10.0
1965	21776	11314	10462	12.7	9.1	16.0	8.3
1966	25184	11583	13601	15.7	2.4	15.1	6.9
1967	18501	9730	8771	–26.5	–16.0	12.6	6.6
1968	9991	7327	2664	–46.0	–24.7	8.4	6.1
1969	18803	12430	6373	88.2	69.6	12.4	8.2
1970	27519	13991	13528	46.4	12.6	13.4	6.8
1971	33571	17326	16245	22.0	23.8	14.5	7.5
1972	35024	18636	16388	4.3	7.6	15.7	8.3
1973	33229	17077	16152	–5.1	–8.4	14.4	7.4
1974	29519	15734	13785	–11.2	–7.9	13.3	7.1
1975	40904	18989	21915	38.6	20.7	16.5	7.7
1976	39098	20009	19089	–4.4	5.4	17.6	9.0
1977	50167	21368	28799	28.3	6.8	17.5	7.5
1978	73882	29626	44256	47.3	38.7	20.6	8.3
1979	74864	34597	40267	1.3	16.8	18.1	8.4
1980	75687	33359	42328	1.1	–3.6	16.4	7.2

注：①增长速度以上年为基期；②1950–1952 年属新中国建立初期经济恢复时期，我市尚未建立地方级财政，该时期主要税收均由国家、省直接征收，地方仅有极少部份税收项目收入，故数字偏小。

6-1 续表

年　　份	财政收入(万元)	财政支出(万元)	财政收支差　额(万元)	增长速度(%)		相当于本地生产总值比例(%)	
				财政收入	财政支出	财政收入	财政支出
1981	70933	30410	40523	–6.3	–8.8	14.5	6.2
1982	73839	30466	43373	4.2	0.2	13.3	5.5
1983	86090	35018	51072	16.6	15.0	13.7	5.6
1984	95642	45790	49852	11.1	30.8	13.4	6.4
1985	116497	59707	56790	21.8	30.4	13.5	6.9
1986	133535	68105	65430	14.6	14.1	14.1	7.2
1987	138508	72036	66472	3.7	5.8	12.0	6.2
1988	163280	81158	82122	17.9	12.7	11.2	5.6
1989	195905	105061	90844	20.0	29.2	12.0	6.4
1990	203981	119179	84802	4.1	13.4	10.5	6.1
1991	224354	144965	79389	10.0	21.6	9.6	6.2
1992	249041	167589	81452	11.0	15.6	8.5	5.7
1993	337751	244909	92842	35.6	46.1	8.7	6.3
1994	458905	284996	173909	35.9	16.4	9.0	5.6
1995	528933	352085	176848	15.3	23.5	8.2	5.4
1996	654185	444024	210161	23.7	26.1	8.5	5.7
1997	772534	528323	244211	18.1	19.0	8.8	6.0
1998	894140	600676	293464	15.7	13.7	9.3	6.2
1999	1047867	722136	325731	17.2	20.2	10.0	6.9
2000	1186106	829432	356674	15.3	14.9	10.3	7.2
2001	1453175	1056589	396586	22.5	27.4	11.0	8.0
2002	1819760	1296823	522937	22.8	22.7	12.2	8.7
2003	2161256	1545576	615680	15.1	19.5	12.7	9.1
2004	2751491	1875653	875838	27.1	21.4	13.5	9.2
2005	3657817	2417938	1239879	28.8	27.2	15.4	10.2
2006	4890756	3369189	1521567	30.0	37.3	17.6	12.2
2007	9966100	7536223	2429877	36.0	38.7	29.6	22.4
2008	11322983	9322280	2000703	12.2	22.8	28.7	23.6
2009	12793694	10458917	2334777	14.3	11.5	28.4	23.2
2010	20222972	17595722	2627250	58.1	74.4	36.4	31.7
2011	22694571	17942741	4751830	13.6	2.6	32.7	25.8
2012	23312621	17704420	5608201	3.8	-1.2	28.6	21.8

6-2 分级地方公共财政收支情况(2012 年)

Revenue and Expenditures in Local Public Finance by Grade and Source (2012)

单位：万元

	全 市	分级收支		占全市比重(%)	
		市本级	区县级	市本级	区县级
地方公共财政收入	**7808952**	**1944638**	**5864314**	**24.90**	**75.10**
增值税	495391	116103	379288	23.44	76.56
营业税	1983548	331908	1651640	16.73	83.27
企业所得税	1013327	201163	812164	19.85	80.15
个人所得税	230942	53470	177472	23.15	76.85
其他收入	1991765	649844	1341921	32.63	67.37
公共财政支出	**9838477**	**2974549**	**6863928**	**30.23**	**69.77**
#一般公共服务	1230347	267775	962572	21.76	78.24
公共安全	603488	197953	405535	32.80	67.20
教育	1622941	201073	1421868	12.39	87.61
社会保障和就业	582950	85396	497554	14.65	85.35
医疗卫生	554822	247077	307745	44.53	55.47
城乡社区事务	1669971	695016	974955	41.62	58.38
资源勘探电力信息等事务	932454	145348	787106	15.59	84.41
粮油物资储备事务	13437	3740	9697	27.83	72.17
商业服务业等事务	179198	81285	97913	45.36	54.64
金融监管支出	25092	20607	4485	82.13	17.87

6-3 城市维护费及建设资金支出

Expenditures for Municipal Maintenance and Construction

单位：万元

	1990 年	2000 年	2011 年	2012 年
总　计	**29883**	**242181**	**2532649**	**2741612**
城市公共设施及维护费	16486	143531	1966706	2264647
#道 路	5736	59712	1224833	1801719
排 水	444	4175	95699	91857
环境卫生	1817	29605	196508	199165
园林绿化	2921	21335	91582	129186
城市公用事业建设及维护费	2939	30614	127726	133648
#自来水	904	16806	17944	14880
城市住宅建设及维护费	4761	26727	173033	139626
#公共住宅建设及维护费	3355	23156	173033	139626
环境保护补助资金	1238	6424	184795	129681
城市水源建设资金	188	921	3858	1841
其他支出	4271	33964	76531	72169

6-4 各 项 税 收

Taxes of All Kinds

单位：万元

指　　标	2010 年		2011 年		2012 年	
	数值	增长%	数值	增长%	数值	增长%
产 业 税 收	**10501553**	**28.9**	**13627334**	**29.8**	**15912484**	**16.8**
#农　业	3986	1.9	26183	556.9	33897	29.5
工　业	3118277	21.6	3989010	27.9	4529621	13.6
交通运输、仓储及邮政业	161695	25.8	229998	42.2	309641	34.6
批发和零售业	1424733	29.3	1801812	26.5	1901560	5.5
金融业	526330	25.7	801863	52.3	1079912	34.7
信息传输、计算机服务和软件业	154103	47.3	182678	18.5	397902	117.8
房地产业	2493326	49.4	3158642	26.7	3556899	12.6

6-5 全市税收情况(2012年)

Main Indicators of Taxes Revenue (2012)

单位：万元

	合 计	内资企业			
		小 计	#国有企业	#集体企业	#联营企业
总 计	**15912484**	**12350145**	**1454676**	**77119**	**3169**
增值税	3660469	2952167	856793	11685	641
消费税	1124766	786977	71001	154	
营业税	3498360	3006006	131140	19112	847
企业所得税	3038971	2389792	145791	11464	369
个人所得税	888239	642380	66219	4240	203
资源税	10642	7813	668	175	1
城市维护建设税	545500	438063	34057	2184	105
房产税	244293	192907	13029	1777	143
印花税	127666	106400	10707	457	25
城镇土地使用税	235526	200470	7428	1163	301
土地增值税	546944	432606	9900	773	
车船使用税	74953	74480	6170	95	
车船购置税	557174	74169	25129	12579	349

6-5 续表

	内 资 企 业		港澳台外商投资企业	个体经营	在合计中：乡镇企业
	#股份公司	#私营企业			
总 计	**9163286**	**850021**	**2596121**	**966218**	**2168622**
增值税	1744449	337063	638820	69482	107723
消费税	713043	2780	337390	399	1811
营业税	2481738	163202	392948	99406	99406
企业所得税	1972549	219165	649179		
个人所得税	452581	22239	155125	90734	202786
资源税	6548	330	2359	470	2351
城市维护建设税	359889	16910	99866	7571	107384
房产税	148254	9604	47559	3827	53101
印花税	74826	4493	19174	2092	27294
镇土地使用税	170205	12951	32281	2775	59035
土地增值税	382745	30267	109460	4878	142067
车船使用税	27205	73	225	248	3082
车船购置税	22775	749	2026	480980	

6-6 国税税收收入

Revenue of National Taxation

单位：万元

项　　目	2011 年	2012 年
税收收入合计	**6505653**	**7505803**
按税种分		
# 增值税收入	3105072	3660469
# 一般纳税人	2630295	2943993
消费税收入	1013758	1124766
企业所得税	1889683	2162539
个人所得税	2496	854
按行业分		
第一产业	24177	29242
第二产业	3211710	3619933
# 工　业	3141444	3546710
第三产业	3269766	3856628
# 交通运输仓储及邮政业	29885	30287

6-7 地税税收收入

Revenue of Local Taxation

单位：万元

项　　目	2011 年	2012 年
税收收入合计	**7121681**	**8406681**
按税种分		
# 营业税	2795003	3498360
企业所得税	736582	876432
个人所得税	892064	887385
城市维护建设税	457528	545500
房产和城市房地产税	175973	244293
印花税	107849	127666
城镇土地使用税	191555	235526
土地增值税	456807	546944
按行业分		
第一产业	2006	4656
第二产业	1592238	1862210
# 工　业	847566	982911
第三产业	5527437	6539815
# 交通运输仓储及邮政业	200113	279354

6-8 历年信贷及现金收支情况

Income and Expenditures on Credit and Cash over the Years

单位：万元

年份	金融机构信贷收支		国家银行现金收支		净投放(+) 净回笼(−)
	年末存款余额	年末贷款余额	现金收入	现金支出	
1950	2510	51	3361	4082	721
1951	4641	404	8338	10083	1745
1952	11245	716	13534	15058	1524
1953	8843	6958	18325	20657	2332
1954	18101	40420	30256	29425	−831
1955	22201	23503	34121	33743	−378
1956	14481	18563	45538	47125	1587
1957	20936	21878	55374	54497	−877
1958	38853	37297	63388	63251	−137
1959	103889	79316	70858	67662	−3196
1960	77298	143748	75006	73085	−1921
1961	101189	130652	73303	71947	−1356
1962	70450	90614	60100	55569	−4531
1963	74314	61371	64128	60651	−3477
1964	69339	68163	70908	69027	−1881
1965	88541	90464	78669	77925	−744
1966	112231	126901	84284	82863	−1421
1967	103697	125694	89287	85540	−3747
1968	102058	145786	78624	79804	1180
1969	106782	159196	87936	84430	−3506
1970	143296	169548	89822	82611	−7211
1971	161042	182252	95408	89627	−5781
1972	168218	178822	106045	101187	−4858
1973	158311	187762	114147	108213	−5934
1974	164467	186970	115292	110170	−5122
1975	158736	195459	118666	111249	−7417
1976	156813	183154	114897	111929	−2968
1977	223387	193600	122723	116698	−6025
1978	237967	225304	144048	139022	−5026
1979	281399	250258	184524	180083	−4441
1980	303681	274013	230362	224825	−5537

6-8 续表

单位：万元

年　份	金融机构信贷收支		国家银行现金收支		净投放(+) 净回笼(−)
	年末存款余额	年末贷款余额	现金收入	现金支出	
1981	324079	294740	257694	247998	–9696
1982	375890	297258	285665	274832	–10833
1983	414984	301860	336814	324651	–12163
1984	561629	631535	419970	416516	–3454
1985	590613	539559	591895	575088	–16807
1986	814434	797886	673159	654730	–18429
1987	1000047	942447	913920	887621	–26299
1988	1121097	1139779	1358685	1388848	30163
1989	1327700	1322547	1545823	1467073	–78750
1990	1723157	1605300	1751065	1616964	–134101
1991	2227217	1996183	2256416	2046852	–209564
1992	2975379	2485056	3356674	3199444	–157230
1993	3494672	3091224	5237439	5097752	–139687
1994	4522346	3880226	7241492	6982354	–259138
1995	6019448	4978719	10189352	9467860	–721492
1996	7596120	5990567	12919604	11849209	–1070395
1997	9068225	7022430	15063348	13661810	–1401538
1998	10870715	8160632	16789857	15762008	–1027849
1999	16364174	13742177	24126046	22950528	–1175518
2000	18904394	14871362	28189459	27026857	–1162602
2001	22571432	17622699	33919325	33100139	–819186
2002	26356135	21817846	41130487	40728767	–401720
2003	32407873	25879425	48819720	48347133	–472587
2004	37715442	28598705	53991306	52923407	–1067899
2005	44774948	30187025	58027002	57195480	–831522
2006	54853432	36313698	68830779	66898658	–1932121
2007	63932505	41192044	70844015	68400632	–2443383
2008	83170849	54097178	68423488	66097068	–2326420
2009	124159316	98694021	—	—	—
2010	152772464	121394256	—	—	—
2011	170980221	137668497	—	—	—
2012	203541672	156303941	—	—	—

6-9　金融机构信贷收入与支出

Credit Income and Expenditures of Financial Institutions

单位：万元

	1990 年	2000 年	2011 年	2012 年
年末存款余额	**1723157**	**18904394**	**170980221**	**203541672**
#企业存款	558479	8195081	98994584	116547303
城乡居民储蓄存款	791512	8310016	59800095	71570368
#城镇居民储蓄存款	621117	7012579	59447689	70600314
年末贷款余额	**1605300**	**14871362**	**137668497**	**156303941**
#短期贷款	1239333	8971201	30820311	42720315
#个人贷款及透支			3280693	5573216
单位普通贷款及透支			26816863	35325908
#固定资产贷款			603350	513006
中长期贷款	198217	3298020	105490979	110888849
#个人贷款			26003026	28880511
单位普通贷款			70463917	71327652

6-10　国家银行信贷收入与支出

Credit Income and Expenditures of State Banks

单位：万元

	1978 年	1980 年	1990 年	2000 年	2011 年	2012 年
年末存款余额	**237967**	**248848**	**1296489**	**12982498**	**77846432**	**90304820**
#企业存款		90831	523869	6086016	41306842	45949444
城镇居民储蓄存款	19449	34252	599216	5915423	35634679	41556982
年末贷款余额	**225304**	**269629**	**1376560**	**10747811**	**57326256**	**62704433**
#短期贷款			1122828	6325305	7123356	9537487
#个人贷款及透支					891077	1469185
单位普通贷款及透支					5878997	7526178
#固定资产贷款					77350	31990
中长期贷款			189325	3149853	50003577	52982560
#个人贷款					15233656	17275890
单位普通贷款					32022497	32782979

6-11 国家银行分机构信贷收入与支出(2012年)

Credit Income and Expenditures of State Banks by Institutions (2012)

单位：万元

	合　计	# 工商银行	# 农业银行	# 中国银行	# 建设银行
年末各项存款	**90304821**	**25332420**	**19177269**	**12971311**	**32823821**
#企业存款	45949444	11931238	7154229	6986999	19876978
城镇储蓄存款	41556982	11940492	11381899	5653653	12580938
年末各项贷款	**62704433**	**17533196**	**15167966**	**10743538**	**19259733**
#短期贷款	9537487	2961095	3717345	1415265	1443782
中长期贷款	52982560	14519913	11416312	9301317	17745018

6-12 全市金融机构外汇信贷收支情况

Foreign exchange credit revenue & disbursement of Financial Institutions

单位：万美元

	2011 年	2012 年		2011 年	2012 年
年末存款余额	**300479**	**589141**	境内贷款	538394	732528
单位存款	230824	512871	短期贷款	217549	357023
其中：活期存款	149101	197147	其中：个人贷款及透支	97	69
个人存款	63973	71626	单位普通贷款及透支	138146	156765
其中：储蓄存款	61439	68585	中长期贷款	319259	375485
委托存款	555	88	其中：个人贷款	9	22
年末贷款余额	**628841**	**823207**	单位普通贷款	242322	289910

6-13 保 险 业 务

Economic and Technical Indicators of Insurance Companies

单位：万元

	保 费		赔付支出	
	2011 年	2012 年	2011 年	2012 年
总 计	**3067691**	**3439495**	**761831**	**953703**
财产保险	1034734	1245237	473644	631869
#企业财产险	61905	69416	21285	37216
机动车辆险	824158	994633	391269	524636
货物运输险	8122	9335	1677	4399
人寿保险	2032957	2194258	288187	321834
#意外伤害险	43420	44081		
健康险	132589	164054		
寿 险	142784	143668		
#满期给付			164114	163001
死伤医疗给付			29171	38369

主 要 统 计 指 标 解 释

财政收入 包括：(1)各项税收包括增值税、营业税、消费税、土地增值税、城市维护建设税、资源税、城市土地使用税、印花税、固定资产投资方向调节税、个人所得税、企业所得税、关税、农牧业税和耕地占用税等。(2)专项收入包括征收排污费、征收城市水资源费收入，教育费附加收入等。(3)其他收入包括基本建设贷款归还收入、国家能源交通重点建设基金收入、国家预算调节基金等。(4)国有企业计划亏损补贴这项为负收入，冲减财政收入。

财政支出 主要包括：基本建设支出、企业挖潜改造资金、地质勘探费用、科技三项费用、支援农村生产支出、农林水利气象等部门的事业费用、工业交通商业等部门的事业费用、文教科学卫生事业费、抚恤和社会福利救济费、国际支出、行政管理费、价格补贴支出等。

属于地方财政的收入包括营业税、地方企业所得税、个人所得税、城镇土地使用税、固定资产投资方向调节税、城镇维护建设税、房产税、车船使用税、印花税、屠宰税、农牧业税、农业特产税、耕地占用税、契税、增值税25%部分，证券交易税（印花税）的50%部分和除海洋石油资源税以外的其他资源税。

地方财政支出 地方财政支出主要包括地方行政管理和各项事业费，地方统筹的基本建设、技术改造支出，支援农村生产支出，城市维护和建设经费，价格补贴支出等。

预算外资金收支 预算外资金是有关单位凭借国家权力或由国家授权而取得的没有纳入国家预算管理的财政性资金。其收入包括地方财政部门的各项附加收入，集中事业收入，专项收入等，事业行政单位的专用基金，经营性服务纯收入，行政事业性收费，专项资金，中小学勤工俭学收入，税收分成等。其支出包括固定资产投资支出，城市维护支出，福利奖励支出，行政事业支出等。

信贷资金 国家银行用于发放贷款的资金叫信贷资金。中国人民银行信贷资金的来源有各项存款、对国际金融机构负债、流通中货币、银行自有资金及当年结益等。信贷资金的运用有各项贷款、黄金占款、外汇占款、财政借款及在国际金融机构中的资产等。

存款 企业、机关、团体或居民根据可以收回的原则，把货币资金存入银行或其他信用机构保管并取得一定利息的一种信用活动形式。根据存款对象的不同可划分为企业存款、财政存款、机关团体存款、基本建设存款、城镇储蓄存款、农村存款等科目。它是银行信贷资金的主要来源。

贷款 银行或其他信用机构根据必须归还的原则，按一定利率，为企业、个人等提供资金的一种信用活动形式。我国银行贷款分为流动资金贷款、固定资产贷款、城乡个体工商户贷款以及农业贷款等科目。

保费 又叫保险费。是保险人根据保险合同的有关规定，为被保险人取得因约定危险事故发生所造成的经济损失补偿（或给付）权利，付给保险人的代价。包括财产险和人身险储金收入。

赔付支出 事故发生后，经查证确属保险责任范围以内的保险标的损失，保险人根据保险合同的规定履行赔偿义务，给予被保险人的款项叫做赔款。赔款可分为已决赔款和未决赔款两种。

七　人民生活、物价

简 要 说 明

主要内容

本部分反映人民生活状况与物价变动情况。主要包括：市区居民家庭抽样调查的人口、收入、支出总量与结构指标；城市居民家庭人均食物消费量、穿用商品及耐用消费品拥有量情况。农村居民家庭的人口、文化程度、收支、居住情况以及农村居民家庭消费结构、消费量和耐用消费品拥有量。历年城市居民消费价格指数及商品零售价格指数等。

资料来源

城市居民家庭生活状况统计资料来源于国家统计局成都调查队。

农村居民家庭生活状况统计资料来源于成都市统汁局。

物价资料来源于国家统计局成都调查队。

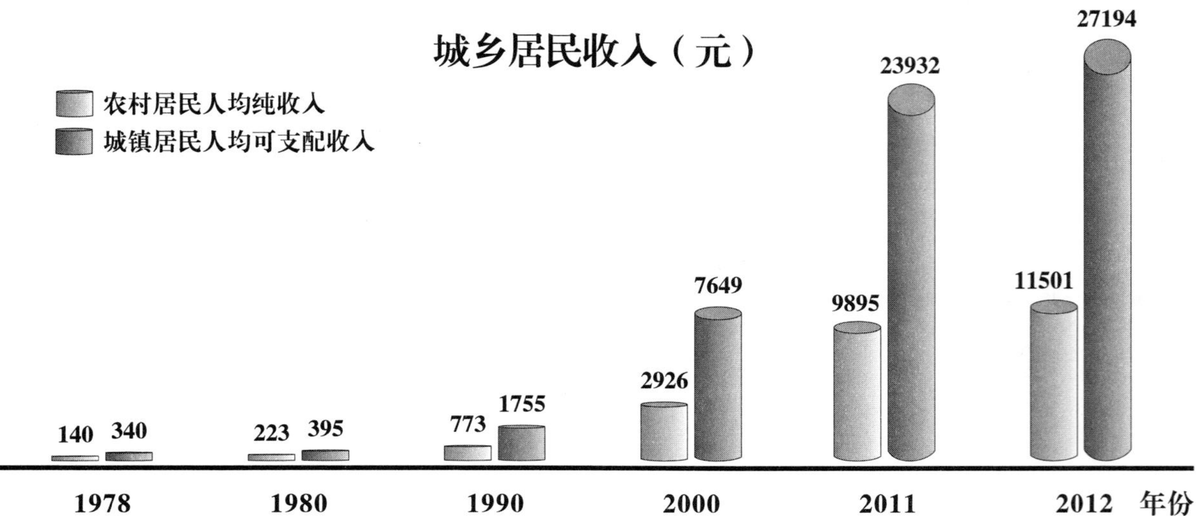

城乡居民人均生活消费支出构成（%）

城镇居民

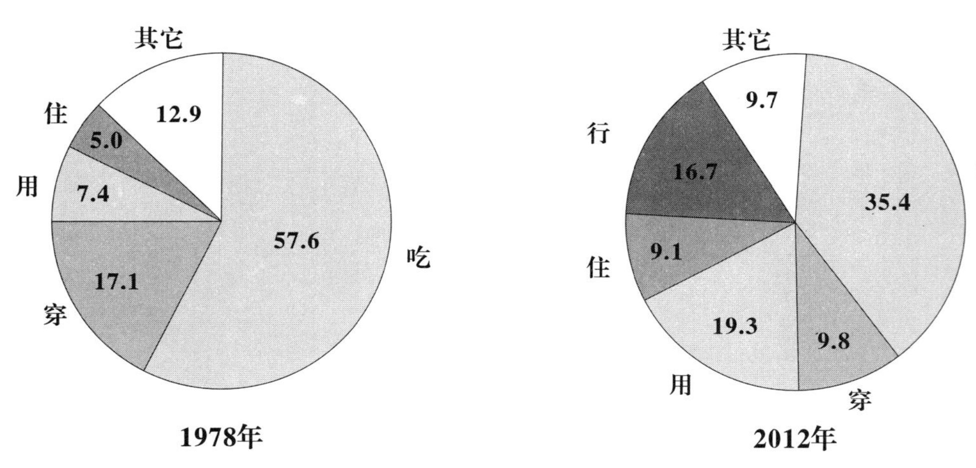

农村居民

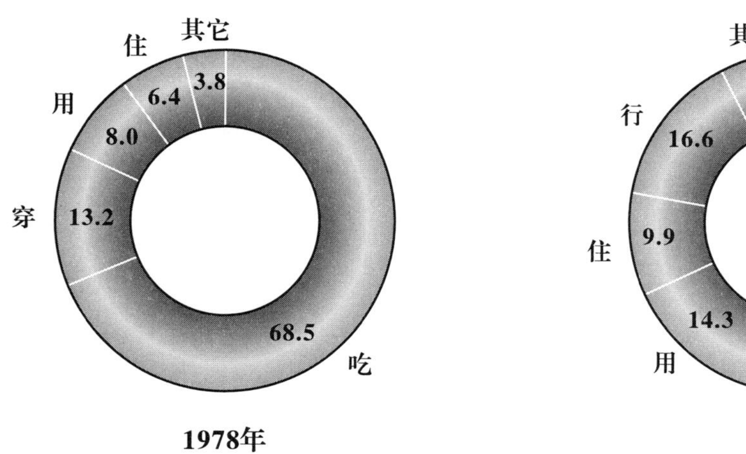

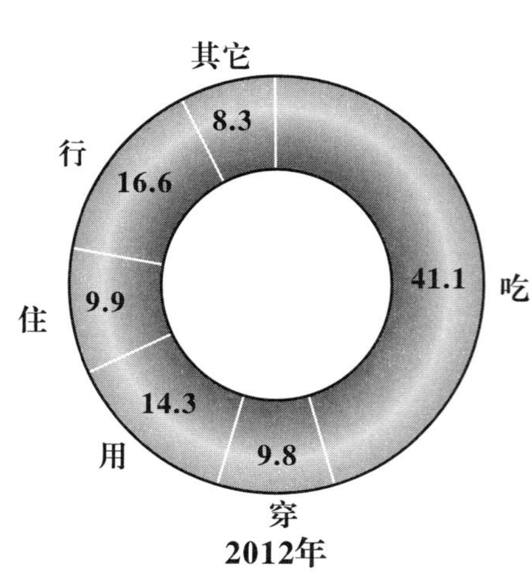

7-1 历年城镇居民家庭基本情况

Basic Conditions of Urban Households over the Years

年　份	调查户数 (户)	户均家庭人　口 (人)	户均就业人　口 (人)	每一就业者负担人数 (人)	平均每户就业面 (%)
1954	300	3.91	1.21	3.23	30.95
1955	300	3.90	1.24	3.15	31.79
1956	300	3.72	1.25	2.98	33.60
1957	300	3.62	1.35	2.68	37.29
1958	300	3.64	1.31	2.78	35.99
1959	300	3.80	1.42	2.68	37.37
1960	300	3.31	1.42	2.33	42.90
1961	300	3.61	1.40	2.58	38.78
1962	300	4.34	1.40	3.10	32.26
1963	300	5.88	1.37	4.29	23.30
1964	300	5.18	1.52	3.41	29.34
1965	300	5.25	1.53	3.43	29.14
1966	300	5.10	1.57	3.25	30.78
1967	300	5.00	1.35	3.70	27.00
1968	300	5.01	1.31	3.82	26.15
1969	300	4.66	1.20	3.88	25.75
1970	300	4.52	1.15	3.93	25.44
1971	300	4.54	1.28	3.55	28.19
1972	300	4.50	1.28	3.52	28.44
1973	300	4.44	1.35	3.29	30.41
1974	300	4.37	1.49	2.93	34.10
1975	300	4.29	1.59	2.70	37.06
1976	300	4.12	1.60	2.58	38.83
1977	300	4.09	1.67	2.45	40.83
1978	300	4.19	1.74	2.41	41.53
1979	300	4.39	1.86	2.36	42.34
1980	300	3.84	1.97	1.95	51.30

7-1 续表

年　份	调查户数 （户）	户均家庭 人　口 （人）	户均就业 人　口 （人）	每一就业者 负担人数 （人）	平均每户 就业面 （%）
1981	300	4.00	2.09	1.92	52.17
1982	300	3.82	2.07	1.85	54.14
1983	300	3.80	2.11	1.81	55.39
1984	300	3.75	2.10	1.79	56.00
1985	300	3.40	2.05	1.66	60.26
1986	300	3.32	1.98	1.68	59.68
1987	300	3.42	2.10	1.63	61.25
1988	300	3.28	1.87	1.76	56.95
1989	300	3.17	1.78	1.78	56.05
1990	300	3.15	1.79	1.76	56.93
1991	300	3.05	1.72	1.77	56.44
1992	300	3.03	1.66	1.83	54.79
1993	300	2.90	1.51	1.92	52.18
1994	300	2.88	1.56	1.85	54.17
1995	300	2.96	1.71	1.73	57.95
1996	300	2.97	1.76	1.69	59.26
1997	300	2.99	1.77	1.69	59.26
1998	300	2.97	1.72	1.73	57.91
1999	300	2.92	1.72	1.70	58.84
2000	300	2.88	1.44	2.00	50.12
2001	300	2.98	1.39	2.14	46.81
2002	300	2.92	1.33	2.20	45.55
2003	400	2.89	1.35	2.14	46.71
2004	400	2.89	1.48	1.95	51.21
2005	400	2.87	1.39	2.06	48.43
2006	400	2.98	1.56	1.90	52.70
2007	400	2.90	1.54	1.88	53.10
2008	396	2.74	1.43	1.92	52.21
2009	400	2.74	1.43	1.92	52.19
2010	400	2.79	1.53	1.82	54.84
2011	400	2.75	1.44	1.91	52.36
2012	400	2.81	1.43	1.97	50.89

注：2008 年在“5.12”地震期间，个别调查户无法正常记账，故年平均户数为 396 户。

7-2 历年城镇居民家庭就业人口情况

The Number of Employee of Urban Households over the Years

单位：人

年　份	调查户家庭人口	就业人口	国有经济单位职工	集体经济单位职工	个体劳动者	其他劳动者
1978	1257	522				
1979	1318	558				
1980	1152	591				
1981	1200	626	479	144		3
1982	1147	621	488	128		5
1983	1141	632	497	132		3
1984	1125	630	507	113	5	5
1985	1019	614	456	143	12	3
1986	997	595	447	135	5	8
1987	1027	629	467	145	6	11
1988	985	561	428	105	8	20
1989	951	533	432	76	7	18
1990	945	538	454	59	4	21
1991	916	517	398	87	12	20
1992	909	498	383	90	11	14
1993	870	454	339	87	14	14
1994	864	468	365	56	20	27
1995	887	514	426	59	11	18
1996	891	528	437	68	8	15
1997	896	531	431	69	17	14
1998	891	516	423	60	21	12
1999	877	516	416	60	20	20
2000	864	433	320	35	37	41
2001	893	418	238	49	72	59
2002	876	399	240	27	75	57
2003	1156	540	328	28	68	116
2004	1156	592	356	20	80	136
2005	1148	556	292	16	84	164
2006	1184	624	296	24	24	280
2007	1160	616	224	20	40	332
2008	1086	567	158	12	52	345
2009	1096	572	168	8	48	348
2010	1116	612	180	12	36	384
2011	1100	576	152	20	36	368
2012	1124	572	152	16	48	356

注：1980 年以前就业人口未分经济类型；1997 年以前的国有经济单位职工为全民职工。

7-3 历年城镇居民家庭人均现金收入情况

Per Capita Cash Income of Urban Households over the Years

单位：元

年份	期初手存现金	家庭总收入	# 可支配收入	储蓄借贷收入	家庭总支出	#消费性支出	存入银行及储金会款	期末手存现金
1954		159.78	153.85	20.35	157.38	138.48	11.13	
1955		178.66	167.40	31.21	175.44	152.16	14.68	
1956		186.48	173.16	37.80	179.64	166.32	18.60	
1957		250.68	224.40	56.16	243.84	217.44	31.32	
1958		228.36	202.20	40.56	215.04	188.88	27.00	
1959		212.18	209.99	42.33	223.49	197.79	26.54	
1960		217.68	196.92	31.08	193.68	179.64	12.12	
1961		208.44	190.80	34.09	204.27	190.32	6.42	
1962		199.20	187.56	31.44	210.48	198.84	3.00	
1963		203.24	188.04	24.96	207.72	192.72	2.40	
1964		214.80	201.48	24.72	210.84	197.52	4.44	
1965		208.08	194.52	25.20	211.80	198.24	3.48	
1966		223.79	208.12	26.34	219.48	204.12	5.33	
1967		208.77	194.57	24.69	204.35	189.85	4.94	
1968		201.23	186.94	30.30	197.82	186.23	12.37	
1969		207.88	193.54	28.79	208.76	195.36	9.67	
1970		204.10	183.69	33.21	199.87	181.49	8.24	
1971		208.64	193.82	37.69	201.22	183.12	6.36	
1972		229.35	213.75	32.03	213.45	190.69	12.87	
1973		241.11	224.59	28.79	237.56	218.61	10.88	
1974		284.04	264.64	35.74	279.89	261.13	9.24	
1975		291.86	272.89	37.23	281.24	254.79	32.30	
1976		314.03	293.30	32.66	311.03	286.42	12.09	
1977		342.77	327.08	38.77	341.67	329.13	9.64	
1978		364.55	340.25	39.88	347.83	328.32	12.64	
1979		389.60	352.44	42.73	366.92	341.67	17.87	
1980	9.66	420.92	395.04	60.48	415.29	391.26	23.87	12.59
1981	10.41	484.62	457.68	58.56	479.48	451.98	38.15	12.63
1982	11.40	516.04	485.74	53.20	490.39	459.64	58.14	15.02

注：1980 年以前生活费收入未按经济类型和构成分组；1992 年以前的可支配收入为生活费收入。1992 年以前家庭总收入为家庭实际收入；1992 年以前家庭总支出为家庭实际支出。

7-3 续表

年份	期初手存现金	家庭总收入	#可支配收入	储蓄借贷收入	家庭总支出	#消费性支出	存入储蓄款	期末手存现金
1983	15.47	567.11	520.59	64.22	545.11	513.60	57.21	22.55
1984	20.73	657.09	603.06	66.49	627.57	591.13	69.63	29.98
1985	23.95	852.91	786.74	143.43	851.67	810.26	93.58	36.69
1986	37.51	991.39	913.19	166.26	999.65	946.17	109.47	50.23
1987	48.73	1101.07	1015.64	151.64	1072.05	1006.60	132.61	59.08
1988	48.12	1340.35	1243.12	266.10	1400.45	1318.01	144.44	70.68
1989	54.22	1661.91	1564.62	256.91	1607.25	1511.89	167.03	108.18
1990	73.79	1870.91	1755.37	246.34	1767.28	1680.77	195.49	164.90
1991	66.25	2062.98	1924.71	262.35	1941.01	1845.11	214.37	151.84
1992	94.25	2254.44	2101.87	443.38	2217.68	1988.08	258.13	149.14
1993	92.09	2807.35	2624.20	532.88	2745.09	2428.32	286.48	192.84
1994	117.64	4239.48	3940.47	682.96	3907.62	3641.19	574.77	307.18
1995	204.82	5075.82	4708.99	676.28	4857.78	4502.46	541.43	411.23
1996	229.43	5700.71	5265.64	808.60	5432.62	4925.45	644.04	476.43
1997	264.36	6046.84	6018.74	1204.41	6083.39	4959.48	493.43	526.87
1998	302.01	6490.18	6446.44	1529.18	6458.53	5482.28	768.57	663.46
1999	345.02	7140.96	7098.01	1321.76	6639.39	5797.97	846.41	887.97
2000	227.23	7694.95	7649.09	1527.74	7174.33	6423.48	922.94	961.31
2001	340.29	8181.60	8128.39	1624.51	7672.85	6801.19	1083.36	873.89
2002	349.03	9026.38	8971.91	2616.02	9373.40	6874.17	1359.31	910.84
2003	457.06	10177.34	9641.00	2261.10	9582.58	7057.68	1800.11	661.51
2004	489.98	11057.90	10394.10	4052.10	12876.30	8996.97	1595.73	927.41
2005	479.85	12039.21	11358.81	3275.11	12921.01	9642.45	2223.34	815.48
2006	403.92	13646.97	12789.44	3866.76	14263.24	10302.37	2422.93	720.58
2007	542.60	15939.29	14849.23	2971.12	14165.27	11702.77	3668.62	1178.46
2008	301.06	18320.39	16942.62	3421.98	16244.74	12849.93	3552.67	1452.83
2009	410.94	20410.71	18659.40	6033.15	20145.92	14087.79	3788.98	2056.84
2010	882.08	22946.69	20835.34	4848.83	20620.59	15510.91	3450.08	3517.55
2011	1937.03	26087.45	23932.08	4463.24	22778.76	17795.00	5173.97	3878.85
2012	1631.09	29893.91	27193.65	4174.45	24704.55	19053.89	4324.70	5308.69

注："存入储蓄款"在2002年以前为"存入银行与储金会款"。

7-4 城镇居民家

Basic Conditions of

	单　位	合　计	最低收入户	#更低收入户	低收入户
调查户数	户	**400**	42	21.42	40.58
比　重	%	**100**	10	5	10
平均每户家庭人口	人	**2.81**	3.22	3.16	2.75
平均每户就业人口	人	**1.43**	1.33	1.26	1.36
平均每户就业面	%	**50.89**	41.30	39.87	49.45
平均每一就业者负担人数	人	**1.97**	2.42	2.51	2.02
平均每人可支配收入	元	**27193.65**	10787.89	9352.08	14781.85
平均每人消费性支出	元	**19053.89**	9859.97	9435.27	11863.56

7-5 城镇居民家庭人均

Per Capita Annual Living Expenditures of

	总平均	最低收入户	#更低收入户	低收入户
消费性支出	**19053.89**	**9859.97**	**9435.27**	**11863.56**
1. 食　品	6751.55	4534.56	4420.59	5553.06
#粮油类	775.66	624.47	596.55	732.67
肉、禽蛋水产品类	1823.24	1514.87	1496.47	1754.27
#肉　类	1144.74	978.28	966.48	1122.81
禽　类	348.37	294.50	291.61	337.59
蛋　类	129.68	104.85	107.24	114.08
水产品类	200.45	137.24	131.13	179.78
2. 衣　着	1874.80	639.44	569.25	1137.74
#服　装	1403.81	426.28	374.55	840.75
3. 家庭设备用品及服务	1374.95	586.34	522.37	784.32
#耐用消费品	492.09	192.60	135.35	246.60
4. 医疗保健	1030.94	618.94	710.86	516.49
5. 交通和通信	3184.82	850.65	765.70	1168.70
6. 娱乐教育文化服务	2293.05	1341.24	1238.32	926.44
7. 居　住	1733.73	1073.77	1004.38	1521.53
#住　房	711.17	347.91	223.28	658.97
8. 其它商品和服务	810.04	215.02	203.81	255.29

庭基本情况(2012年)

Urban Households (2012)

中等偏下户	中等收入户	中等偏上户	高收入户	最高收入户	#更高收入户
80.83	79.58	78.75	41.5	36.75	18.67
20	20	20	10	10	5
3.02	2.85	2.73	2.48	2.38	2.36
1.57	1.50	1.42	1.21	1.47	1.35
51.99	52.63	52.01	48.79	61.76	57.20
1.92	1.90	1.92	2.05	1.62	1.75
19239.62	24507.02	32150.08	42326.24	67921.09	81004.71
14030.60	17782.29	20405.46	26603.21	47776.24	52502.52

消费性支出情况(2012年)

Urban Households (2012)

单位：元

中等偏下户	中等收入户	中等偏上户	高收入户	最高收入户	#更高收入户
14030.60	**17782.29**	**20405.46**	**26603.21**	**47776.24**	**52502.52**
5567.23	6804.34	7641.24	9073.12	9990.29	10655.02
714.92	783.76	835.14	908.99	911.11	936.48
1616.11	1869.63	1955.41	2132.76	2160.24	2293.58
1021.93	1166.38	1228.64	1297.42	1332.94	1405.17
307.60	358.30	369.32	421.25	396.71	413.51
116.02	131.49	136.58	156.93	172.71	190.80
170.56	213.46	220.88	257.16	257.89	284.11
1404.36	1576.11	2177.81	2861.40	4932.45	6561.93
993.84	1152.40	1643.15	2216.69	3905.66	5251.89
982.38	1262.20	1632.37	2149.27	3208.08	4115.92
397.19	419.92	705.32	665.15	998.65	1313.64
1009.75	618.88	1136.69	1432.01	2734.69	3169.17
1438.20	2180.06	3130.30	4545.47	15468.67	12086.31
1369.90	2969.61	2046.46	3264.34	5814.85	8734.83
1672.31	1774.74	1803.97	2116.19	2472.64	2495.37
771.78	767.93	730.37	709.85	978.96	896.57
586.47	596.36	836.63	1161.41	3154.57	4683.97

7-6 城镇居民家庭人均消费性支出情况

Per Capita Annual Living Expenditures of Urban Households

单位：元

	1978年	1980年	1990年	2000年	2011年	2012年
消费性支出	**328.32**	**391.26**	**1680.77**	**6423.48**	**17795.00**	**19053.89**
食　　品	189.11	226.15	863.63	2491.43	6582.94	6751.55
#粮　　食	42.62	45.02	70.15	160.36	429.98	455.42
油脂类			25.80	90.41	177.07	187.81
#食用植物油			25.80	72.25	171.24	183.45
肉禽及制品			225.33	599.14	1538.25	1493.11
蛋　　类			34.06	61.82	128.02	129.68
水产品类			22.39	71.58	194.81	200.45
蔬菜类			102.22	240.15	685.91	731.68
#鲜　　菜			94.14	227.44	634.23	685.82
糖　　类			13.51	35.58	60.35	75.56
烟草类			61.73	112.05	362.22	375.40
酒和饮料			28.34	106.30	255.90	247.59
干鲜瓜果类			54.93	127.83	438.03	490.38
奶及奶制品			19.84	137.00	352.46	411.02
衣　着	56.14	60.21	246.07	580.47	1628.67	1874.80
#服　装			104.02	417.10	1181.64	1403.81
衣着材料			62.38	14.26	11.70	8.73
鞋袜帽及其它			43.12	146.56	425.22	453.02
家庭设备用品及服务	24.27	34.74	200.00	565.00	1292.39	1374.95
#耐用消费品			73.83	306.02	576.48	492.09
#洗衣机			31.92	9.71	78.77	50.25
电冰箱			75.01	34.60	58.36	66.50
医疗保健	4.11	5.11	25.24	417.32	930.99	1030.94
交通和通讯	4.08	4.23	22.31	378.95	2963.07	3184.82
#交　通	3.72	3.84	20.67	156.16	1919.65	2022.76
通　信	0.36	0.39	1.64	222.8	1043.43	1162.07
教育文化娱乐服务	23.23	27.94	176.05	828.75	2068.64	2293.05
#文化娱乐用品			98.64	211.67	484.90	474.45
教　育	4.68	5.88	28.54	440.23	643.14	778.02
文化娱乐服务	11.76	12.46	29.86	176.85	940.60	1040.58
居　住	16.49	17.88	81.91	764.31	1623.35	1733.73
其它商品和服务	10.89	15.00	65.56	397.26	704.94	810.04
#金银珠宝饰品				21.97	71.23	63.87
理发、美容用品				44.70	242.02	215.90

注：1990年以前蛋类为鲜蛋；“家庭设备用品及服务”指日用品；“教育”未含教材及参考书；“交通”未含交通工具。从2010年起，在外饮食不包括婚丧嫁娶、子女升学等宴请支出。

7-7　城镇居民家庭人均食品消费量

Per Capita Foods Consumption of Urban Households

单位：千克

	1980 年	1990 年	2000 年	2011 年	2012 年
食用植物油			10.58	11.29	10.62
猪　肉	28.20	34.80	29.81	29.91	29.42
牛羊肉	2.90	1.90	2.95	3.62	3.05
鲜　蛋			11.80	9.41	9.93
鲜　菜	140.20	153.91	145.82	134.12	131.95
白　酒	1.70	2.84	2.16	2.06	1.89
果　酒		0.07	0.23	0.15	0.09
啤　酒	0.30	2.45	3.24	2.63	1.69
碳酸饮料				0.70	0.35
茶　叶	0.30	0.44	0.28	0.40	0.35
糕　点	2.00	3.71	3.44	4.34	4.40
鲜乳品	9.80	17.25	21.83	21.04	20.81
奶　粉		0.39	0.74	1.00	0.92

注：鲜蛋包括鸡蛋、鸭蛋和鹅蛋等。

7-8　城镇居民家庭人均食品消费额

Per Capita funds Consumption of Urban Households

单位：元

	2006 年	2007 年	2008 年	2011 年	2012 年
粮　食	210.54	281.83	310.15	429.98	455.42
油脂类	101.65	161.28	225.31	177.07	187.81
#食用植物油	96.86	154.89	218.29	171.24	183.45
猪　肉	339.75	544.68	693.85	823.26	789.93
家禽及制品	650.85	314.94	306.82	353.06	348.37
蛋　类	65.11	96.07	99.98	128.02	129.68
#鲜　蛋	57.65	85.89	88.98	118.38	116.41
鲜　菜	298.29	450.22	471.72	634.23	685.82
干　菜	29.99	28.07	19.75	32.62	29.33
菜制品	6.51	12.82	13.31	19.06	16.53
酒　类	79.51	117.36	127.80	136.34	131.65
#白　酒	57.77	71.82	97.65	100.39	97.04
果　酒	5.99	20.63	3.74	13.83	12.84
啤　酒	15.13	23.93	21.35	19.35	17.18
茶　叶	19.90	36.78	32.13	60.25	63.86
鲜乳品	148.86	178.57	175.41	171.82	214.60
奶　类	199.92	243.55	263.41	352.46	411.02

7-9 历年城镇居民家庭每百人购买穿用商品情况

Consumption of Clothing and Using Per 100 Citizens over the Years

年　份	服　装 （件）	煤　炭 （公斤）	液　化 石油气 （公斤）	金银珠宝 饰　　品 （元）	美　容 化妆品 （元）
1980	235.2	16974	51.6		
1981	242.0	16800	32.6		
1982	251.1	14400	22.8		
1983	275.4	16400	30.6		
1984	330.6	14251	62.6		
1985	423.3	18600	46.4	154.4	
1986	448.2	17242	51.7	149.7	
1987	441.4	16675	29.2	120.2	
1988	424.6	19454	36.6	702.1	
1989	244.2	18060	106.0	1613.8	
1990	309.2	13939	122.2	1360.9	
1991	314.7	21121	90.1	1967.4	
1992	591.1	20973	181.5	858.4	904.2
1993	557.9	19972	440.6	1422.5	1340.9
1994	595.1	11874	319.5	3174.7	1828.1
1995	661.1	6528	222.3	2958.0	2967.9
1996	639.6	5279	242.3	1663.9	3646.6
1997	594.2	4087	262.3	536.2	3430.6
1998	658.1	2989	264.5	672.2	4800.4
1999	741.3	2663	239.0	1648.9	5174.7
2000	681.1	3715	305.1	2197.2	4436.0
2001	721.3	4007	279.7	1298.6	4526.3
2002	731.7	5036	345.9	2428.3	5116.2
2003	651.0	3972	350.0	793.0	5070.0
2004	648.0	1235	237.0	1355.0	7286.0
2005	723.0	1059	174.0	700.0	8637.0
2006	756.0	1296	185.0	1775.0	9919.0
2007	665.0	1025	228.0	678.0	9247.0
2008	516.0	35	48.0	1747.0	8974.0
2009	579.0	—	104.0	2344.0	13505.0
2010	594.0	—	77.0	3914.0	19102.0
2011	639.0	—	180.0	7123.0	23036.0
2012	684.0	—	220.0	6387.0	20536.0

7-10 历年城镇居民家庭平均每百户年末耐用消费品拥有量

The Number of Major Durable Consumer Goods Owned Per 100 Urban Households over the Years

年　份	洗衣机（台）	电冰箱（台）	彩　电（台）	摩托车（辆）	照相机（架）	电　话（部）	电　脑（台）	汽　车（辆）
1978								
1979			0.3		2.7			
1980			0.7		3.0			
1981			0.7		3.7			
1982			1.3		5.0			
1983			3.0		10.7			
1984			8.7		11.7			
1985	63.7	8.7	26.7	0.7	18.3			
1986	25.3	7.8	42.3	0.7	26.7			
1987	80.3	33.3	49.3	0.7	29.0			
1988	82.0	45.7	65.3	0.3	32.0			
1989	85.7	60.3	79.3		38.7			
1990	93.0	76.0	92.0	0.7	43.3			
1991	87.0	72.3	88.0	0.7	42.3			
1992	86.7	70.7	92.3		40.7	4.7		
1993	86.0	72.3	89.0	0.3	36.0	5.3		
1994	92.0	83.7	100.0	0.3	40.7	15.3		
1995	95.7	89.0	111.3	1.7	49.0	25.3		
1996	95.7	88.7	114.0	2.0	51.0	35.3		
1997	99.0	91.3	117.7	4.0	50.0	57.0	2.7	
1998	97.3	93.0	119.3	7.3	53.7	65.3	9.0	
1999	99.7	93.7	124.0	6.7	56.0	70.7	9.3	0.7
2000	96.0	94.0	141.0	5.0	64.3	81.0	17.7	1.3
2001	99.3	94.0	145.0	4.7	63.3	91.3	25.0	3.3
2002	98.5	96.6	140.4	4.3	54.2	93.8	26.4	3.4
2003	98.3	96.1	143.4	4.1	46.7	92.1	30.2	3.1
2004	99.3	98.5	147.1	5.5	56.1	94.5	42.1	8.5
2005	98.3	96.5	145.8	5.3	60.0	95.0	50.5	8.8
2006	99.0	98.0	151.3	2.8	58.5	93.8	58.5	9.3
2007	100.7	99.0	148.0	1.0	50.5	92.6	65.1	9.9
2008	96.3	94.8	133.8	2.2	42.7	76.9	65.7	18.1
2009	99.3	97.2	145.5	2.1	49.9	80.5	76.6	17.7
2010	100.5	100.9	151.9	2.4	59.7	76.9	89.2	22.6
2011	99.3	99.8	144.8	3.7	56.6	65.8	86.6	28.2
2012	98.8	98.6	146.3	5.2	59.4	70.3	99.6	30.6

7-10 续表

年份	钢琴（架）	组合音响（套）	空调器（台）	中高档乐器（件）	淋浴热水器（台）	抽排油烟机（台）	健身器材（件）	移动电话（部）
1978								
1979								
1980								
1981								
1982								
1983								
1984								
1985				4.3				
1986				6.3				
1987				7.7				
1988				13.0				
1989		1.3		11.0				
1990		3.0		13.0				
1991		1.0		7.3				
1992	0.3	6.0		8.0	41.7	19.0		
1993	0.3	7.3		9.3	44.3	18.7		
1994	1.0	14.0	1.3	9.0	72.7	28.7		
1995	1.0	18.3	3.0	8.7	78.0	33.7		
1996	0.7	21.0	6.0	9.0	76.0	33.3		
1997	1.3	25.7	8.7	8.0	83.0	47.7	2.0	0.7
1998	1.3	32.3	13.7	9.7	80.0	42.7	3.3	3.7
1999	2.7	40.0	25.7	10.3	87.0	48.0	5.6	8.3
2000	2.3	33.7	34.3	8.7	87.0	45.0	6.0	25.7
2001	1.7	42.3	47.7	11.0	90.3	51.7	8.0	54.7
2002	0.7	40.3	44.9	7.1	89.4	55.8	3.3	68.3
2003	0.8	38.5	55.2	6.1	89.2	45.6	2.9	94.9
2004	2.0	46.9	90.2	7.3	94.5	48.9	4.5	137.3
2005	2.8	45.5	103.8	5.5	96.5	54.5	4.3	165.3
2006	2.5	43.0	114.3	5.0	97.5	57.0	3.0	185.0
2007	2.5	41.6	108.9	3.2	98.3	—	4.0	186.4
2008	4.6	34.6	111.9	2.6	98.9	—	4.2	175.3
2009	3.9	33.1	131.5	5.5	99.3	—	4.6	200.2
2010	3.3	37.0	143.6	4.3	99.3	—	5.7	228.5
2011	3.0	30.0	133.7	2.1	98.2	—	4.9	222.6
2012	3.3	24.9	149.2	2.4	100.2	—	3.3	226.4

7-11　农村居民家庭基本情况

Basic Conditions of Rural Households

	单　位	1978 年	1980 年	1990 年	2000 年	2011 年	2012 年
调查户数	**户**	**85**	**162**	**1380**	**2240**	**2300**	**2300**
人口状况							
平均每户人口	人	5.50	5.20	4.20	3.60	3.30	3.41
平均每一劳动力赡养人口	人	2.20	2.00	1.40	1.40	1.32	1.36
劳动者文化程度构成							
文盲或半文盲	%			11.60	2.40	2.20	2.15
小学程度	%			45.40	33.70	18.68	18.05
初中程度	%			35.50	51.20	53.79	53.78
高中程度	%			7.00	10.20	16.17	16.45
中专程度	%			0.40	1.80	3.52	3.65
大专程度	%			0.10	0.60	5.64	5.92
人均收入状况							
纯收入	元	140	223	773	2926	9895	11501
现金收入	元	87	161	996	3302	12717	14253
人均储蓄存款与手存现金							
年末存款余额	元			140	1453	9558	9934
年末手存现金	元	12	18	189	666	1824	2087
人均居住情况							
年末住房面积	平方米	9.58	10.04	20.61	34.85	50.20	52.20
#砖木结构面积	平方米			11.43	17.08	19.71	19.33
钢筋混凝土结构面积	平方米			2.26	15.29	27.44	27.96
年末住房价值	元		156	917	4835	35766	44241
人均生产性固定资产情况							
年末生产性固定资产原值	元			214.80	1404.80	4447.11	4353.48
#役畜、产品畜	元			26.65	66.80	220.82	205.07
大中型铁木农具	元			29.68	89.80	48.93	44.75

7-12 农村居民家庭人均总收入

Per Capita Annual Gross Income of Rural Households

单位：元

	1978年	1980年	1990年	2000年	2011年	2012年
全年总收入	**168.56**	**262.06**	**1195.27**	**4298.28**	**13428.63**	**15300.31**
工资性收入	28.12	42.41	130.20	1006.78	4661.37	5440.32
家庭经营收入	117.83	190.57	1003.28	2911.70	6919.26	7774.12
#农业收入	66.88	111.16	491.52	1210.01	2283.68	2670.94
林业收入	0.38	0.67	7.74	40.83	113.00	108.15
牧业收入	46.69	71.88	355.61	895.43	2103.56	2238.63
渔业收入	0.08	0.22	4.26	60.59	163.72	160.37
工业收入			24.72	88.06	216.60	254.16
建筑业收入			21.82	80.90	361.29	392.16
交通、运输和邮电业收入	0.53	3.33	18.04	97.25	437.60	512.16
批发零售贸易餐饮业收入			20.53	153.12	731.98	933.06
社会服务业收入			19.61	92.68	254.77	300.58
转移性和财产性收入	22.61	29.08	61.79	379.80	1848.00	2085.86

注：①从2003年起转移性和财产性收入不含“调查补贴”等项。

7-13　农村居民家庭人均现金收支情况

Per Capita Cash Income and Expenditure of Rural Households

单位：元

	1978 年	1980 年	1990 年	2000 年	2011 年	2012 年
年初手存现金	**11.98**	**11.98**	**142.43**	**1295.30**	**1809.53**	**1823.86**
年初存款余额			**118.12**	**701.66**	**7954.37**	**9557.71**
全年现金收入	**87.07**	**160.79**	**995.95**	**3302.32**	**12716.91**	**14252.79**
工资性收入	21.12	42.41	130.20	1006.48	4632.66	5411.51
家庭经营收入	55.10	98.34	668.39	1922.96	6189.08	6688.69
#农业	53.88	90.90	210.60	479.54	1928.61	2173.90
牧业			309.07	679.12	1693.87	1653.71
建筑业现金收入			21.82	80.90	359.84	385.49
交通、运输和邮电业现金收入	0.53	3.33	18.04	97.25	437.60	508.83
转移性和财产性收入	8.86	9.62	76.14	372.89	1895.16	2152.60
非收入所得	**1.99**	**10.42**	**121.22**	**326.27**	**2045.22**	**1896.85**
全年现金支出	**86.68**	**154.45**	**949.23**	**2922.27**	**10769.23**	**12229.07**
#生产费用支出	20.35	29.29	286.07	915.30	3162.45	3551.58
生活消费支出	62.52	103.31	459.39	1769.71	6664.35	7554.92
非消费性现金支出	**2.32**	**13.91**	**114.04**	**339.44**	**2621.57**	**2918.71**
年末手存现金	**12.37**	**18.32**	**189.15**	**666.33**	**1823.86**	**2087.09**
年末存款余额			**140.19**	**1453.47**	**9557.71**	**9934.02**

7-14 农村居民家庭人均支出情况

Per Capita Expenditure of Rural Households

单位：元

	1978 年	1980 年	1990 年	2000 年	2011 年	2012 年
全年总支出	**146.72**	**234.84**	**1124.89**	**3495.51**	**11190.70**	**12841.35**
家庭经营费用支出			354.23	999.79	3086.15	3558.63
#农业支出			86.96	240.59	559.13	728.74
牧业支出			229.36	618.72	1469.61	1616.56
购置生产性固定资产			16.40	46.14	123.66	85.93
税费支出	0.02	0.04	46.37	77.06	17.69	10.51
生活消费支出	116.94	185.70	692.92	2200.74	7032.61	8061.15
食　品	80.12	132.04	440.96	1126.03	2952.18	3314.03
#主　食	49.15	70.69	154.57	228.57	302.50	318.77
副　食	22.68	56.87	217.18	616.53	1342.37	1491.07
衣　着	15.43	18.69	46.12	146.76	685.73	792.47
居　住	7.53	16.56	114.68	320.79	726.18	794.31
家庭设备、用品及服务	9.36	13.31	28.19	113.72	453.30	479.60
医疗保健		0.93	16.43	99.72	437.90	499.60
交通和通讯		1.21	10.91	120.10	1107.73	1334.85
文化教育娱乐用品及服务	4.50	5.10	31.67	209.37	516.76	673.45
其他商品和服务			3.96	64.25	152.82	172.84
财产转移性支出			14.97	169.46	925.32	1120.73

7-15 农村居民家庭人均纯收入

Per Capita Net Income of Rural Households

单位：元

	2006 年	2007 年	2008 年	2009 年	2011 年	2012 年
全年纯收入	**4905**	**5642**	**6481**	**7129**	**9895**	**11501**
工资性收入	2080	2381	2752	3234	4661	5440
家庭经营收入	2209	2520	2712	2764	3505	4040
#农业收入	1139	1259	1322	1288	1630	1883
林业收入	47	50	68	63	63	63
牧业收入	282	399	450	423	573	576
渔业收入	24	31	51	54	71	61
工业收入	76	68	57	57	26	20
建筑业收入	100	115	129	158	238	276
交通、运输和邮电业收入	155	167	164	200	184	220
批发零售贸易餐饮业收入	193	213	224	247	382	461
社会服务业收入	104	109	123	134	179	247
转移性收入	340	295	509	558	827	989
财产性收入	276	446	509	573	902	1032

7-16 农村居民家庭人均主要实物消费量

Major Foods Consumption Per Capita of Rural Households

	单　位	1978 年	1980 年	1990 年	2000 年	2011 年	2012 年
粮　食	千克			301.81	230.77	164.53	160.56
蔬　菜	千克	140.61	122.63	203.51	117.63	83.70	83.78
植物油	千克	2.27	3.14	4.07	7.90	5.71	6.51
动物油	千克	0.39	0.65	1.29	1.69	0.60	0.51
猪　肉	千克	7.45	12.20	22.55	30.10	29.26	28.70
蛋　类	千克	0.95	1.23	2.95	5.67	6.93	7.04
家　禽	千克	0.43	1.40	1.82	5.09	8.51	10.21
鱼　虾	千克	0.11	0.11	0.59	2.83	4.66	4.36
糖　类	千克	0.60	1.12	1.62	1.63	1.55	0.98
酒	千克	1.46	2.04	5.29	8.19	9.32	8.13
水　果	千克			4.40	18.07	19.79	23.55

7-17 农村居民家庭每百户耐用物品拥有量

The Number of Durable Consumer Goods Owned Per 100 Rural Households

	单　位	1978 年	1980 年	1990 年	2000 年	2011 年	2012 年
自行车	辆	46	68	161	149	99.2	102.4
热水器	台					62.6	66.2
洗衣机	台			8.3	50.1	96.5	99.8
电冰箱	台			0.3	16.9	89.7	93.2
摩托车	辆			0.7	39.9	54.9	55.3
微波炉	台					22.0	25.9
抽油烟机	台				1.6	23.0	27.3
黑白电视机	台	8.2	31.5	59.2	57.6	0.7	1.3
彩色电视机	台			4.0	69.1	131.3	137.5
摄像机	台					2.3	3.1
照像机	架			0.4	5.0	17.2	17.4
空调机	台				1.2	37.8	41.9
电话机	部				29.8	31.9	30.0
移动电话	部				9.2	231.3	240.1
家用计算机	台				3.0	31.6	37.8

7-18 历年农村居民家庭每百人购买穿用商品

The Purchase of Clothing and Using Per 100 Rural Residents over the Years

年　份	服　装 (件)	电　话 (部)	电视机 (部)	#彩　电	收录机 (部)
1983			1.09		0.13
1984			1.75		0.31
1985			1.28	0.07	0.21
1986			1.58	0.07	0.51
1987			2.20	0.02	0.53
1988			2.14	0.15	0.65
1989			1.09	0.10	0.77
1990			1.19	0.21	0.36
1991			1.38	0.11	0.55
1992			1.46	0.47	0.47
1993			2.17	0.68	0.52
1994			1.11	0.42	0.50
1995			1.18	0.62	0.62
1996			1.16	0.69	0.38
1997			1.24	1.01	0.36
1998			1.53	1.27	0.26
1999			2.05	1.81	0.21
2000	121.79	2.47	1.70	1.60	0.24
2001	141.58	1.97	1.70	1.65	0.31
2002	148.03	2.23	1.66	1.65	0.60
2003	243.68	1.94	1.93	1.87	0.13
2004	251.09	1.85	1.53	1.49	0.24
2005	259.63	2.66	1.39	1.36	0.13
2006	295.54	1.63	1.46	1.42	0.13
2007	297.38	1.91	1.43	1.43	0.18
2008	295.74	1.32	1.65	1.61	0.15
2009	310.70	2.95	1.15	1.15	0.10
2010	345.30	1.35	1.76	1.74	0.08
2011	425.23	1.77	1.98	1.94	0.15
2012	408.22	0.82	1.85	1.85	0.51

注：从 2000 年起购买棉布和化纤布中不再包括购买的棉布和化纤布服装的折合量。

7-18 续表

年 份	自行车 (辆)	洗衣机 (台)	电风扇 (台)	电冰箱 (台)	摩托车 （辆）	手 机 (部)
1983	3.03		0.20			
1984	3.65	0.03	0.12			
1985	3.29	0.09	0.31			
1986	3.33	0.10	0.58			
1987	3.62	0.24	0.98			
1988	4.14	0.42	1.44			
1989	2.29	0.33	0.82			
1990	2.49	0.14	0.79			
1991	3.50	0.28	1.71			
1992	3.46	0.47	1.42			
1993	4.46	0.71	2.72			
1994	3.21	0.50	2.55			
1995	2.72	0.45	3.43			
1996	1.74	0.45	2.70			
1997	1.97	0.66	1.71			
1998	1.68	0.55	2.46			
1999	2.07	0.58	1.86	0.35	1.25	
2000	2.98	0.66	2.37	0.23	0.94	0.30
2001	2.72	0.93	2.81	0.46	1.21	0.71
2002	2.82	0.94	2.55	0.37	1.52	2.12
2003	3.25	1.11	2.22	0.55	1.38	3.27
2004	2.49	1.21	1.98	0.64	1.43	3.31
2005	2.21	1.50	1.76	0.60	1.12	3.67
2006	2.15	1.42	3.59	0.92	1.11	4.39
2007	1.54	1.24	2.47	1.90	1.60	7.11
2008	1.80	1.38	2.14	2.27	1.40	8.30
2009	1.52	1.31	2.18	1.90	1.13	8.78
2010	1.66	1.16	2.86	2.00	1.06	8.54
2011	1.99	1.62	3.65	1.32	1.22	9.10
2012	1.89	1.56	3.11	0.98	0.97	10.90

7-19 历年居民消费价格指数与商品零售价格指数(以上年同期为 100)

Consumer Price Indices and Retail Price Indices over the Years (Preceding Year=100)

年 份	居民消费价格指数	#食品类	#衣着类	#家庭设备用品及维修服务	#娱乐教育文化用品及服务	#医疗保健	商品零售价格指数
1951	114.8	114.0	107.7	112.3	98.2	128.8	113.8
1952	110.6	112.6	96.7	97.8	80.8	93.1	110.3
1953	102.2	103.9	101.3	93.1	89.9	89.9	102.1
1954	103.2	100.8	99.3	97.3	90.8	87.3	103.1
1955	103.6	106.2	98.2	101.7	100.0	103.9	103.1
1956	104.9	107.4	96.4	100.3	103.2	102.9	103.4
1957	106.0	103.9	99.9	101.0	97.7	136.2	104.3
1958	101.0	100.5	99.8	101.0	99.7	98.5	100.1
1959	100.3	99.5	100.2	101.2	100.1	102.7	100.2
1960	100.6	101.1	100.0	98.9	102.2	98.8	100.9
1961	116.0	130.0	100.0	100.0	100.1	99.6	117.7
1962	99.8	99.0	101.4	109.1	109.4	106.3	99.5
1963	91.2	93.0	101.6	101.7	100.3	101.5	90.0
1964	94.4	94.6	99.1	92.8	96.4	88.1	93.8
1965	97.5	93.5	99.2	95.9	94.9	94.3	98.1
1966	100.7	103.0	100.5	99.9	99.7	99.0	101.2
1967	102.0	104.0	99.4	99.2	96.5	91.7	102.0
1968	100.2	100.2	100.0	100.1	98.8	100.0	100.2
1969	100.1	100.0	100.0	100.0	100.0	87.3	99.8
1970	99.5	100.2	100.0	100.0	100.0	77.7	99.5
1971	100.2	100.1	100.0	100.0	100.0	98.7	100.2
1972	100.5	100.8	100.2	99.9	99.1	97.2	100.5
1973	100.0	99.9	100.0	99.6	97.6	99.2	99.9
1974	100.2	100.2	100.0	100.7	100.9	98.9	100.2
1975	100.3	100.1	100.0	99.9	100.3	99.6	100.3
1976	100.0	100.0	100.0	100.0	101.2	100.0	100.0
1977	100.2	99.6	100.0	100.0	100.0	100.7	100.2
1978	101.1	101.1	100.0	100.0	100.0	103.1	101.1
1979	102.0	104.6	99.4	100.4	100.5	103.7	102.1
1980	106.6	110.6	99.6	101.2	100.3	101.3	107.1
1981	102.1	101.7	100.3	100.6	100.5	103.7	102.1

注：居民消费价格指数中 1994 年以前“家庭设备及用品”指日用品类；“娱乐教育文化用品”指文化娱乐用品类；“医疗保健”指药及医疗用品类。

7-19 续表

年　份	居民消费价格指数	#食品类	#衣着类	#家庭设备用品及维修服务	#娱乐教育文化用品及服务	#医疗保健	商品零售价格指数
1982	101.9	103.6	99.2	97.4	100.0	100.8	102.0
1983	100.3	100.7	98.8	98.8	97.0	103.8	100.0
1984	104.6	105.3	101.4	100.0	100.1	101.8	103.8
1985	111.4	115.0	102.2	102.5	102.3	106.1	111.3
1986	104.8	104.9	104.8	104.8	100.4	97.3	104.7
1987	108.8	112.4	102.6	107.4	103.4	113.2	109.4
1988	124.6	130.5	115.6	115.0	122.8	132.0	125.7
1989	116.2	113.6	125.0	113.1	111.0	125.9	116.1
1990	103.5	102.5	106.4	103.4	95.3	100.6	102.9
1991	105.2	105.8	102.6	105.0	94.3	100.9	104.7
1992	110.8	113.5	101.4	100.4	94.3	102.6	108.5
1993	115.9	118.7	107.2	108.9	102.4	115.0	115.1
1994	126.5	136.2	123.1	111.3	113.6	107.2	123.3
1995	117.5	124.2	107.4	106.4	104.3	109.3	114.5
1996	109.7	109.4	109.5	102.1	112.3	109.0	106.5
1997	105.7	104.1	102.1	103.2	100.3	105.5	102.9
1998	100.3	96.9	103.3	99.7	100.4	102.0	98.4
1999	98.3	96.3	99.3	98.4	96.5	101.2	97.1
2000	100.2	96.3	100.2	99.2	94.0	102.2	98.2
2001	100.8	101.6	98.4	99.4	103.9	97.0	100.7
2002	98.7	98.4	98.0	99.0	98.3	99.2	98.8
2003	102.1	103.0	100.8	99.4	99.1	102.3	100.2
2004	103.9	107.6	97.1	98.0	106.0	104.1	101.4
2005	102.3	104.5	91.0	98.0	107.8	101.2	99.8
2006	101.8	102.5	100.9	103.7	99.4	100.3	101.2
2007	105.2	112.4	101.1	102.7	100.0	101.7	104.2
2008	104.3	112.9	94.9	102.9	98.6	101.4	104.5
2009	100.3	103.1	94.4	100.0	99.9	100.3	99.0
2010	103.0	106.4	94.5	100.4	98.7	107.9	102.4
2011	105.4	112.6	98.9	104.0	97.3	102.8	104.3
2012	103.0	103.9	111.6	101.6	100.7	101.9	101.4

注：2011 年起“医疗保健”数据为“医疗保健和个人用品”数据。

7-20 居民消费价格分类指数(以上年同期为 100)
Consumer Price Indices by Category (Preceding Year=100)

	2011 年	2012 年		2011 年	2012 年
居民消费价格指数	**105.4**	**103.0**	液体乳及乳制品	116.8	105.7
食品类	112.6	103.9	烟酒类	103.5	103.4
#粮　食	112.5	103.8	衣着类	98.9	111.6
油　脂	113.9	106.7	家庭设备用品及维修服务类	104.0	101.6
肉禽及其制品	123.8	99.7	医疗保健和个人用品类	102.8	101.9
蛋	117.1	94.2	交通和通讯类	100.7	99.3
水产品	109.5	116.9	娱乐教育文化用品及服务类	97.3	100.7
菜	94.5	112.8	居住类	106.5	102.0
干鲜瓜果	119.1	99.9	**服务项目价格指数**	**104.3**	**102.8**

7-21 商品零售价格分类指数(以上年同期为 100)
Retail Price Indices by Category (Preceding Year=100)

	2011 年	2012 年		2011 年	2012 年
商品零售价格指数	**104.3**	**101.4**	体育娱乐用品类	104.6	101.0
食品类	113.1	103.8	交通、通信用品类	94.3	93.9
#粮 食	112.4	104.0	家具类	105.2	105.1
饮料、烟酒类	106.1	106.0	化妆品类	102.0	100.9
服装、鞋帽类	98.2	110.8	金银珠宝类	112.3	105.2
纺织品类	98.2	101.7	中西药品及医疗保健用品类	100.9	101.0
家用电器及音像器材类	95.4	92.8	书报杂志及电子出版物类	95.1	98.6
文化办公用品类	92.7	93.4	燃料类	113.8	101.5
日用品类	102.0	101.7	建筑材料及五金电料类	104.7	98.9

7-22 工业生产者购进价格指数(以上年同期为 100)

Purchasing Price Indices of Industrial Producers (Preceding Year=100)

	2006 年	2007 年	2008 年	2011 年	2012 年
工业生产者购进价格指数	**104.5**	**106.5**	**113.2**	**110.0**	**100.2**
燃料、动力类	106.4	104.6	114.6	109.4	102.6
黑色金属材料类	97.6	106.8	121.2	110.2	95.7
有色金属材料类	116.4	114.6	100.7	110.5	96.5
化工原料类	104.7	112.5	110.9	115.0	96.8
木材及纸浆类	100.6	101.5	105.2	102.9	96.6
建筑材料及非金属矿类	102.4	102.6	118.6	106.6	99.0
农副产品类	102.9	107.0	108.6	114.7	108.1
其他工业原材料及半成品类	107.8	102.1	104.0	106.7	100.0
纺织原料类	103.4	101.3	104.6	105.9	103.7

7-23 工业生产者出厂价格指数(以上年同期为 100)

Ex-factory Price Indices of Industrial Producers (Preceding Year=100)

	2011 年	2012 年		2011 年	2012 年
工业生产者出厂价格指数	**105.9**	**99.3**	# 生产资料	106.8	98.4
			采掘工业	108.8	100.1
# 轻工业	104.5	100.3	原材料工业	109.1	99.4
以农产品为原料	106.2	102.6	加工工业	106.4	98.3
以非农产品为原料	100.7	94.9	生活资料	104.3	101.0
重工业	106.6	98.8	食品	106.3	101.4
采掘工业	108.8	100.1	衣着	103.5	103.2
原材料工业	107.5	98.9	一般日用品	102.9	97.4
加工工业	106.5	98.8	耐用消费品	101.6	102.1

7-24　城乡居民家庭人均收入及恩格尔系数(1978-2012 年)

Per Capita Annual Income and Engle Coefficient of Urban and Rural Households(1978-2012)

年　份	农村居民家庭人均纯收入		城市居民家庭人均可支配收入		农村居民家庭恩格尔系数(%)	城市居民家庭恩格尔系数(%)
	绝对值（元）	指数(1978=100)	绝对值（元）	指数(1978=100)		
1978	140	100	340	100		
1979	175	125	352	104		
1980	223	159	395	116		
1981	276	197	458	135		
1982	310	221	486	143		
1983	334	239	521	153		
1984	366	261	603	177		
1985	413	295	787	231		
1986	458	327	913	268		
1987	526	376	1016	298		
1988	632	451	1243	365		
1989	693	495	1565	455		
1990	773	552	1755	516		51.4
1991	832	594	1925	566		52.7
1992	903	645	2102	618		54.7
1993	1029	735	2624	771		53.4
1994	1303	931	3941	1158		51.9
1995	1649	1178	5047	1483		50.5
1996	2051	1465	5669	1666		50.3
1997	2427	1734	6019	1769		50.4
1998	2631	1879	6446	1895		44.4
1999	2783	1988	7098	2086		43.9
2000	2926	2090	7649	2248		38.8
2001	3178	2270	8128	2389		37.4
2002	3377	2412	8972	2637		39.1
2003	3655	2611	9641	2834		38.3
2004	4072	2909	10394	3055		35.4
2005	4485	3204	11359	3338		35.3
2006	4905	3504	12789	3759		33.9
2007	5642	4030	14849	4364		39.1
2008	6481	4629	16943	4979	41.4	37.4
2009	7129	5092	18659	5483	40.8	37.5
2010	8205	5861	20835	6123	41.9	37.0
2011	9895	7068	23932	7033	42.0	37.0
2012	11501	8215	27194	7998	41.1	35.4

7-25 分月居民消费价格指数

Monthly Consumer Price Indices

	全　年 (2012)	1月	2月	3月	4月
城市居民消费价格指数	**103.0**	**103.6**	**102.4**	**103.3**	**103.8**
非食品价格指数	102.5	102.0	102.1	102.1	102.5
服务项目价格指数	102.8	103.0	102.8	102.1	102.3
扣除鲜菜鲜果总指数	102.7	103.7	103.4	103.6	103.6
消费品价格指数	**103.1**	**103.8**	**102.2**	**103.8**	**104.5**
1. 食品类	103.9	106.5	102.7	105.6	106.4
2. 烟酒类	103.4	106.2	105.7	104.5	103.9
3. 衣着类	111.6	108.4	109.8	111.2	113.3
4. 家庭设备用品及维修服务	101.6	101.4	101.7	101.0	100.9
5. 医疗保健和个人用品	101.9	102.4	102.2	101.7	102.1
6. 交通和通讯	99.3	98.9	99.1	100.0	100.2
7. 娱乐教育文化用品及服务	100.7	99.0	98.7	100.3	100.5
8. 居　住	102.0	102.6	102.4	100.6	100.6
城市商品零售价格总指数	**101.4**	**101.7**	**100.8**	**102.2**	**102.6**
1. 食品类	103.8	106.8	102.7	105.9	106.5
2. 饮料、烟酒类	106.0	110.1	109.4	107.5	107.1
3. 服装、鞋帽类	110.8	107.6	108.9	110.4	112.2
4. 纺织品类	101.7	98.5	99.3	101.9	102.5
5. 家用电器及音像器材	92.8	91.9	93.2	92.3	92.7
6. 文化办公用品	93.4	89.9	91.7	92.4	92.6
7. 日用品类	101.7	101.2	101.3	100.6	101.4
8. 体育娱乐用品	101.0	104.5	103.3	101.4	101.1
9. 交通、通信用品	93.9	90.9	91.3	93.2	93.1
10. 家具	105.1	102.7	102.8	103.0	103.0
11. 化妆品类	100.9	101.2	100.9	100.7	101.3
12. 金银珠宝类	105.2	109.5	113.8	108.6	106.6
13. 中西药品及医疗保健用品类	101.0	100.4	101.1	101.7	101.8
14. 书报杂志及电子出版物类	98.6	95.4	95.9	97.4	97.9
15. 燃料类	101.5	103.3	103.9	104.3	103.6
16. 建筑材料及五金电料类	98.9	99.8	99.0	101.2	101.7

及商品零售价格指数(以上年同月为 100)

and Retail Price Indices (preceding month = 100)

5月	6月	7月	8月	9月	10月	11月	12月
103.8	**103.4**	**102.9**	**102.4**	**102.4**	**101.9**	**102.7**	**103.1**
102.1	102.1	102.7	102.8	102.9	103.0	103.2	102.5
102.0	101.9	102.9	102.6	102.9	103.2	103.7	103.6
103.0	102.7	102.3	101.5	101.7	101.7	102.5	102.8
104.6	**104.0**	**102.9**	**102.3**	**102.2**	**101.4**	**102.3**	**102.9**
107.1	106.0	103.2	101.8	101.5	99.9	101.8	104.3
103.5	103.0	102.8	102.9	102.7	102.6	102.8	100.4
113.0	114.3	115.2	114.0	112.6	112.5	112.6	103.0
101.2	101.2	101.8	102.0	102.0	101.1	101.2	103.4
101.9	102.0	102.1	101.6	101.6	101.7	101.5	101.7
99.3	98.3	98.2	98.3	99.0	99.6	99.5	100.7
99.9	99.9	101.7	100.8	101.7	100.8	101.9	102.9
100.6	100.5	101.1	102.6	102.6	103.5	103.5	103.7
102.4	**101.7**	**101.0**	**100.3**	**100.5**	**100.2**	**100.9**	**102.0**
107.3	105.9	102.9	101.4	101.2	99.5	101.6	104.5
106.4	105.8	105.3	105.4	104.9	104.8	104.9	101.5
112.0	113.3	114.4	113.3	112.0	111.9	111.9	102.5
102.3	103.1	103.4	103.5	101.8	101.3	101.5	101.5
92.8	92.8	93.0	92.6	92.3	91.3	92.3	96.1
92.7	93.8	93.4	93.9	94.1	95.3	95.0	96.2
101.5	101.4	102.5	101.7	102.4	102.0	101.7	102.2
100.4	100.2	100.1	99.2	100.7	100.6	100.6	100.5
92.4	92.2	94.4	94.7	94.7	95.1	95.2	99.7
103.0	103.0	104.0	106.3	106.4	106.4	106.4	114.9
100.6	101.1	101.3	101.0	100.6	100.8	100.7	100.7
102.9	103.3	103.1	98.8	101.6	107.4	102.1	106.1
101.3	100.9	101.0	100.8	101.1	100.8	100.6	100.7
98.5	98.5	99.7	99.7	100.2	100.2	100.2	100.2
102.4	98.7	97.1	97.7	100.5	102.7	102.2	101.6
99.8	98.3	97.4	96.0	96.4	97.8	99.4	100.2

主 要 统 计 指 标 解 释

城镇居民家庭实际收入 指被调查城镇居民家庭全部的实际现金收入，包括经常或固定得到的收入和一次性收入。不包括周转性收入，如提取银行存款、向亲友借入款、收回借出款以及其他各种暂收款。

城镇居民家庭总收入 指调查户中生活在一起的所有家庭成员在调查期得到的工薪收入、经营净收入，财产性收入、转移性收入的总和，不包括出售财物收入和借贷收入。

城镇居民家庭可支配收入 指调查户可用于最终消费支出和其它非义务性支出及储蓄的总和，即居民家庭可以用来自由支配的收入。它是家庭总收入扣除交纳的所得税、个人交纳的社会保障费以及调查户的记账补贴后的收入。计算公式：可支配收入=家庭总收入-交纳所得税-个人交纳的社会保障支出-记账补贴。

城镇居民家庭消费支出 指调查户用于本家庭日常生活的全部支出，包括食品、衣着、家庭设备用品及服务、医疗保健、交通和通讯、娱乐教育文化服务、居住、杂项商品和服务八大类。包括用于赠送的商品或服务。

农村居民可支配收入 指农村居民获得的经过初次分配与再分配后的收入。可支配收入可用于农村居民的最终消费、非义务性支出以及储蓄。其计算方法是：

农村居民可支配收入=全年总收入-家庭经营费用支出-税费支出-生产性固定资产折旧-调查补贴-财产性支出-转移性支出中除赠送农村内部亲友支出外的所有支出-亲友赠送收入+农村外部亲友赠送收入

农村居民家庭纯收入 指农村常住居民家庭总收入中，扣除相应的各项费用支出后，归农民所有的收入。它可以用于生产、非生产投资，改善物质和文化生活，以及用于再分配的支出和结余的收入。它是反映农民家庭实际收入水平的综合性的主要指标。农民家庭纯收入，既包括从事生产性和非生产性的经营收入，又包括取自在外人口寄回带回和国家财政救济、各种补贴等非经营性收入；既包括货币收入，又包括自产自用的实物收入。但不包括向银行、信用社和向亲友借款等属于借贷性的收入。其计算方法是：

纯收入＝全年总收入-家庭经营费用-税费支出-固定资产折旧-亲友赠送收入＋城市亲友赠送收入＋一次性工伤补贴＋保险公司赔付

农村居民生活消费支出 指农村常住居民家庭年内用于物质生活和精神生活方面的实际支出,直接反映农民的生活水平,是研究农民消费结构变化的基本指标。农民家庭生活消费支出,包括食品、衣着、居住、家庭设备、用品及服务、医疗保健、交通和通讯、文化教育娱乐用品及服务、其他商品和服务等消费支出。

城乡居民储蓄存款余额 城乡居民储蓄存款，包括城镇居民储蓄存款和农民个人储蓄存款两部分。不包括居民的手存现金和工矿企业、部队、机关团体等集团存款。储蓄存款余额，是指城乡居民存入银行及农村信用社储蓄的时点数（存入数扣除取出数的余额），如月末、季末或年末数额。

商品零售价格指数 是反映市场商品零售价格变动趋势和变动程度的一种经济指数。零售物价的调整变动直接影响到居民的生活支出和国家的财政收入，影响居民购买力和市场供需平衡，影响消费与积累的比例。

居民消费价格指数 是反映一定时期内居民所消费商品及服务项目的价格水平变动趋势和变动程度。

工业生产者价格指数 包括工业企业产品第一次出售时的出厂价格和企业作为中间投入的原材料、燃料、动力购进价格，即工业生产者出厂价格和工业生产者购进价格。通常，我们把工业生产者出厂价格指数称为PPI。

八 城市公用事业

简要说明

主要内容

本部分资料反映城市基本情况，主要包括：城市规模、建设用地，城市绿化、环境卫生、道路、桥梁、自来水、天然气等城市基础设施情况；城市公共交通，全市及分行业用电量情况，工业企业主要污染物排放及处理利用情况。

资料来源

城市基础设施建设资料来源于成都市建设委员会。

用电量资料来源于成都电业局。

环保资料来源于成都市环境保护局。

城市公共交通来源于市交委。

其他需要说明的问题

城市基础设施建设资料为市区范围内全社会统计口径，即包括建设系统内外两部分。

用电量资料仅为成都电业局售给成都地区的售电量，不含各县（市）未入网的自行发电量。

环保资料为全社会统计口径。

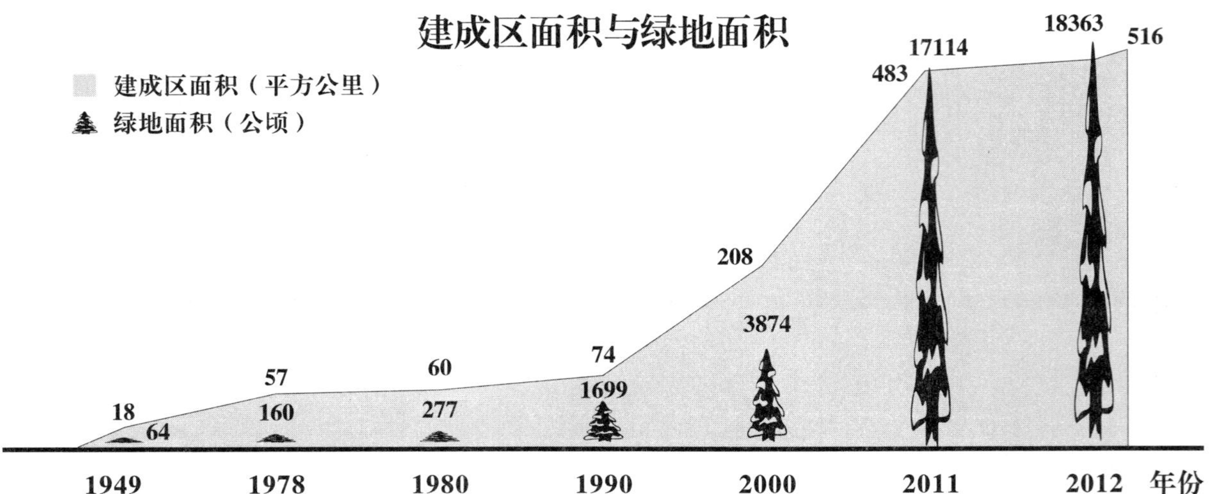
建成区面积与绿地面积
建成区面积（平方公里）
绿地面积（公顷）
18
64
57
160
60
277
74
1699
208
3874
483
17114
18363
516
1949
1978
1980
1990
2000
2011
2012
年份

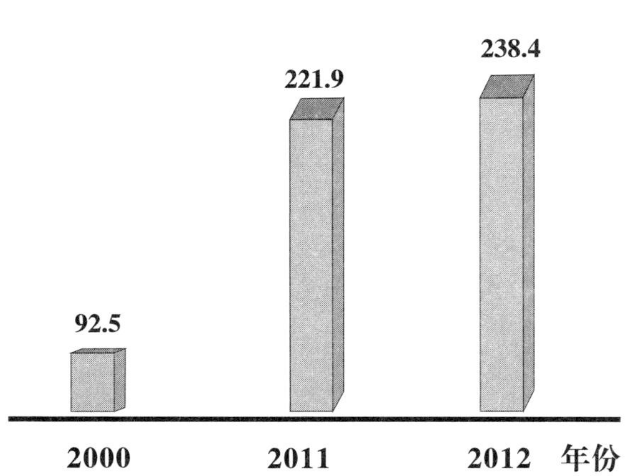
生活垃圾无害处理量（万吨）
92.5
221.9
238.4
2000
2011
2012
年份

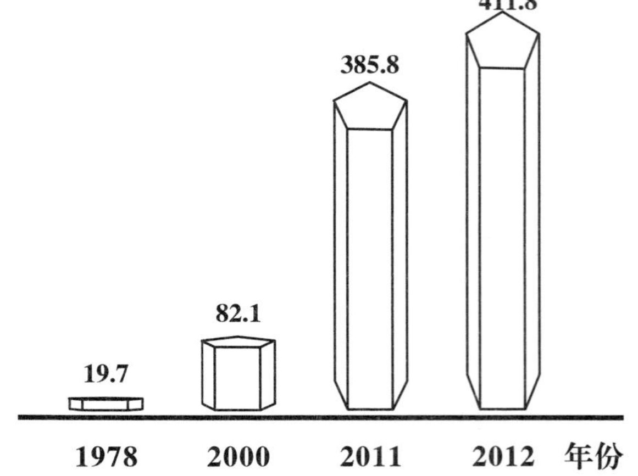
全市用电量（亿千瓦小时）
19.7
82.1
385.8
411.8
1978
2000
2011
2012
年份

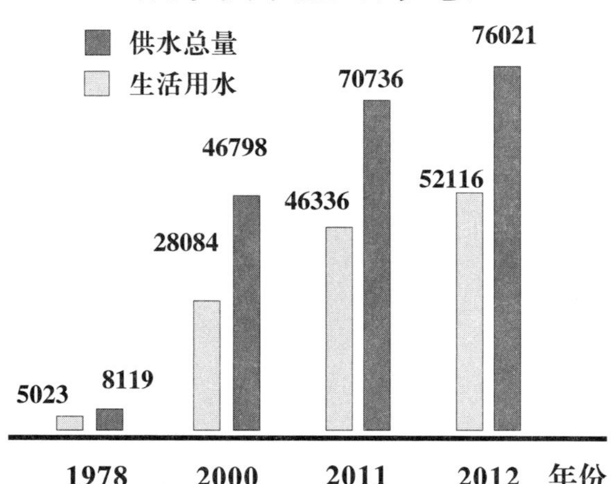
城市供水量（万吨）
供水总量
生活用水
5023
8119
28084
46798
46336
70736
52116
76021
1978
2000
2011
2012
年份

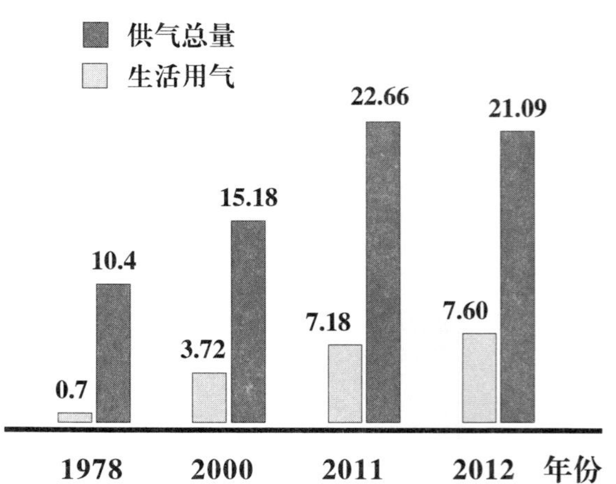
城市供天然气量（亿立方米）
供气总量
生活用气
0.7
10.4
3.72
15.18
7.18
22.66
7.60
21.09
1978
2000
2011
2012
年份

8-1 城市规模和建设用地情况

Urban Scale and Construction Land

	单 位	2011 年	2012 年		单 位	2011 年	2012 年
市区人口	万人	544.78	554.18	#生活居住用地	平方公里	164.73	174.23
市区面积	平方公里	2130	2130	公共设施用地	平方公里	64.65	73.38
建成区面积	平方公里	483.02	515.53	工业用地	平方公里	86.63	86.41
#城区	平方公里	354.96	383.76	对外交通用地	平方公里	13.93	26.29
城市建设用地面积	平方公里	472.57	506.49	仓储用地	平方公里	15.94	6.64

8-2 市 政 设 施 水 平

Level of Urban Public Facilities

	单 位	2011 年	2012 年		单 位	2011 年	2012 年
用水普及率	%	98.17	98.26	人均公园绿地面积	平方米	13.45	13.66
用气普及率	%	95.58	96.95	建成区绿地率	%	35.43	35.62
人均拥有道路面积	平方米	14.98	16.24	建成区绿化覆盖率	%	39.17	39.38

注：人均市政设施水平按城区人口和城区暂住人口计算。

8-3 市政工程设施情况

Municipal Engineering Facilities

	单　位	2011年	2012年		单　位	2011年	2012年
年末实有铺装道路长度	公里	2704	2797	＃污水管道	公里	2427	2843
年末实有铺装道路面积	万平方米	6715	7441	污水排放量	万立方米	56678	62684
＃人行道面积	万平方米	1251	1592	污水处理厂座数	座	17	19
路灯盏数	千盏	170	172	污水处理厂处理能力	万立方米/日	169	169
桥梁数	座	609	641	污水处理总量	万立方米	54825	57762
＃立交桥	座	127	140	防洪堤长度	公里	507	507
排水管道长度	公里	5430	6234				

8-4 自来水供应情况

Basic Statistics of Tap Water Supply

	单　位	2011年	2012年		单　位	2011年	2012年
年末供水综合生产能力	万吨/日	226.0	226.3	全年供水量	万吨	70736	76021
＃地下水	万吨/日	23.0	23.3	＃生活用水	万吨	46336	52116
年末自来水管长度	公里	5498	5753	用水人口	万人	439.9	450.3

8-5 天然气、液化石油气情况

Basic Statistics of Urban Supply for Natural Gas and Liquefied Petroleum Gas

	单　　位	2011 年	2012 年		单　　位	2011 年	2012 年
天然气				**液化石油气**			
输气管道长度	公里	8980	9039	供气量	吨	134790	105079
供气总量	万立方米	226637	210903	#家庭用量	吨	49259	50783
#家庭用量	万立方米	71791	75963	用气人口	万人	22.7	23.5
用气人口	万人	405.7	420.8				

8-6 城市公共交通

Public Traffic in City

	单 位	2011 年	2012 年		单 位	2011 年	2012 年
公共汽车				**年末出租汽车**	辆	12419	14009
年末公共营运汽车	辆	7188	8383	**地　铁**			
年末全市公交线路长度	公里	3480	4408	运营线路长度	公里	17.56	39.48
全年公交客运总量	万人次	125515	140640	客运总量	万乘次	5528	10308

注：此表为中心城区口径。

8-7 园 林 绿 化 情 况

Basic Statistics of Parks, Gardens and Green Areas

	单 位	2000 年	2010 年	2011 年	2012 年
年末园林绿地面积	公顷	4013	16902	17314	18519
#建成区	公顷	3874	16448	17114	18363
#城区	公顷	3553	12126	12203	13200
年末公园绿地面积	公顷	901	5732	6029	6262
绿化覆盖面积	公顷	4873	18335	19353	20757
#建成区	公顷	4696	17965	18921	20301
#城区	公顷	4305	12884	13334	10721

8-8 城市维护建设资金收支情况

Revenue and Expenditures of urban Maintenance and Construction Funds

单位：万元

	2011 年	2012 年		2011 年	2012 年
一、城市维护建设资金收入	**976879**	**1632416**	市政公用设施有偿使用费	124649	120121
#城市维护建设税	208208	188225	土地出让转让金	176825	112822
公用事业附加	20045	47865	**二、城市维护建设资金支出**	**1069757**	**1699901**
地方财政拨款	309208	1020266	#固定资产支出	607716	1248327
市政公用设施配套费	137944	68775	维护支出	313302	264132

8-9 历年全市用电量

Total Electricity Consumption over the Years

单位：万千瓦小时

年份	用电量	# 工业用电	# 交通运输用电	# 城乡居民生活用电
1950	770	377		
1951	1019	591		
1952	1141	722		
1953	1540	909		
1954	1929	1206		
1955	2331	1457		
1956	3426	2209		
1957	4276	2777		
1958	8386	6559		
1959	21717	18984		
1960	47508	43455		
1961	42103	38514		
1962	35633	30704		
1963	37319	32107		
1964	46417	42619		
1965	70084	62821	25	
1966	96492	86855	63	
1967	77595	68445	147	
1968	44587	35257	123	
1969	85931	72706	267	
1970	147391	127357	3637	
1971	163559	137687	6098	
1972	165761	140600	6093	
1973	173619	147826	5389	
1974	181273	152666	6457	
1975	138626	112246	1100	
1976	135847	115992	1765	
1977	162564	140421	2125	
1978	197000	171281	2268	
1979	219477	188343	2174	
1980	236796	200477	2160	

8-9 续表

单位：万千瓦小时

年　　份	用电量	# 工业用电	# 交通运输用电	# 城乡居民生活用电
1981	232955	192777	1879	
1982	242919	199843	2032	
1983	262682	217953	2206	
1984	269408	220028	4625	
1985	273763	218888	5771	
1986	283501	233569	8362	
1987	297163	237476	8862	
1988	302933	236183	7353	
1989	337198	263915	6964	
1990	356117	269271	7112	
1991	405748	310748	7139	
1992	446621	335390	9110	
1993	511759	374196	9526	
1994	555674	391665	10206	
1995	594427	410396	10415	
1996	647423	424693	11740	
1997	678070	425725	14004	
1998	699964	427596	11861	
1999	734982	431075	13570	
2000	821001	453625	15699	191046
2001	903557	476157	23247	209509
2002	1115973	625479	27461	236596
2003	1181635	632120	47087	256962
2004	1318347	691741	37818	292576
2005	1465839	760470	24318	334690
2006	1671532	867800	34905	382409
2007	2399000	1311200	29277	502204
2008	2610793	1351903	37628	586859
2009	2961226	1534439	42441	657674
2010	3413139	1766106	57531	746640
2011	3858208	1971939	72363	826941
2012	4117967	2098735	81215	874030

注：用电量 2007 年及以后为全口径，2007 年以前为直供口径。

8-10 分 行 业 用 电 量

Electricity Consumption by Sector

单位：万千瓦小时

	2000 年	2010 年	2011 年	2012 年
总　　计	**821001**	**3413139**	**3858208**	**4117967**
农、林、牧、渔、水利业	17278	52819	28216	24835
工　业	453625	1766106	1971939	2098735
建筑业	7112	131876	153853	143345
交通运输、仓储和邮政业	15699	73123	89459	98471
商业、住宿和餐饮业	62921	205610	278579	311895
城乡居民生活用电	191046	746640	826941	874030
城　市	144338	509620	585518	608742
乡　村	46708	237020	241423	265288

8-11 工业主要污染物排放及处理利用情况

Discharge, Treatment and Utilization of Industrial Pollutants

	单　位	2011 年	2012 年		单　位	2011 年	2012 年
工业废水				**一般工业固体废物**			
排放总量	万吨	12845	11780	产生量	万吨	518	585
工业废气				综合利用量	万吨	512	577
排放总量	亿标立方米	2832	2971	贮存量	万吨	0	0
工业烟(粉)尘				处置量	万吨	6.12	7.91
排放量	万吨	2.22	2.47				

8-12 分月全社会用电情况(2012 年)

Monthly Total Electricity Consumption(2012)

单位：万千瓦时

	用电量	# 工业	# 城市居民	# 农村居民
总　计	**4117967**	**2098735**	**608742**	**265288**
一季度	**1000286**	**465681**	**182104**	**74860**
1 月	340040	175350	56129	22038
2 月	334059	145046	65768	27469
3 月	326187	145286	60207	25352
二季度	**980834**	**540577**	**124336**	**57936**
4 月	326326	175019	45054	21218
5 月	319814	172965	42687	20146
6 月	334693	192593	36595	16571
三季度	**1102461**	**540221**	**166820**	**69819**
7 月	347987	185786	45344	19765
8 月	404935	209630	58185	22890
9 月	349540	144805	63290	27164
四季度	**1034389**	**552259**	**135483**	**62674**
10 月	315441	161517	42081	20679
11 月	352016	203897	39173	19388
12 月	366932	186845	54229	22607

主 要 统 计 指 标 解 释

自来水生产能力 指城建部门管理的自来水厂和自备水源的社会单位取水、净化、送水、出厂输水干管等环节的实际生产能力。

城市人口用水普及率 指城市用水的人口数（不包括临时人口和流动人口）与城市总人口数之比。计算公式：

用水普及率＝（城市用水的人口数÷城市总人口数）×100%

城市用气普及率 指使用煤气（包括人工煤气、液化石油气、天然气）的城市总人口数（不包括临时人口和流动人口）与城市人口总数之比。计算公式：

$$城市煤气普及率=\frac{城市用气的人口数}{城市总人口数}\times 100\%$$

城市污水日处理能力 指污水处理厂每昼夜处理污水量的设计能力。

营运线路长度 指设置的固定营运线路长度，包括郊区营运线路长度。不包括临时行驶的线路长度。

城市园林绿地面积 指城市公共绿地、专用绿地、生产绿地、防护绿地、郊区风景名胜区的全部面积。

公共绿地 指供游览休息的各种公园、动物园、植物园、陵园以及花园、游园和供游览休息用的林荫道绿地、广场绿地。不包括一般栽植的行道村及林荫道的面积。

工业废水排放量 指经过企业厂区所有排放口排到企业外部的工业废水量。包括生产废水、外排的直接冷却水、超标排放的矿井地下水和与工业废水混排的厂区生活污水，不包括外排的间接冷却水（清污不分流的间接冷却水应计算在内）。

工业废水排放达标量 指各项指标都达到国家或地方排放标准的外排工业废水量，包括未经处理外排达标的和经过处理后外排达标的两部分。国家排放标准见 GB8978-88。

工业废气排放量 指企业厂区内燃料燃烧和生产工艺过程中产生的各种排入空气的含有污染物的气体的总量，以标准状态［273K,101325Pa］计。

工业粉尘排放量 指企业在生产工艺过程中排放的颗粒物重量。如钢铁企业的耐火材料粉尘、焦化企业的筛焦系统粉尘、烧结机的粉尘、石灰窑的粉尘、建材企业的水泥粉尘等。不包括电厂排入大气的烟尘。

工业固体废物产生量 指企业在生产过程中产生的固体状、半固体状和高浓度液体状废弃物的总量，包括危险废物、冶炼废渣、粉煤灰、炉渣、煤矸石、尾矿、放射性废物和其他废物等；不包括矿山开采的剥离废石和掘进废石（煤矸石和呈酸性或碱性的废石除外）。酸性或碱性废石是指采掘的废石其流经水、雨淋水的 pH 值小于 4 或 pH 值大于 10.5 者。

工业固体废物综合利用量 指通过回收、加工、循环、交换等方式，从固体废物中提取或者使其转化为可以利用的资源、能源和其他原材料的固体废物量（包括当年利用往年的工业固体废物累计贮存量）。如用作农业肥料、生产建筑材料、筑路等。综合利用量由原产生固体废物的单位统计。

工业固体废物贮存量 指以综合利用或处置为目的，将固体废物暂时贮存或堆存在专设的贮存设施或专设的集中堆存场所内的量。专设的固体废物贮存场所或贮存设施必须有防扩散、防流失、防渗漏、防止污染大气、水体的措施。，工业固体废物处置量指将固体废物焚烧或者最终置于符合环境保护规定要求的场所并不再回取的工业固体废物量（包括当年处置往年的工业固体废物累计贮存量）。处置方法如：填埋（其中危险废物应安全填埋）、焚烧、专业贮存场（库）封场处理、深层灌注、回填矿井等。

九 农 业

简 要 说 明

主要内容

本部分资料反映全市农业生产和农村经济的基本情况，主要包括农村基层组织、乡村从业人员和农、林、牧、渔业产值及其主要产品产量、农业机械拥有量、水利设施、林业生产等方面的统计资料。

资料来源

农林牧渔业产值、产量及其有关资料来源于成都市统计局。

农业机械资料来源成都市农业委员会。

林业生产资源来源于成都市林业和园林局。

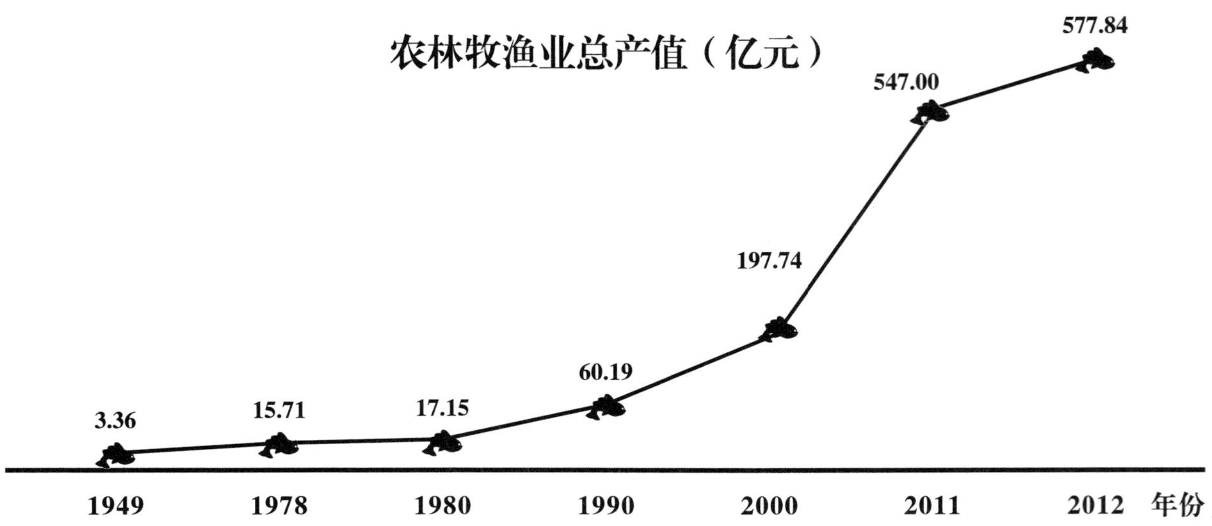
农林牧渔业总产值（亿元）
3.36
15.71
17.15
60.19
197.74
547.00
577.84
1949
1978
1980
1990
2000
2011
2012
年份

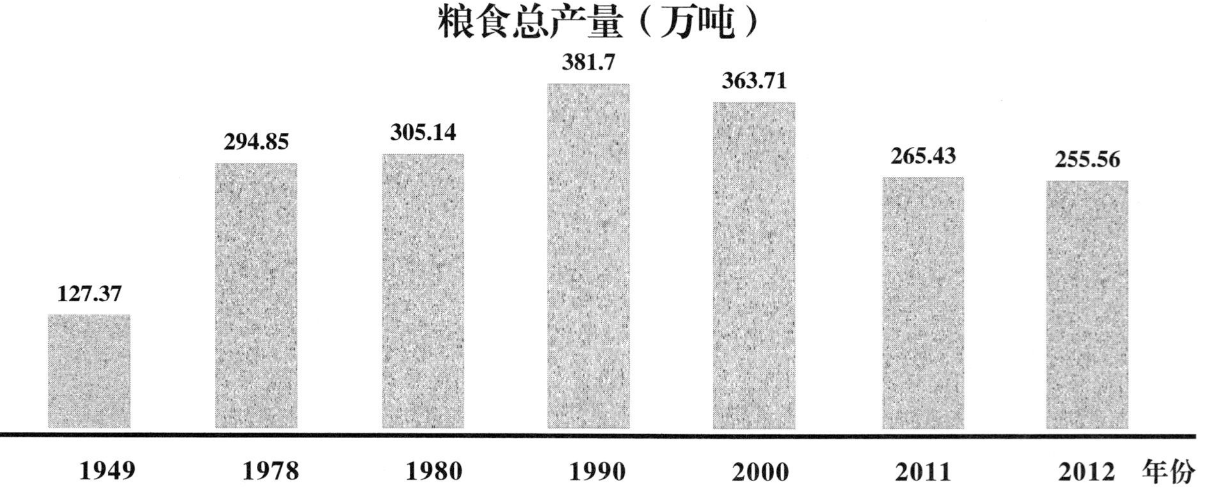
粮食总产量（万吨）
127.37
294.85
305.14
381.7
363.71
265.43
255.56
1949
1978
1980
1990
2000
2011
2012
年份

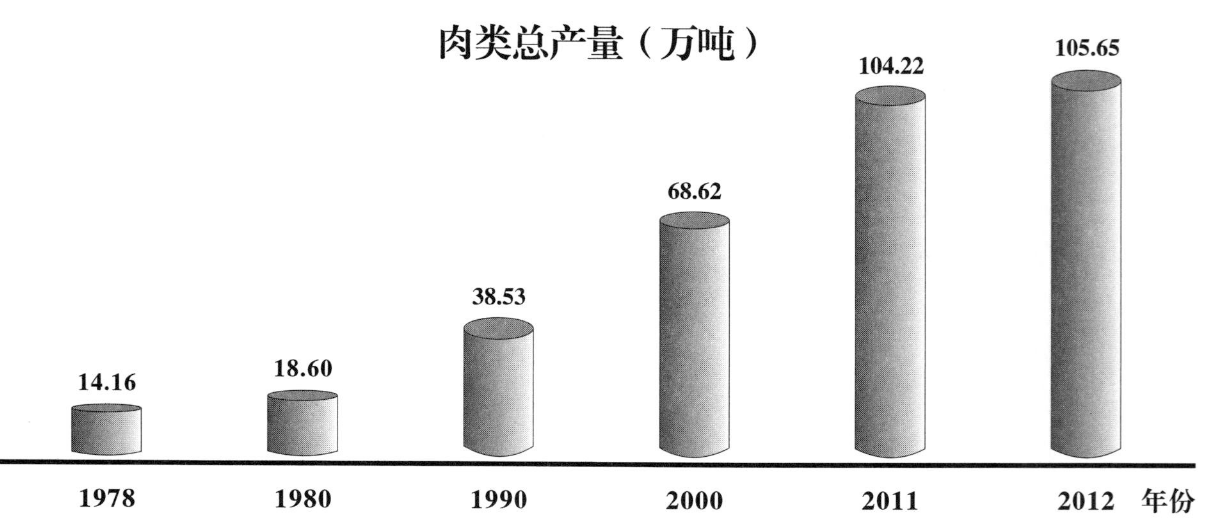
肉类总产量（万吨）
14.16
18.60
38.53
68.62
104.22
105.65
1978
1980
1990
2000
2011
2012
年份

9-1 农村基层组织及农业生产条件

Basic Conditions of Rural Grassroots Units and Agriculture

	单 位	1978 年	1980 年	1990 年	2000 年	2011 年	2012 年
农村基层组织							
乡镇个数	个	394	395	408	338	221	221
#镇个数	个			78	208	194	194
村委会个数	个	4575	4639	4651	4582	2513	2475
乡村户数、人口与从业人员							
乡村户数	户	1445797	1473951	1977835	2081843	2244478	2248869
乡村人口数	人	6348345	6376564	6918256	6841033	6509521	6456999
#乡村从业人员	人	2635876	2774188	3916699	4088305	3871617	3850903
#转移出省的从业人员	人			13904	126959	263860	255806
按性别分							
男	人	1342399	1388855	2028586	2113385	2045571	2038540
女	人	1293477	1385333	1888113	1974920	1826046	1812363
按行业分							
农、林、牧、渔业	人	2413646	2584538	3051316	2440924	1422264	1392882
工 业	人	87706	105547	348459	412239		
建筑业	人	40133		158749	351166		
交通运输仓储业及邮电通讯业	人	6126		52632	101882		
批发、零售贸易业	人	9452		110166	258698		
其他行业	人	78813		195377	523396		

注：①其他行业：2008 年以来包含住宿和餐饮业。2008 年以来交通运输仓储业及邮电通讯业包含计算机服务和软件业。② 2007 年以来乡镇、村委会个数仅为涉农乡镇、村委会。③2011 年取消分行业人数指标。

9-1 续表

	单 位	1978 年	1980 年	1990 年	2000 年	2011 年	2012 年
农村社会基础设施							
自来水受益村数	个				1897	1825	1860
通汽车村数	个				4577	2513	2475
通电话村数	个				4548	2513	2475
农业主要能源及物质消耗							
农村用电量	万千瓦小时	12033	17173	77482	222405	316136	319152
农用化肥施用量(折纯)	万吨	15.59	13.22	15.78	21.42	17.36	15.84
#氮 肥	万吨	11.50	9.24	11.67	9.42	6.85	6.18
磷 肥	万吨	4.09	3.88	2.99	4.58	3.77	3.42
钾 肥	万吨		0.06	0.38	1.73	2.03	1.88
复合肥	万吨		0.04	0.74	5.69	4.71	4.36
农用塑料薄膜使用量	吨			1131	7331	10568	10936
#地膜使用量	吨				4449	7312	7349
地膜覆盖面积	万公顷				4.67	5.82	5.85
农用柴油	万吨				2.42	2.52	2.49
农药使用量	吨			4080	7146	5665	5510
机耕面积	公顷					404545	416824
机播面积	公顷					51012	62259

9-2 历年农林牧渔业总产值

Gross Output Value of Farming, Forestry, Animal Husbandry and Fishery over the Years

单位：万元

年　份	农林牧渔业总产值	其中：农业	林业	牧业	渔业
1950	35140	30850	1070	3192	28
1951	37231	32527	1116	3557	31
1952	40583	35315	1269	3967	32
1953	46049	39992	1526	4489	42
1954	49264	41788	2105	5327	44
1955	50101	42344	2249	5458	50
1956	53498	44926	2428	6089	55
1957	57859	48160	2681	6950	68
1958	67215	54521	5265	7338	91
1959	52465	42641	4281	5471	72
1960	42184	35224	3340	3546	74
1961	36998	31938	1997	2971	92
1962	45840	39385	2041	4345	69
1963	55284	45216	2336	7642	90
1964	65290	51599	3026	10573	92
1965	76227	60247	3053	12829	98
1966	83034	65507	3151	14293	83
1967	84823	66425	3038	15264	96
1968	77963	60731	2856	14293	83
1969	81898	64835	2868	14111	84
1970	90799	73016	2893	14792	98
1971	97206	77463	2989	16658	96
1972	97890	75476	3211	19096	107
1973	105872	81759	3636	20366	111
1974	110799	86075	3801	20795	128
1975	113923	88472	3807	21503	141
1976	113083	87941	3887	21064	191
1977	124834	98381	4059	22121	273
1978	157073	122713	4725	29349	286
1979	173161	132675	5308	34852	326
1980	171518	126158	5175	39849	336
1981	177416	128085	4975	43949	407

9-2 续表

单位：万元

年　份	农林牧渔业总产值	其中：农业	林业	牧业	渔业
1982	219738	166598	5527	47001	612
1983	237768	176620	5983	54107	1058
1984	262666	193216	8339	59181	1930
1985	291302	203470	8756	75682	3394
1986	324607	219259	8041	92244	5063
1987	395987	255562	7935	125554	6936
1988	479787	284690	9386	176896	8815
1989	520868	312455	9886	188248	10279
1990	601911	375241	11248	204964	10458
1991	639111	401953	11361	214000	11797
1992	739631	462607	14415	249449	13160
1993	884061	544490	14837	307831	16903
1994	1279351	750677	16651	491217	20806
1995	1504482	899164	18877	562630	23811
1996	1683751	1020560	21279	612394	29518
1997	1812981	1073548	20612	685333	33488
1998	1919066	1187104	28482	667369	36111
1999	1935590	1207099	28117	666298	34076
2000	1977360	1210837	28556	700601	37366
2001	2121433	1238181	33819	810704	38729
2002	2256349	1227188	29649	909268	42981
2003	2438091	1303164	33584	990880	51820
2004	2832163	1418945	30644	1258726	59444
2005	3077972	1513190	36452	1391177	69542
2006	3279600	1594729	42177	1489285	78951
2007	4020885	1859410	48855	1937296	92113
2008	4381347	2044872	49909	2095021	99747
2009	4411403	2232924	56335	1908737	109419
2010	4701886	2371434	65671	2031628	117097
2011	5470001	2684971	87514	2423763	137936
2012	5778379	2940361	89356	2446463	148749

注：从 2002 年起农林牧渔业总产值中增加农林牧渔服务业产值；农民家庭兼营性商品工业产值从农业产值中扣除；林业产值改为全社会口径。

9-3　历年农林牧渔业总产值发展速度

Development Rates of Gross Output Value of Farming, Forestry,Animal Husbandry and Fishery over the Years

单位：%

年　　份	农林牧渔业总产值	其中：农业	林业	牧业	渔业
1950	100.0	100.0	100.0	100.0	100.0
1951	106.0	105.3	104.2	111.4	109.8
1952	109.0	108.5	113.7	111.5	105.1
1953	106.9	106.0	112.6	111.7	121.8
1954	106.4	104.4	137.8	112.5	104.0
1955	101.7	101.3	106.8	102.5	114.4
1956	106.4	105.6	107.4	111.0	107.9
1957	103.2	102.1	105.1	108.7	118.6
1958	105.8	103.6	178.7	96.6	122.9
1959	82.1	82.3	85.6	78.5	83.5
1960	79.0	81.7	76.1	64.0	101.3
1961	79.0	81.7	53.8	75.4	111.3
1962	119.5	118.4	98.2	140.4	72.3
1963	120.6	113.3	113.0	174.0	129.7
1964	118.1	113.4	128.7	137.6	100.9
1965	116.2	115.9	100.2	120.5	105.4
1966	108.8	108.6	103.0	110.8	101.4
1967	102.2	101.1	96.2	106.9	96.1
1968	91.9	91.3	93.9	93.5	86.6
1969	105.0	107.1	100.7	99.0	102.0
1970	110.9	112.9	101.1	105.1	116.4
1971	104.7	103.5	100.8	109.9	95.8
1972	98.6	94.8	104.5	111.5	108.0
1973	108.1	108.4	113.3	106.7	104.6
1974	101.8	102.6	101.8	99.5	112.0
1975	100.2	100.1	97.6	100.7	107.5
1976	97.6	97.8	100.5	96.4	133.2
1977	108.1	109.8	102.5	103.1	139.6
1978	109.6	108.3	101.1	115.2	91.2
1979	108.2	105.6	109.8	116.1	111.3
1980	100.2	95.9	87.0	114.0	98.9

注：发展速度以上年为基数，按可比价格计算。

9-3 续表

单位：%

年 份	农林牧渔业总产值	其中：			
		农 业	林 业	牧 业	渔 业
1981	100.4	97.2	104.9	107.6	124.0
1982	112.7	119.4	102.6	98.4	133.9
1983	110.9	109.3	105.5	115.2	145.3
1984	105.3	103.0	121.3	108.8	166.6
1985	105.1	101.2	105.7	113.3	149.0
1986	105.7	103.5	90.2	110.5	144.1
1987	106.5	105.0	95.7	110.3	108.3
1988	100.6	96.1	103.6	108.6	113.2
1989	105.4	109.1	97.3	99.2	111.6
1990	103.0	103.0	97.9	103.3	99.3
1991	104.8	104.0	95.9	106.6	107.2
1992	105.1	103.5	118.8	107.5	105.5
1993	104.8	103.8	98.8	106.5	116.1
1994	105.5	103.5	99.2	109.1	107.2
1995	105.5	105.1	97.0	106.4	110.2
1996	104.6	103.7	106.7	105.2	116.8
1997	104.7	103.5	93.0	106.7	110.0
1998	104.3	105.1	105.0	102.9	107.5
1999	104.1	104.8	112.4	102.9	99.5
2000	105.0	103.3	97.6	107.4	114.3
2001	105.5	101.9	106.0	110.9	105.0
2002	106.6	103.1	119.7	111.0	107.9
2003	106.2	101.5	115.7	110.2	117.8
2004	107.4	99.4	92.6	116.8	105.1
2005	106.7	104.9	117.7	108.3	111.7
2006	105.4	104.1	113.8	106.1	112.9
2007	105.8	105.9	111.2	105.3	111.8
2008	104.4	105.4	97.4	103.4	98.9
2009	103.7	103.5	112.8	103.0	110.3
2010	104.4	105.0	107.3	103.2	106.9
2011	103.8	107.7	113.1	98.3	107.7
2012	103.5	105.2	101.9	101.1	107.1

9-4 农林牧渔业总产值

Gross Output Value of Farming, Forestry, Animal Husbandry and Fishery

	绝对额(万元)		构　成(%)	
	2011 年	2012 年	2011 年	2012 年
农林牧渔业总产值	**5470001**	**5778379**	**100**	**100**
一、农业产值	2684971	2940361	49.09	50.88
（一）谷物及其它作物	726543	943084	13.28	16.32
谷　物	486362	470746	8.89	8.15
薯　类	51589	56045	0.94	0.97
油　料	125599	140370	2.30	2.43
豆　类	20476	22106	0.37	0.38
（二）蔬菜园艺作物	1410990	1499774	25.80	25.95
# 蔬　菜（含菜用瓜）	1176374	1032728	21.51	17.87
花　卉	196691	117594	3.60	2.04
（三）水果、坚果、饮料和香料作物	486156	420768	8.89	7.28
水果、坚果（含果用瓜）	459938	387899	8.41	6.71
茶及其他饮料	26213	32862	0.48	0.57
香料作物	5	7	…	…
（四）中药材	61282	76735	1.12	1.33
二、林业产值	87514	89356	1.60	1.55
（一）林木的培育和种植	36281	42071	0.66	0.73
（二）林产品	27103	26386	0.50	0.46
（三）竹木采运	24130	20899	0.44	0.36
三、牧业产值	2423763	2446463	44.31	42.34
（一）牲畜饲养	170911	189921	3.13	3.29
（二）猪的饲养	1403246	1388309	25.65	24.03
（三）家禽饲养	786783	808351	14.38	13.99
（四）狩猎和捕捉动物				
（五）其它畜牧业	62823	59882	1.15	1.03
四、渔业产值	137936	148749	2.52	2.57
#养　殖	135625	148007	2.48	2.56
五、农林牧渔服务业产值	135817	153450	2.48	2.66

9-5 历年农业机械拥有量

Agricultural Machinery over the Years

年 份	农业机械总动力（千瓦）	农用大中型拖拉机		农用排灌动力机械		农用载重汽车（辆）
		台	千瓦	台	千瓦	
1978	401045	3130	86634	9437	90139	150
1979	547861	3830	108568	11903	115810	355
1980	668943	4132	117947	12096	110984	663
1981	751754	4323	144493	12261	120805	864
1982	810771	4337	125921	13921	136008	944
1983	880933	4307	125918	13266	131190	1359
1984	916337	4033	118510	12364	125120	2177
1985	1001914	4162	123521	12091	124118	2821
1986	1060317	4209	125978	12651	122034	3288
1987	1103871	4196	127139	13885	133852	3346
1988	1221017	4115	126475	13397	130678	3925
1989	1251611	3790	117789	13464	133430	4265
1990	1348769	3376	106235	14990	157097	4329
1991	1394756	2730	86817	14090	153435	4517
1992	1451580	2334	74572	14414	156764	4829
1993	1557072	2153	69849	14672	160099	4942
1994	1623060	2100	68988	16234	167906	5459
1995	1759407	1912	63316	16445	174122	6018
1996	1803993	1773	58770	16329	168709	6292
1997	1856009	1831	59375	17003	173272	6485
1998	1920602	2118	65814	17013	177142	6367
1999	2024727	3307	98472	19718	186752	6822
2000	2052884	6415	223449	20173	193664	7056
2001	2113830	7061	240621	20911	185356	6956
2002	2279774	7725	296129	20912	204102	6831
2003	2352992	8396	313535	22528	211477	6819
2004	2359000	9058	327840	22873	215661	6905
2005	2408373	9108	312182	21803	199653	6027
2006	2473248	9119	312041	23078	225018	6267
2007	2555461	9506	324920	30632	227560	5548
2008	2634140	9145	315074	35455	246379	5815
2009	2803328	11138	366972	37180	251738	5792
2010	2881638	12062	410813	37713	247709	5729
2011	3106474	12215	400936	39737	258621	5673
2012	3203188	13744	460530	41110	262566	

9-6 历年农村用电量及化肥施用量情况

The Number of Electricity Consumption and Consumption of Chemical Fertilizers in Rural Areas over the Years

	农村用电量（万千瓦小时）	化肥施用量（折纯：吨）
1978	12033	155921
1979	21018	149627
1980	17173	132170
1981	22619	145630
1982	25529	145480
1983	28262	147081
1984	34179	132185
1985	38963	119625
1986	50939	143128
1987	55167	134453
1988	59329	136772
1989	68113	152904
1990	77482	157815
1991	79777	176083
1992	91325	168497
1993	104562	165078
1994	117276	172344
1995	148686	184865
1996	161258	191553
1997	180553	191557
1998	195302	199910
1999	206600	216103
2000	222405	214166
2001	240596	214635
2002	253682	207116
2003	261202	195859
2004	280271	200261
2005	292141	197055
2006	290845	192601
2007	294031	199310
2008	295403	197939
2009	301709	185335
2010	315870	171692
2011	316136	173593
2012	319152	158358

9-7 农　业　机　械

Main Indicators of Agricultural Machinery

	单　位	1978年	1980年	1990年	2000年	2011年	2012年
农业机械总动力	万千瓦	40.10	66.89	134.88	205.29	310.65	320.32
农用大中型拖拉机	台	3130	4132	3376	6415	12215	13744
	万千瓦	8.66	11.79	10.62	22.34	40.09	46.05
小型(手扶)拖拉机	台	8183	19547	42563	33878	26776	26680
	万千瓦	7.12	17.40	43.58	36.83	31.49	31.13
农用排灌动力机械	台	9437	12096	14990	20173	39737	41110
	万千瓦	9.01	11.10	15.71	19.37	25.86	26.26
农用载重汽车	辆	150	663	4329	7056	5673	
	万千瓦	0.91	4.44	31.08	53.13	49.53	
大中型拖拉机配套农具	部	6522	8376	3228	1994	6446	7070
小型拖拉机配套农具	部	15859	34711	56787	44854	28781	28740
农用水泵	台	8522	11366	14701	19950	47128	48596
节水灌溉机械	套	3033	4643	596	1765	3619	3796
机动喷雾机	台	1176	4244	7672	7693	32434	33543
机动脱粒机	台	6065	15738	6243	49617	72626	70329
粮食加工机械	台	18323	23944	24871	24905	46485	47050
油料加工机械	台	662	792	588	1528	1739	1793

9-8 历年粮食、油菜籽、蔬菜产量

Yield of Grains, Rapeseeds and Vegetables over the Years

单位：万吨

年 份	粮 食	# 小 麦	# 稻 谷	油菜籽	蔬 菜
1949	127.37	7.68	98.11	4.05	36.49
1950	137.02	8.52	105.37	4.47	37.25
1951	143.02	9.84	109.99	4.73	42.86
1952	154.47	9.20	119.70	5.61	38.22
1953	163.26	9.66	125.88	5.48	39.05
1954	169.58	9.27	130.93	6.46	44.87
1955	176.55	10.52	134.34	6.92	52.88
1956	188.06	13.24	136.13	6.56	55.87
1957	187.03	13.96	134.68	6.12	54.92
1958	192.05	14.59	130.91	5.00	61.71
1959	150.14	13.78	109.79	4.81	102.85
1960	125.22	13.39	88.81	2.58	116.12
1961	105.49	8.50	78.08	1.86	98.17
1962	137.28	12.65	98.33	2.11	66.35
1963	148.10	10.19	112.46	2.46	59.71
1964	160.18	12.25	122.27	5.24	63.21
1965	191.78	16.09	136.68	7.07	60.10
1966	200.47	23.35	148.96	6.85	63.79
1967	199.11	24.74	146.11	8.36	60.25
1968	176.86	23.10	126.26	7.18	60.09
1969	199.09	20.79	145.18	6.51	62.76
1970	233.94	27.27	161.31	7.88	70.96
1971	231.23	32.48	163.07	8.88	74.04
1972	214.73	35.78	147.17	9.18	75.53
1973	242.20	36.70	167.15	9.09	78.60
1974	237.68	43.53	157.34	9.67	76.88
1975	253.97	40.27	166.33	8.76	76.68
1976	237.85	45.82	148.39	6.75	85.13
1977	266.63	43.82	176.23	6.78	89.03
1978	294.85	60.64	182.83	10.82	87.61
1979	310.41	63.57	188.80	12.24	84.57
1980	305.14	62.26	189.78	13.70	75.09

9-8 续表

单位：万吨

年　份	粮　　食	# 小　麦	# 稻　谷	油菜籽	蔬　　菜
1981	301.08	63.65	192.35	16.87	82.97
1982	352.66	76.45	228.31	21.52	102.66
1983	371.22	92.20	230.32	18.69	130.62
1984	359.36	84.33	226.70	17.89	132.67
1985	344.74	76.49	219.74	22.96	154.60
1986	357.73	80.65	231.30	22.32	174.10
1987	353.89	85.12	224.30	23.61	192.68
1988	329.57	74.04	211.03	18.46	203.76
1989	356.80	77.75	230.70	18.08	205.76
1990	381.70	90.14	243.10	19.85	222.80
1991	392.26	96.24	248.22	19.92	227.29
1992	399.05	92.21	255.14	17.88	244.93
1993	397.53	93.70	250.99	13.05	258.10
1994	397.30	99.11	245.79	14.38	271.33
1995	398.97	97.54	246.23	18.30	283.87
1996	400.61	92.68	250.88	15.68	292.47
1997	402.10	90.29	252.92	14.11	307.00
1998	403.86	91.71	252.14	15.06	337.77
1999	397.02	88.59	246.89	14.37	361.81
2000	363.71	72.72	234.50	18.59	409.82
2001	310.73	59.27	201.36	18.40	398.40
2002	299.08	55.85	194.85	18.64	425.93
2003	265.12	46.71	174.14	18.16	423.23
2004	276.03	46.14	177.92	18.70	394.58
2005	259.91	47.37	160.42	19.06	410.02
2006	265.10	45.82	170.87	19.89	425.21
2007	270.11	44.69	171.84	19.06	456.41
2008	274.51	44.85	173.35	20.83	470.64
2009	278.88	44.51	175.67	23.43	484.10
2010	274.78	43.78	171.76	23.86	494.69
2011	265.43	41.39	164.51	24.20	529.88
2012	255.56	38.67	157.17	24.28	538.61

9-9 农 作 物 播 种 面 积

Sown Area of Crops

单位：公顷

	1978 年	1980 年	1990 年	2000 年	2011 年	2012 年
农作物总播种面积	**997341**	**958152**	**990944**	**988093**	**776101**	**768522**
粮食作物	735222	718830	702559	616275	426819	409381
谷 物	624324	620069	607380	507259	338573	323415
稻 谷	353555	341394	332677	290118	203442	194229
小 麦	185990	199017	203745	161237	85527	78898
玉 米	77444	70373	65201	54922	48548	49317
高 粱	650	421	376	78	68	228
其他谷物	6685	8864	5381	904	988	743
豆 类	36169	32884	26116	25156	24200	24403
#大 豆	2853	5069	9509	10638	11233	11463
薯 类	74729	65877	69063	83860	64046	61563
#马铃薯	29157	17830	13301	27082	34782	34465
油 料	67388	79690	108210	105278	110748	109768
#花 生	2976	3834	5059	9835	8605	8752
油菜籽	64408	75803	103146	95430	102137	101005
糖 类	2544	1339	1261	1123	250	203
#甘 蔗	2544	1339	1261	1123	250	203
烟 叶	3507	1940	2070	1844	463	367
药材类	3028	3102	3194	9148	10625	12020
蔬菜、瓜果类	34357	28606	79823	159035	169061	167681
蔬 菜	34357	28606	78384	157824	162392	160967
瓜果类			1439	1211	6669	6714
其他农作物	130931	109080	90123	92044	58135	68945
#青饲料	82425	69264	63383	45520	15936	15493

9-10 主 要 农 产 品 产 量

Yield of Major Agricultural Products

单位：吨

	1978 年	1980 年	1990 年	2000 年	2011 年	2012 年
主要农产品产量						
粮　食	2948539	3051394	3817016	3637072	2654293	2555624
谷　物	2720127	2851054	3606758	3332937	2323848	2228348
稻　谷	1828295	1897841	2430986	2344973	1645124	1571661
小　麦	606425	622579	901383	727238	413906	386722
玉　米	257943	296121	251793	256931	259516	265071
高　粱	1445	1010	1294	271	345	1190
其他谷物	26019	33503	21302	3524	4957	3704
豆　类	42580	36937	44997	59757	63230	65724
#大　豆	6944	8940	18213	24958	29406	31063
薯　类	185832	163403	165261	244378	267215	261552
#马铃薯	47224	32480	28163	84254	150104	151349
油　料	112545	142658	207283	209143	268299	270168
#花　生	4306	5557	8784	23250	26325	27350
油菜籽	108238	137023	198492	185880	241966	242806
糖　类	106952	52592	74088	66588	10556	9103
#甘　蔗	106952	52592	74088	66588	10556	9103
烟　叶	4276	2128	3791	4097	1260	1087
蔬　菜	876104	750908	2227982	4098199	5298830	5386133

9-11 历年畜牧业生产情况

Productive Statistics of Animal Husbandry over the Years

年份	年末牛存栏数(万头)	年末生猪存栏数(万头)	当年生猪出栏数(万头)	猪肉产量(万吨)	牛奶(吨)
1949	17.92	80.22	28.42	1.63	15
1950	18.50	82.23	30.14	1.69	15
1951	19.73	92.63	35.10	1.96	15
1952	21.02	100.45	41.06	2.28	48
1953	21.68	116.30	47.40	2.36	58
1954	21.66	129.85	56.91	2.91	78
1955	22.30	123.72	58.80	3.10	139
1956	22.96	133.16	65.75	3.36	173
1957	23.08	172.84	73.17	4.13	2537
1958	22.01	203.03	60.54	2.88	2988
1959	21.12	155.31	50.24	2.36	3933
1960	19.43	93.32	20.24	0.94	4044
1961	18.27	64.91	10.23	0.46	2912
1962	18.57	97.19	21.72	1.08	4103
1963	19.77	159.98	56.48	2.76	5737
1964	20.98	202.35	91.65	4.75	8575
1965	22.68	265.83	120.28	6.24	10073
1966	24.00	310.79	138.83	6.87	9845
1967	24.55	312.18	147.51	7.76	9555
1968	24.92	293.16	147.25	7.27	7867
1969	25.52	279.79	144.92	7.05	8539
1970	25.94	302.01	145.74	7.52	9498
1971	25.75	410.84	160.41	7.98	10455
1972	24.68	459.93	191.71	9.46	10283
1973	24.54	441.36	198.91	9.89	9121
1974	24.03	432.67	193.09	9.52	8668
1975	23.22	441.99	208.50	10.71	8340
1976	21.73	428.61	195.97	9.52	8276
1977	20.70	416.45	193.84	9.80	9587
1978	20.88	459.01	238.88	12.95	11717
1979	20.09	526.37	292.12	15.35	11698
1980	18.68	542.20	334.40	17.14	12997
1981	17.99	502.62	362.28	18.49	12515

9-11 续表

年　份	年末牛存栏数(万头)	年末生猪存栏数(万头)	当年生猪出栏数(万头)	猪肉产量(万吨)	牛　奶(吨)
1982	17.73	483.08	349.18	17.98	11707
1983	18.04	488.83	350.59	20.77	14237
1984	17.62	527.43	369.98	22.17	15708
1985	16.48	540.26	436.32	26.74	18492
1986	15.85	543.68	468.99	29.42	21678
1987	16.40	540.67	479.00	30.81	27000
1988	16.52	547.43	520.81	34.27	28610
1989	16.20	525.92	521.32	33.01	31449
1990	16.14	532.93	533.52	33.79	31700
1991	16.47	535.05	552.52	34.76	31995
1992	16.61	529.51	567.12	35.87	35530
1993	20.22	520.52	581.67	37.40	37740
1994	22.80	532.87	617.94	39.49	39420
1995	22.48	525.45	637.94	41.81	37011
1996	20.05	521.58	655.07	43.00	36103
1997	16.03	502.56	670.65	44.19	39568
1998	15.40	490.76	676.03	44.82	42750
1999	15.30	436.83	665.26	45.41	44502
2000	15.45	433.17	680.06	46.52	49753
2001	17.92	438.29	724.25	49.81	62778
2002	18.08	447.97	753.68	52.02	84183
2003	18.13	457.67	792.73	54.63	93343
2004	18.01	492.54	888.95	60.96	100439
2005	18.28	526.14	1007.94	69.13	102151
2006	19.13	531.32	1095.35	75.40	108947
2007	10.76	512.36	1016.44	67.50	122489
2008	12.02	511.46	1046.04	69.38	118828
2009	12.83	527.49	1081.10	71.83	121983
2010	13.16	524.63	1108.95	73.83	122788
2011	13.14	508.10	1076.06	72.77	114234
2012	12.93	508.08	1095.31	74.74	114075

9-12 主要畜牧产品产量

Yield of Main Livestock Products

	单 位	1978 年	1980 年	1990 年	2000 年	2011 年	2012 年
出栏生猪头数	万头	238.88	334.40	533.52	680.06	1076.06	1095.31
出售和自宰肉用牛	万头	1.23	1.80	1.20	5.46	11.87	11.83
出售和自宰肉用羊	万只	3.92	6.14	5.81	73.44	62.21	60.16
肉类总产量	万吨	14.16	18.60	38.53	68.62	104.22	105.65
#猪 肉	万吨	12.95	17.14	33.79	46.52	72.77	74.74
牛羊肉	万吨	0.17	0.25	0.22	2.17	3.14	3.09
禽 肉	万吨	1.04	1.21	4.14	18.30	25.07	24.71
奶类产量	吨	11717	12997	31759	49779	114234	114075
#牛 奶	吨	11717	12997	31700	49753	114234	114075
禽蛋产量	吨	17652	18719	59660	146369	204764	196143
蜂蜜产量	吨			5575	4735	5946	5999

注： 1978 年、1980 年禽肉产量含兔肉。

9-13 渔业生产情况

Productive Statistics of Fishery

	单 位	1978 年	1980 年	1990 年	2000 年	2011 年	2012 年
水产品总产量	吨	2300	2673	23885	49622	104000	90200
#养殖产量	吨	1926	2223	23253	49032	102625	89050
#池 塘	吨	1350	1830	16682	43788	93150	79845
稻 田	吨	469	302	5797	1775	1137	791
鱼 苗	万尾		24625	154286	159136	208271	291688
养殖水面	公顷	4473	4285	8386	9202	8656	8300
#池 塘	公顷	3413	3280	7099	7698	7362	6695
稻田养鱼	公顷		4313	19516	4186	733	305

9-14 蚕茧、茶叶和水果、花卉生产情况

Productive Statistics of Silkworm Cocoons,Tea, Fruits and Flowers

	单　位	1978 年	1980 年	1990 年	2000 年	2011 年	2012 年
蚕茧产量	吨	564	1112	766	1654	4127	4415
茶叶产量	吨	1067	914	1917	2531	14913	16899
水果产量	吨	26644	42097	111714	523978	1177987	1181783
#苹　果	吨	4013	3890	2606	3303	5473	4552
柑　桔	吨	11136	21837	74473	241252	423470	424104
茶园面积	公顷	4108	4020	5022	3054	13194	14229
果园面积	公顷	6702	7361	23477	38567	65170	66206
#柑桔园	公顷	4853	4642	14420	16646	18441	18420
花卉种植面积	公顷			442	4978	23935	34435
花卉当年销售收入	万元			719	30394	234616	258610

9-15 林 业 生 产 情 况

Productive Statistics of Forestry

	单　位	1978 年	1980 年	1990 年	2000 年	2011 年	2012 年
造林面积	公顷	6724	6827	3958	12037	4346	267
#用材林	公顷			2879	3833	4179	
经济林	公顷			312	5769		200
幼林抚育实际面积	公顷			10205	4752	1000	811
成林抚育实际面积	公顷			987	5005	1666	333
育苗面积	公顷			197	840	778	1065
四旁植树	万株			1935	1122	1595	1410
油桐籽产量	吨			267	157		
棕片产量	吨			625	601	28	28

9-16 农村居民家庭平均每百户生产性固定资产原值

Original Value of Productive Fixed Assets Owned Per 100 Rural Households

单位：元

	1985 年	1990 年	2000 年	2011 年	2012 年
合　　计	**58732**	**90094**	**500273**	**1466146**	**1484488**
役畜、产品畜	8149	11178	23788	72800	69928
大中型铁木农具	5936	12446	31979	16130	15259
农林牧渔业机械	2179	4066	25069	35120	37287

9-17 农村居民家庭平均每百户拥有生产性固定资产数量

The Number of Productive Fixed Assets Owned Per 100 Rural Households

	单　位	1985 年	1990 年	2000 年	2011 年	2012 年
汽　车	辆	0.11	0.30	1.90	6.78	6.61
大中型拖拉机	台	0.28	0.36	0.80	0.39	0.22
小型及手扶拖拉机	台	3.22	2.23	2.72	1.09	1.39
机动脱粒机	台	0.22	0.30	10.76	3.74	3.17
胶轮大车	辆	0.22	0.51	5.40	0.22	0.22
农用水泵	台		2.13	19.33	20.04	22.17
役　畜	头	10.12	8.12	9.72	5.74	4.96
产品畜	头	44.67	30.09	45.31	38.04	36.91

主 要 统 计 指 标 解 释

农林牧渔业总产值　是以货币表现的农林牧渔业的全部产品总量和对农林牧渔业生产活动进行的各种支持性服务活动的价值。它反映一定时期内农林牧渔业生产总规模和总成果，是观察农林牧渔业生产水平和发展速度，研究农林牧渔业内部比例关系、农林牧渔业与工业、农林牧渔业与国家建设、人民生活比例关系的重要指标，同时也是计算农林牧渔业劳动生产率和农林牧渔业增加值的基础资料。

农林牧渔业总产值的核算范围

农林牧渔业总产值的统计范围是辖区内各种经济组织类型、各个系统的全部农林牧渔业生产单位和非农行业单位附属的农林牧渔业生产活动单位。军委系统的农林牧渔业生产（除军马外）也包括在内，但不包括农业科学试验机构进行的农业生产。

农林牧渔业总产值的核算范围也就是本辖区内在一定时期内生产的农业、林业、牧业、渔业产品的价值量和对农林牧渔业生产活动进行的各种支持性服务活动的价值的总和，执行日历年度。对于收获期延长到次年年初的个别农产品（如甘蔗），仍然把延期收获的部分算在本年度内。

农林牧渔业增加值　指农林牧渔及农林牧渔服务业生产货物或提供服务活动而增加的价值，为农林牧渔业现价总产值扣除农林牧渔业现价中间投入后的余额。

增加值也叫附加价值或追加价值，是指各单位生产经营的最终成果，即本单位或本行业对社会所作的贡献。从宏观上来说，增加值是计算国内生产总值的基础，即各部门增加值之和就是国内生产总值；从微观上来说，增加值能客观反映企业单位或行业的投入、产出、效益、速度和收入等情况。因此，计算增加值不仅是国民经济宏观管理的需要，也是微观的企业和行业管理的需要。

农林牧渔业增加值的核算范围：同农林牧渔业总产值核算范围。

农林牧渔业增加值的核算方法：采用“生产法”和“分配法”两种方法计算。

粮食总产量　指全社会的产量。包括国有经济经营的、集体统一经营的和农民家庭经营的粮食产量，还包括工矿企业家属办的农场和其他农业生产单位的产量。粮食除包括稻谷、小麦、玉米、高粱及其他杂粮外，还包括薯类和豆类。其产量计算方法，豆类按去豆荚后的干豆计算；薯类（包括甘薯和马铃薯，不包括芋头和木薯）1963 年以前按每 4 公斤鲜薯折 1 公斤粮食计算，从 1964 年开始及以后改为按 5 公斤鲜薯折 1 公斤粮食计算。城市郊区作为蔬菜的薯类（如：马铃薯、嫩玉米、青豌豆、葫豆）按鲜品计算，并且不作为粮食统计。其他粮食一律按脱粒后的原粮计算。

油料产量　指全部油料作物的生产量。包括花生、油菜籽、芝麻、向日葵籽、胡麻籽（亚麻籽）和其他油料。不包括大豆，也不包括木本油料和野生油料。花生以带壳干花生计算。

肉类总产量　是指当年出栏并已屠宰的畜禽肉产量，即屠宰后除去头蹄下水后带骨肉的重量，也叫酮体重。

农作物播种面积　指实际播种或移植有农作物的面积。凡是实际种植有农作物的面积，不论种植在耕地上还是种植在非耕地上，均包括在农作物播种面积中。在播种季节基本结束后，因遭灾而重新改种和补种的农作物面积，也包括在内。

有效灌溉面积　指具有一定的水源，地块比较平整，灌溉工程或设备已经配套，在一般年景下当年能够进行正常灌溉的耕地面积。

农用化肥施用量　指本年内实际用于农业生产的化肥数量。包括氮肥、磷肥、钾肥和复合肥。化肥施用量要求按折纯量计算数量。折纯法化肥施用量是把氮肥、磷肥和钾肥分别按含氮、含五氧化二磷、含氧化钾的百分之一百成份折算后的数量。复合肥按其所含主要成分折算。

农业机械总动力　指主要用于农、林、牧、渔业生产的各种动力机械的动力总和。包括耕作机械、农用排灌机械、收获机械、农用运输机械、植物保护机械、牧业机械、林业机械、渔业机械和其他农业机械（内燃机按引擎马力折成瓦（特）计算，电动机按功率折成瓦（特）计算）。不包括专门用于乡、镇、村、组办工业、基本建设、非农业运输、科学试验和教学等非农业生产方面用的动力机械与作业机械。

乡村从业人员　是指实际参加生产经营活动并取得实物或货币收入的人员，既包括劳动年龄内实际参加劳动的人员，也包括不在劳动年龄实际参加劳动人员，但不包括户口在家的在外学生、现役军人和丧失劳动能力的人，也不包括待业人员和家务劳动者。从业人员年龄 16 岁以上，从业时间为一个农事季节，一般为 2 个月以上的劳动时间。

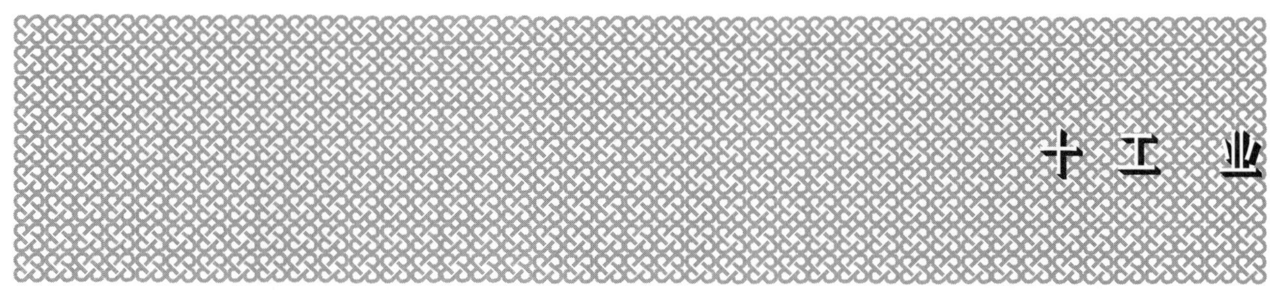

简 要 说 明

主要内容

本部分包括全市规模以上工业总产值及其构成、主要经济指标、大中型工业企业主要经济指标等资料。

资料来源

本部分资料来源于成都市统计局。

其他需要说明的问题

为保证历史资料的可比性，本资料按1999年计算方法及统计口径对工业总产值及相关资料的历史数据作了调整。

表内规模以上工业企业指年销售收入2000万元以上的工业企业。

工业总产值发展速度均按可比价格计算,工业总产值绝对额及其余指标均按当年价格计算。

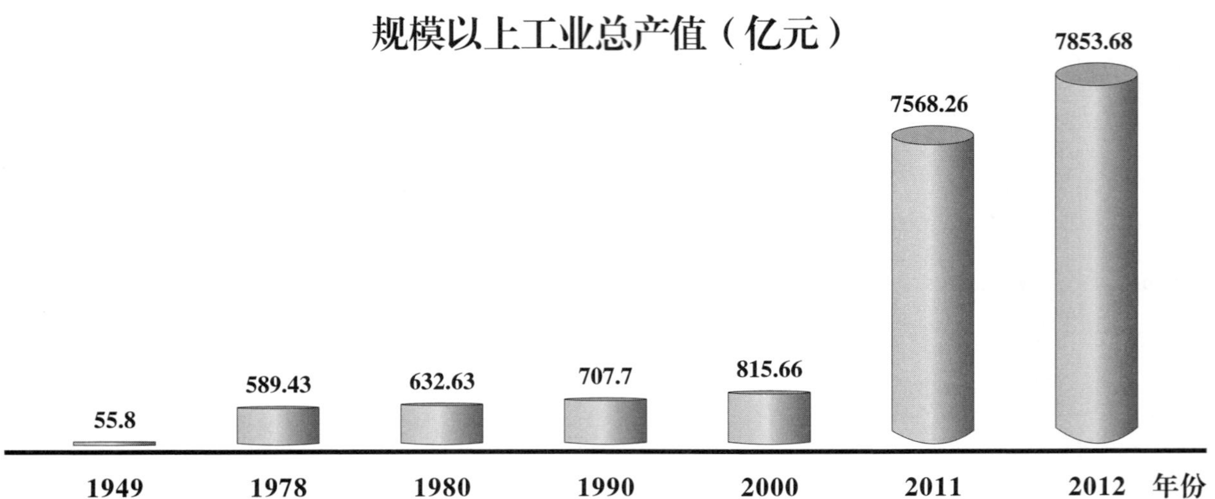

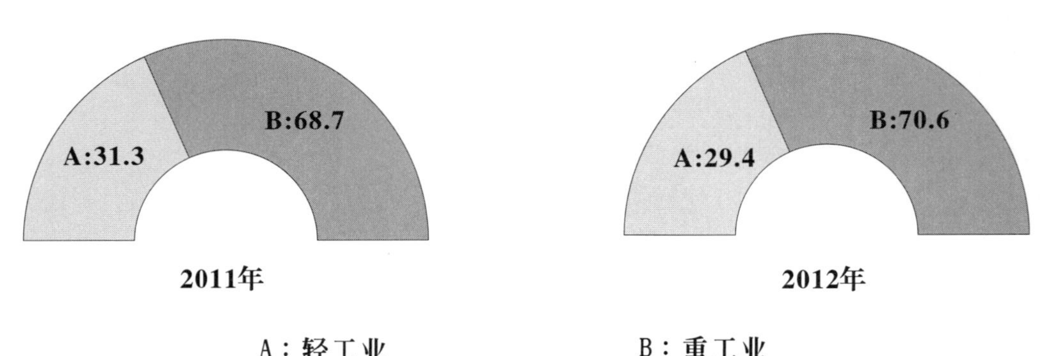

2012年全市工业企业特色优势企业完成总产值及占全市工业比重（%）

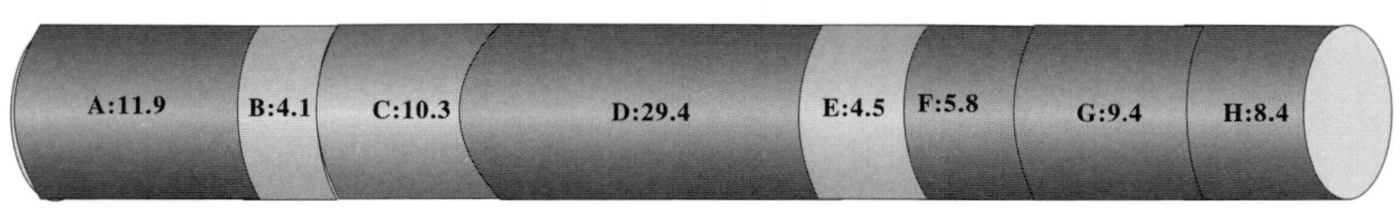

A：食品、饮料及烟草工业932.37亿元　B：石油化学工业323.04亿元　C：机械工业810.91亿元　D：电子信息产品制造业2312.92亿元　E：建材工业351.39亿元　F：冶金工业453.58亿元　G：汽车工业737.99亿元　H：轻工行业659.40亿元

10-1 历年主要工业产品产量

Output of Major Industrial Products over the Years

年 份	合成洗涤剂（万吨）	卷烟（万箱）	饮料酒（混合量）（万吨）	#白酒	#啤酒	软饮料（万吨）	配混合饲料（万吨）	化学原料药（吨）
1949		0.28	0.40					
1951		0.95	0.54					
1952		0.71	0.46					
1953		0.74	0.55					
1954		0.74	0.59					
1955		0.78	0.50					
1956		1.02	0.64					
1957		1.13	0.67					
1958		1.79	0.92					
1959		2.41	1.17					
1960		1.45	1.39					
1961		1.62	0.83					
1962		1.19	0.44					
1963		1.21	0.61					
1964		3.08	0.75					
1965		3.09	0.70					
1966		4.34	0.50					
1967		3.98	0.54					
1968		2.07	0.55					
1969		3.96	0.57					
1970	0.04	5.31	0.66					229
1971	0.10	7.03	0.66					275
1972	0.12	4.88	0.79					276
1973	0.25	6.3	0.75					290
1974	0.20	7.25	0.94					264
1975	0.35	8.53	0.98					346
1976	0.41	8.61	0.99					309
1977	0.51	10.64	1.15					374
1978	0.81	11.19	1.28					544
1979	1.07	12.10	1.70					517
1980	1.27	12.60	2.77					447

10-1 续表 1

年 份	合 成 洗涤剂 （万吨）	卷 烟 （万箱）	饮料酒 (混合量) （万吨）	# 白 酒	# 啤 酒	软饮料 （万吨）	配混合 饲 料 （万吨）	化 学 原料药 （吨）
1981	1.58	12.50	2.89					686
1982	1.88	12.00	2.86					801
1983	2.13	12.50	3.70					1112
1984	2.62	12.50	5.80					837
1985	2.84	13.23	8.00	4.96	2.27	0.70	7.29	614
1986	3.08	15.57	8.52	5.26	2.63	0.75	10.33	930
1987	3.34	16.00	12.31	8.87	2.96	0.77	12.79	1104
1988	3.63	16.05	9.61	6.11	2.97	0.87	16.29	1105
1989	5.15	20.01	9.82	6.43	2.91	1.32	16.37	1120
1990	6.53	22.01	11.00	8.53	2.47	1.26	24.34	1344
1991	5.92	26.00	15.93	12.28	3.65	1.50	33.72	1462
1992	6.33	27.00	24.71	19.91	4.80	1.15	48.95	2271
1993	7.33	28.00	32.93	26.69	6.24	1.30	72.24	2127
1994	8.04	27.00	41.72	34.62	7.10	1.03	112.78	2598
1995	13.01	28.00	54.02	44.76	9.26	3.28	115.47	5098
1996	9.31	30.00	44.28	34.55	8.86	5.30	150.30	2366
1997	10.10	30.00	43.89	30.89	12.99	9.04	103.43	5459
1998	10.92	50.24	47.52	35.99	11.53	10.79	94.65	2964
1999	10.62	49.00	50.90	40.96	9.94	17.52	92.62	2975
2000	6.49	51.10	48.54	36.41	10.65	22.28	88.88	3109
2001	12.27	54.00	55.99	44.79	11.20	30.39	72.26	3174
2002	13.41	53.47	51.03	39.76	11.27	39.45	77.22	3612
2003	16.85	57.79	48.45	39.30	9.15	43.53	85.69	6570
2004	35.79	299.05	6.73	5.46	1.27	54.60	106.95	3630
2005	36.67	461.25	6.64	4.22	2.42	61.70	113.29	5060
2006	33.41	473.93	6.76	4.00	2.76	82.63	135.65	6021
2007	37.06	484.87	7.09	3.85	3.24	100.81	138.43	7299
2008	34.37	704.70	6.75	3.35	3.16	106.51	206.99	8012
2009	34.67	873.95	5.09	0.74	4.33	117.98	193.30	6173
2010	35.00	914.24	6.72	1.03	5.69	164.71	188.29	6123
2011	34.16	944.20	7.25	1.23	5.83	220.50	233.40	12595
2012	35.17	978.85	6.33	1.34	4.94	227.94	264.28	22999

注：2004 年起卷烟单位亿支，饮料酒、白酒和啤酒单位亿升。

10-1 续表2

年份	钢 （万吨）	钢材 （万吨）	原煤 （万吨）	发电量 （万千瓦时）	化学纤维 （吨）	布 （万米）	印染布 （万米）
1949			5.82	1027		113	276
1950			5.81	524		106	281
1951			8.26	1533		317	275
1952			10.06	1556		413	455
1953			10.95	2057		600	568
1954			12.37	2522		885	700
1955			13.94	2983		763	616
1956			14.68	4261		878	710
1957			28.00	5215		1932	549
1958	0.01		44.66	10714		2203	707
1959	0.67	1.01	145.23	26544		2872	924
1960	1.33	1.64	188.96	57168		3306	1451
1961	1.43	1.16	128.91	51524		1499	937
1962	0.19	0.29	67.27	43846		1224	591
1963	0.08	0.83	69.23	45076		2025	711
1964	0.37	1.76	61.06	57789		2501	618
1965	1.10	3.67	73.43	82843	27	2452	763
1966	2.57	8.30	76.84	111263	1767	9150	1857
1967	4.40	4.89	82.76	91946	1207	3427	1794
1968	0.60	0.31	82.11	47354	50	2109	112
1969	6.33	1.15	102.15	79317	281	6940	1252
1970	9.35	2.70	126.24	94839	701	8967	4635
1971	18.80	7.99	146.59	106714	1148	8548	5474
1972	20.51	10.76	147.71	95574	1307	8099	4661
1973	20.03	12.32	139.14	125068	1145	6395	5613
1974	11.01	8.50	130.31	71640	863	3366	2758
1975	16.59	16.43	170.57	76181	1125	6957	6242
1976	7.89	11.74	148.61	83051	1266	5370	5594
1977	17.71	20.58	195.13	81901	1631	10398	8053
1978	32.73	35.55	174.72	103645	2013	11550	10632
1979	30.97	40.04	187.73	71429	1622	11658	12383

10-1 续表 3

年　份	钢（万吨）	钢　材（万吨）	原　煤（万吨）	发电量（万千瓦时）	化学纤维（吨）	布（万米）	印染布（万米）
1980	32.29	40.86	183.09	70621	2487	12241	11845
1981	28.34	34.50	216.49	109155	3023	12627	15591
1982	37.06	45.21	192.54	120165	2431	12790	17021
1983	43.61	49.42	217.86	125000	2654	12604	15338
1984	45.10	50.98	246.16	139717	3091	11212	14932
1985	50.00	59.34	280.75	160700	3177	11341	15091
1986	53.63	63.29	283.64	179300	4048	10568	16159
1987	58.50	69.13	305.60	186000	6469	10598	14039
1988	63.24	72.35	308.87	197005	6028	10107	13543
1989	77.30	78.53	321.88	208310	8258	9534	12042
1990	79.96	86.32	310.98	235977	10400	8772	11351
1991	90.53	92.50	312.88	379300	11800	8700	11200
1992	112.88	118.06	346.46	390100	14400	10400	11400
1993	124.44	183.86	432.04	406000	15800	7800	10800
1994	131.59	123.84	519.10	435600	17200	8500	7100
1995	129.37	141.67	437.92	440200	15700	10200	14400
1996	128.45	108.73	346.86	456060	17760	12012	12937
1997	156.37	125.91	312.97	501146	21050	8075	13945
1998	144.38	130.95	293.00	457098	31239	8756	10392
1999	125.08	127.85	280.52	390800	32500	7600	15583
2000	118.75	126.21	250.17	531300	33977	5942	6681
2001	165.60	168.13	270.92	485258	31160	5732	4322
2002	157.90	173.16	218.71	492120	37112	3591	3952
2003	147.39	170.06	236.33	631511	37924	2276	3025
2004	176.75	184.15	256.16	623595	39846	1747	2997
2005	193.04	221.90	210.36	565513	46727	3001	—
2006	191.22	253.16	207.46	668222	42776	4223	—
2007	208.18	306.96	151.60	944593	48321	1264	1960
2008	173.34	286.81	49.29	969849	37941	907	5043
2009	188.12	301.31	39.00	1215166	43766	448	3440
2010	193.13	362.80	—	1307659	53222	262	4281
2011	182.28	409.20	—	1369551	44928	222	4030
2012	160.57	417.51	—	1395149	22003	250	3793

注：2005 年、2006 年规模以上工业企业无印染布产品产量。

10-1 续表 4

年 份	机制纸及纸板（万吨）	中成药（吨）	生物制品（吨）	合成氨（万吨）	水 泥（万吨）	汽 车（辆）	金 属切削机床（台）
1949							
1950							
1951	0.04						
1952	0.07						
1953	0.06						
1954	0.07						
1955	0.12						3
1956	0.18						11
1957	0.26						14
1958	0.42		9.60		0.64		772
1959	0.67		34.40	0.15	0.17		480
1960	1.63		67.80	0.56	3.13		1490
1961	0.64		73.30	2.56	1.20		465
1962	0.50		26.60	3.82	0.05		145
1963	0.72		71.40	4.80	0.65		119
1964	0.89		59.00	7.54	3.90		138
1965	1.07		72.90	10.93	0.14		228
1966	1.35		65.60	13.56	2.87		753
1967	1.19		45.60	7.92	2.70		577
1968	0.43		42.20	1.90	1.02	2	448
1969	0.83		34.00	3.82	1.48	33	700
1970	1.29		57.50	8.08	3.79	102	1105
1971	1.73		64.70	12.53	7.15	181	1472
1972	1.66		69.10	14.92	9.46	158	1672
1973	1.61		72.80	16.36	10.38	308	1701
1974	1.66		65.80	16.35	9.61	315	1728
1975	2.18		66.60	20.58	14.86	414	2218
1976	1.83		98.60	27.10	13.18	243	1701
1977	2.33		88.90	46.23	20.84	614	2231
1978	2.99		130.00	61.44	25.37	641	2265
1979	3.74		151.10	63.64	30.98	886	2798

10-1 续表 5

年 份	机制纸及纸板（万吨）	中成药（吨）	生物制品（吨）	合成氨（万吨）	水 泥（万吨）	汽 车（辆）	金 属切削机床（台）
1980	4.71		142.90	61.99	37.46	966	2845
1981	4.56		99.60	57.44	39.65	681	2368
1982	6.25		177.80	54.78	50.49		3696
1983	7.33		239.50	58.10	60.13	2312	2533
1984	8.26		209.50	61.27	72.89	2055	2253
1985	9.13	1533	250.70	57.21	83.05	4065	2500
1986	9.59	1422	203.70	53.87	92.24	3763	2642
1987	11.05	1712	145.42	49.78	104.32	5082	2106
1988	11.44	1690	178.92	55.49	121.26	9422	2115
1989	12.22	1819	192.30	54.57	118.99	5924	1840
1990	12.70	2137	194.22	55.58	112.87	5230	1033
1991	12.00	3592	177.54	48.40	145.89	9113	1300
1992	15.00	3695	171.09	53.97	177.78	18834	1700
1993	18.00	13100	126.96	52.37	210.06	23951	1300
1994	24.00	12843	108.71	60.37	214.75	19298	900
1995	23.00	22144	102.43	64.04	226.23	43912	3700
1996	18.03	8022	106.56	107.09	253.73	23513	1300
1997	21.48	9801	145.26	63.69	235.41	22629	348
1998	15.13	12662	161.10	64.71	277.43	19701	371
1999	12.70	14838	79.70	73.44	301.00	19040	499
2000	9.60	15827	85.00	74.40	324.00	20124	1378
2001	15.47	15162	65.05	73.22	338.82	21897	1717
2002	13.99	17441	35.40	70.69	370.69	33500	1960
2003	11.73	20623	25.16	69.83	492.81	33109	3292
2004	12.44	19047	46.56	57.36	498.79	53415	3525
2005	18.44	22570	49.37	78.85	559.33	54702	3764
2006	12.99	19697	31.50	78.28	574.78	60270	2995
2007	23.40	48911	41.00	73.26	1044.44	69205	3590
2008	18.67	60692	41.00	69.71	444.00	71120	1666
2009	16.70	46187	45.00	69.18	830.20	65082	1232
2010	22.77	16956	46.00	51.75	1039.05	93819	2546
2011	16.69	27714	34.00	38.42	1328.80	181809	2762
2012	24.08	27267	29.00	48.03	1468.13	392374	832

10-2 工业企业数及工业总产值(2012 年)

(年主营业务收入 2000 万元及以上企业)

The Number of Industrial Enterprises and Gross Industrial Output Value (2012)

	企业数		工业总产值	
	个数（个）	构成（%）	绝对额（万元）	构成（%）
总计	**3188**	**100.00**	**78536792**	**100.00**
按登记注册类型分组				
#国有企业	82	2.57	4911048	6.25
集体企业	23	0.72	288068	0.37
股份合作企业	50	1.57	549769	0.70
联营企业	5	0.16	73749	0.09
有限责任公司	1267	39.74	24598475	31.32
股份有限公司	213	6.68	5008491	6.38
私营企业	1149	36.04	15536094	19.78
港澳台商投资企业	99	3.11	13029974	16.59
外商投资企业	208	6.52	13364515	17.02
按经济组织类型分组				
#独资企业	347	10.88	20494563	26.10
合作合伙企业	167	5.24	1946580	2.48
股份有限公司	290	9.10	9609382	12.24
有限责任公司	2384	74.78	46486268	59.19
按轻重工业分				
轻工业	1267	39.74	23047136	29.35
重工业	1921	60.26	55489656	70.65
按企业规模分				
大型企业	119	3.73	35448810	45.14
中型企业	539	16.91	18364451	23.38
小型企业	2401	75.31	22921931	29.19
微型企业	129	4.05	1801600	2.29
按工业行业大类分				
煤炭开采和洗选业	0	0.00	0	0.00
石油和天然气开采业	2	0.06	52712	0.07
黑色金属矿采选业	0	0.00	0	0.00
有色金属矿采选业	0	0.00	0	0.00
非金属矿采选业	0	0.00	0	0.00
开采辅助活动	0	0.00	0	0.00
其他采矿业	0	0.00	0	0.00
农副食品加工业	186	5.83	3479941	4.43
食品制造业	133	4.17	1913430	2.44

10-2 续表

	企业数		工业总产值	
	个数（个）	构成（%）	绝对额（万元）	构成（%）
酒、饮料和精制茶制造业	83	2.60	1596480	2.03
烟草制品业	2	0.06	2333863	2.97
纺织业	31	0.97	337164	0.43
纺织服装、服饰业	33	1.04	401276	0.51
皮革、毛皮、羽毛及其制品和制鞋业	94	2.95	1520605	1.94
木材加工和木、竹、藤、棕、草制品业	45	1.41	565436	0.72
家具制造业	144	4.52	2601139	3.31
造纸和纸制品业	72	2.26	693347	0.88
印刷和记录媒介复制业	73	2.29	1040459	1.32
文教、工美、体育和娱乐用品制造业	11	0.35	335941	0.43
石油加工、炼焦和核燃料加工业	6	0.19	351775	0.45
化学原料和化学制品制造业	197	6.18	2825879	3.60
医药制造业	148	4.64	2918233	3.72
化学纤维制造业	3	0.09	54151	0.07
橡胶和塑料制品业	152	4.77	1792496	2.28
非金属矿物制品业	262	8.22	3513868	4.47
黑色金属冶炼和压延加工业	76	2.38	2815611	3.59
有色金属冶炼和压延加工业	42	1.32	1720139	2.19
金属制品业	247	7.75	3161435	4.03
通用设备制造业	231	7.25	2973673	3.79
专用设备制造业	181	5.68	3168244	4.03
汽车制造业	154	4.83	7379871	9.40
铁路、船舶、航空航天和其他运输设备制造业	49	1.54	1967177	2.50
电气机械和器材制造业	245	7.69	4353313	5.54
计算机、通信和其他电子设备制造业	142	4.45	18429723	23.47
仪器仪表制造业	40	1.25	346209	0.44
其他制造业	10	0.31	108083	0.14
废弃资源综合利用业	6	0.19	76994	0.10
金属制品、机械和设备修理业	16	0.50	467259	0.59
电力、热力生产和供应业	30	0.94	2157602	2.75
燃气生产和供应业	30	0.94	745298	0.95
水的生产和供应业	12	0.38	337968	0.43

10-3 全部独立核算工业企业主要经济指标(2012 年)

(年主营业务收入 2000 万元及以上企业)

Main Indicators of Corporate Industrial Enterprises with Independent Accounting System (2012) 单位：万元

	企业数（个）	#亏损企业	工业总产值
总计	**3188**	**375**	**78536792**
按登记注册类型分组			
#国有企业	82	17	4911048
集体企业	23	5	288068
股份合作企业	50	4	549769
联营企业	5	0	73749
有限责任公司	1267	155	24598475
股份有限公司	213	21	5008491
私营企业	1149	104	15536094
港澳台商投资企业	99	19	13029974
外商投资企业	208	42	13364515
按经济组织类型分组			
#独资企业	347	58	20494563
合作合伙企业	167	14	1946580
股份有限公司	290	23	9609382
有限责任公司	2384	280	46486268
按轻重工业分			
轻工业	1267	130	23047136
重工业	1921	245	55489656
按企业规模分			
大型企业	119	13	35448810
中型企业	539	55	18364451
小型企业	2401	292	22921931
微型企业	129	15	1801600
按工业行业大类分			
煤炭开采和洗选业	0	0	0
石油和天然气开采业	2	0	52712
黑色金属矿采选业	0	0	0
有色金属矿采选业	0	0	0
非金属矿采选业	0	0	0
开采辅助活动	0	0	0
其他采矿业	0	0	0
农副食品加工业	186	25	3479941
食品制造业	133	10	1913430

10-3 续表 1

单位：万元

	企业数（个）	#亏损企业	工业总产值
酒、饮料和精制茶制造业	83	9	1596480
烟草制品业	2	0	2333863
纺织业	31	6	337164
纺织服装、服饰业	33	5	401276
皮革、毛皮、羽毛及其制品和制鞋业	94	10	1520605
木材加工和木、竹、藤、棕、草制品业	45	4	565436
家具制造业	144	3	2601139
造纸和纸制品业	72	11	693347
印刷和记录媒介复制业	73	2	1040459
文教、工美、体育和娱乐用品制造业	11	0	335941
石油加工、炼焦和核燃料加工业	6	1	351775
化学原料和化学制品制造业	197	18	2825879
医药制造业	148	18	2918233
化学纤维制造业	3	1	54151
橡胶和塑料制品业	152	15	1792496
非金属矿物制品业	262	29	3513868
黑色金属冶炼和压延加工业	76	19	2815611
有色金属冶炼和压延加工业	42	10	1720139
金属制品业	247	28	3161435
通用设备制造业	231	25	2973673
专用设备制造业	181	23	3168244
汽车制造业	154	33	7379871
铁路、船舶、航空航天和其他运输设备制造业	49	4	1967177
电气机械和器材制造业	245	36	4353313
计算机、通信和其他电子设备制造业	142	16	18429723
仪器仪表制造业	40	2	346209
其他制造业	10	0	108081
废弃资源综合利用业	6	0	76994
金属制品、机械和设备修理业	16	4	467259
电力、热力生产和供应业	30	5	2157602
燃气生产和供应业	30	1	745298
水的生产和供应业	12	2	337968

10-3 续表 2

单位：万元

	资　产 合　计	流动资产 合　计	负　债 合　计	所有者权益 合　计
总　　计	**77442833**	**41323544**	**46317846**	**30610285**
按登记注册类型分组				
#国有企业	10130652	2917673	6761861	3241172
集体企业	199361	158516	146416	52629
股份合作企业	368641	268674	226794	130469
联营企业	47355	33193	21645	25610
有限责任公司	26420182	14057060	16398357	9896050
股份有限公司	8849252	4767701	4240018	4584816
私营企业	12255823	7390618	7058395	5049249
港澳台商投资企业	7490646	4846575	5750025	1710725
外商投资企业	10893881	6377229	5279600	5570561
按经济组织类型分组				
#独资企业	19281647	8692461	13214066	5881777
合作合伙企业	1320925	877287	754071	550894
股份有限公司	12007298	6800913	5564538	6412686
有限责任公司	44832963	24952883	26785171	17764928
按轻重工业分				
轻工业	21525467	11266247	11436032	10000182
重工业	55917366	30057297	34881814	20610103
按企业规模分				
大型企业	36219838	18510814	23185541	12997042
中型企业	21240392	11030826	11724050	9433806
小型企业	18914263	11308470	10766134	8040900
微型企业	1068340	473434	642121	138537
按工业行业大类分				
煤炭开采和洗选业	0	0	0	0
石油和天然气开采业	94698	23595	75489	19209
黑色金属矿采选业	0	0	0	0
有色金属矿采选业	0	0	0	0
非金属矿采选业	0	0	0	0
开采辅助活动	0	0	0	0
其他采矿业	0	0	0	0
农副食品加工业	1794581	1087097	1094270	696052
食品制造业	1423492	639935	780020	629781

10-3 续表 3

单位：万元

	资　产 合　计	流动资产 合　计	负　债 合　计	所有者权益 合　计
酒、饮料和精制茶制造业	1641184	836823	717588	916999
烟草制品业	1309430	740821	649540	659890
纺织业	296191	133546	182744	111744
纺织服装、服饰业	276986	155148	137572	136878
皮革、毛皮、羽毛及其制品和制鞋业	576310	292825	313874	256933
木材加工和木、竹、藤、棕、草制品业	549143	263057	231733	316282
家具制造业	1826934	881264	1003728	818163
造纸和纸制品业	622850	331185	381200	235153
印刷和记录媒介复制业	898220	452534	359924	532721
文教、工美、体育和娱乐用品制造业	90465	55622	50109	39407
石油加工、炼焦和核燃料加工业	193930	60483	128555	57501
化学原料和化学制品制造业	3339645	1642567	1657736	1678304
医药制造业	5107713	3357862	2422977	2660703
化学纤维制造业	120553	46893	92190	28364
橡胶和塑料制品业	1631142	969609	1002437	610622
非金属矿物制品业	4276084	1948262	2236498	1995580
黑色金属冶炼和压延加工业	2625924	1167707	2033835	565791
有色金属冶炼和压延加工业	965670	632077	499666	456328
金属制品业	3447995	2268472	2104440	1295047
通用设备制造业	2825409	1792818	1571815	1207837
专用设备制造业	4800677	3377695	3170696	1598676
汽车制造业	6521338	3651160	3687903	2824377
铁路、船舶、航空航天和其他运输设备制造业	3457420	2245287	2003742	1452377
电气机械和器材制造业	4288011	2127897	2891101	1366688
计算机、通信和其他电子设备制造业	11293552	7512473	7284294	3999151
仪器仪表制造业	350748	250017	175350	171424
其他制造业	133636	76910	72033	61598
废弃资源综合利用业	55045	23115	40373	13570
金属制品、机械和设备修理业	1000728	592872	598173	400428
电力、热力生产和供应业	6020003	544858	4703728	1173274
燃气生产和供应业	1802961	684945	1140154	661817
水的生产和供应业	1784165	456113	822359	961616

10-3 续表 4

单位：万元

	主营业务收入	主营业务成本	利润总额	利税总额	本年应交增值税
总计	**79279049**	**63006756**	**6377990**	**12212537**	**3637826**
按登记注册类型分组					
#国有企业	5104209	3852970	581151	835826	225814
集体企业	257209	214264	21281	31461	8937
股份合作企业	526742	443451	34418	59734	19697
联营企业	70514	57242	6905	11034	3714
有限责任公司	24629762	19253189	1301243	3825824	1089281
股份有限公司	4986443	3605715	568594	803504	200546
私营企业	15680586	12978476	1211701	1895702	589437
港澳台商投资企业	12819205	11326336	801727	1620432	790646
外商投资企业	14024447	10283267	1772141	3008766	674651
按经济组织类型分组					
#独资企业	20445852	17276479	1633832	2793728	1090085
合作合伙企业	1936254	1628685	127111	205240	64551
股份有限公司	9519979	6584535	1264056	1794127	483894
有限责任公司	47376964	37517057	3352991	7419442	1999297
按轻重工业分					
轻工业	22901733	16717445	1848329	4440733	1148169
重工业	56377316	46289311	4529661	7771804	2489657
按企业规模分					
大型企业	35695326	27496339	3113028	7032307	1994799
中型企业	18889653	15019171	1617927	2545035	818637
小型企业	22874867	18961271	1508238	2422939	765009
微型企业	1819203	1529975	138797	212256	59381
按工业行业大类分					
煤炭开采和洗选业	0	0	0	0	0
石油和天然气开采业	52259	41409	2100	6684	3163
黑色金属矿采选业	0	0	0	0	0
有色金属矿采选业	0	0	0	0	0
非金属矿采选业	0	0	0	0	0
开采辅助活动	0	0	0	0	0
其他采矿业	0	0	0	0	0
农副食品加工业	3457999	2974767	201154	313227	100271
食品制造业	1984391	1523510	166941	253800	78388

10-3 续表 5

单位：万元

	主营业务收入	主营业务成本	利润总额	利税总额	本年应交增值税
酒、饮料和精制茶制造业	1681908	1135757	165182	291810	86203
烟草制品业	2365905	779027	151881	1719327	265686
纺织业	315909	279111	18471	37919	17881
纺织服装、服饰业	395176	311198	25692	45789	17896
皮革、毛皮、羽毛及其制品和制鞋业	1418416	1208236	93640	150241	50594
木材加工和木、竹、藤、棕、草制品业	572822	459887	53598	70915	13799
家具制造业	2548078	1921476	224079	334891	90103
造纸和纸制品业	702202	584709	65326	93494	25137
印刷和记录媒介复制业	1028641	769923	143493	208326	58332
文教、工美、体育和娱乐用品制造业	396593	316344	5234	26855	21014
石油加工、炼焦和核燃料加工业	364104	326168	13382	15383	872
化学原料和化学制品制造业	3056794	2461782	349211	477665	112349
医药制造业	2670137	1658425	357364	553536	174857
化学纤维制造业	54531	55948	-3112	-2691	372
橡胶和塑料制品业	1752846	1444041	122389	188712	57235
非金属矿物制品业	3446569	2862084	208856	374722	140902
黑色金属冶炼和压延加工业	2895860	2748468	-129255	-54470	63994
有色金属冶炼和压延加工业	1900565	1743303	98345	158194	56518
金属制品业	3379024	2867177	195128	325369	106615
通用设备制造业	2928887	2411674	203982	313227	93524
专用设备制造业	3756933	2974816	312840	468094	137564
汽车制造业	7359653	5701602	820227	1674121	315391
铁路、船舶、航空航天和其他运输设备制造业	1976862	1647192	92189	131418	24752
电气机械和器材制造业	4202458	3526091	110982	325006	193058
计算机、通信和其他电子设备制造业	18363441	15229283	1528659	2661465	1088991
仪器仪表制造业	338797	252299	41383	55305	12509
其他制造业	110874	93153	6226	11543	4998
废弃资源综合利用业	75239	67090	2071	11021	7855
金属制品、机械和设备修理业	495519	387425	34565	53262	15419
电力、热力生产和供应业	2141344	1474041	465543	644924	165558
燃气生产和供应业	751747	558629	138892	160392	15795
水的生产和供应业	336566	210711	91332	113061	20231

10-3 续表 6

	亏损面（%）	产销率（%）	资产贡献率（%）	负债率（%）	流动资产周转次数（次）
总计	**11.76**	**98.51**	**16.84**	**59.81**	**1.92**
按登记注册类型分组					
#国有企业	20.73	99.37	9.03	66.75	1.75
集体企业	21.74	103.17	16.41	73.44	1.62
股份合作企业	8.00	97.63	17.46	61.52	1.96
联营企业	0.00	101.80	23.91	45.71	2.12
有限责任公司	12.23	97.42	15.89	62.07	1.75
股份有限公司	9.86	99.06	10.00	47.91	1.05
私营企业	9.05	97.89	16.61	57.59	2.12
港、澳、台商投资企业	19.19	99.63	22.12	76.76	2.65
外商投资企业	20.19	99.53	28.49	48.46	2.20
按经济组织类型分组					
#独资企业	16.71	99.25	15.09	68.53	2.35
合作合伙企业	8.38	98.47	17.15	57.09	2.21
股份有限公司	7.93	99.03	15.85	46.34	1.40
有限责任公司	11.74	98.08	17.84	59.74	1.90
按轻重工业分					
轻工业	10.26	98.60	21.95	53.13	2.03
重工业	12.75	98.48	14.87	62.38	1.88
按企业规模分					
大型企业	10.92	99.20	20.40	64.01	1.93
中型企业	10.20	98.04	13.26	55.20	1.71
小型企业	12.16	98.00	13.84	56.92	2.02
微型企业	11.63	96.28	20.22	60.10	3.84
按工业行业大类分					
煤炭开采和洗选业	0.00	0.00	0.00	0.00	0.00
石油和天然气开采业	0.00	100.00	10.75	79.72	2.21
黑色金属矿采选业	0.00	0.00	0.00	0.00	0.00
有色金属矿采选业	0.00	0.00	0.00	0.00	0.00
非金属矿采选业	0.00	0.00	0.00	0.00	0.00
开采辅助活动	0.00	0.00	0.00	0.00	0.00
其他采矿业	0.00	0.00	0.00	0.00	0.00
农副食品加工业	13.44	98.71	18.78	60.98	3.18
食品制造业	7.52	98.94	18.76	54.80	3.10

10-3 续表 7

	亏损面 （%）	产销率 （%）	资　产 贡献率 （%）	负债率 （%）	流动资产 周转次数 （次）
酒、饮料和精制茶制造业	10.84	102.39	18.48	43.72	2.01
烟草制品业	0.00	101.34	131.92	49.60	3.19
纺织业	19.35	101.30	13.57	61.70	2.37
纺织服装、服饰业	15.15	98.49	17.54	49.67	2.55
皮革、毛皮、羽毛及其制品和制鞋业	10.64	98.23	27.40	54.46	4.84
木材加工和木、竹、藤、棕、草制品业	8.89	97.17	13.92	42.20	2.18
家具制造业	2.08	98.72	20.27	54.94	2.89
造纸和纸制品业	15.28	98.33	16.14	61.20	2.12
印刷和记录媒介复制业	2.74	99.32	23.81	40.07	2.27
文教、工美、体育和娱乐用品制造业	0.00	95.87	30.89	55.39	7.13
石油加工、炼焦和核燃料加工业	16.67	97.13	10.46	66.29	6.02
化学原料和化学制品制造业	9.14	99.22	15.66	49.64	1.86
医药制造业	12.16	94.19	11.94	47.44	0.80
化学纤维制造业	33.33	90.74	-0.23	76.47	1.16
橡胶和塑料制品业	9.87	97.18	12.74	61.46	1.81
非金属矿物制品业	11.07	96.85	10.03	52.30	1.77
黑色金属冶炼和压延加工业	25.00	96.42	-0.75	77.45	2.48
有色金属冶炼和压延加工业	23.81	98.54	17.62	51.74	3.01
金属制品业	11.34	97.90	10.79	61.03	1.49
通用设备制造业	10.82	97.07	12.08	55.63	1.63
专用设备制造业	12.71	99.52	11.30	66.05	1.11
汽车制造业	21.43	99.41	26.17	56.55	2.02
铁路、船舶、航空航天和其他运输设备制造业	8.16	97.58	4.38	57.95	0.88
电气机械和器材制造业	14.69	97.43	10.21	67.42	1.97
计算机、通信和其他电子设备制造业	11.27	99.16	24.07	64.50	2.44
仪器仪表制造业	5.00	95.12	16.50	49.99	1.36
其他制造业	0.00	96.81	9.23	53.90	1.44
废弃资源综合利用业	0.00	96.88	21.12	73.35	3.26
金属制品、机械和设备修理业	25.00	100.82	6.07	59.77	0.84
电力、热力生产和供应业	16.67	99.85	11.90	78.13	3.93
燃气生产和供应业	3.33	98.21	9.20	63.24	1.10
水的生产和供应业	16.67	98.17	6.87	46.09	0.74

10-4　独立核算国有控股企业主要经济指标(2012 年)

Main Indicators of State Holding Majority Shares Industrial Enterprises with Independent Accounting System (2012)

单元：万元

	企业数（个）	#亏损企业	工业总产值
总　　计	**253**	**45**	**18625975**
在总计中：亏损企业	45	45	2047051
按隶属关系分			
中央企业	82	13	10659011
地方企业	171	32	7966964
按轻重工业分			
轻工业	48	14	3865592
重工业	205	31	14760383
按企业规模分			
大型企业	39	7	13222481
中型企业	87	18	3355054
小型企业	118	19	1627010
微型企业	9	1	421430
按工业行业大类分			
石油和天然气开采业	2	0	52712
农副食品加工业	1	1	25583
食品制造业	4	0	32347
酒、饮料和精制茶制造业	4	2	35204
烟草制品业	2	0	2333863
纺织业	1	0	13155
纺织服装、服饰业	3	3	21147
木材加工和木、竹、藤、棕、草制品业	1	0	17431
印刷和记录媒介复制业	5	1	349843

注：年主营业务收入 2000 万元及以上企业。

10-4 续表 1

单元：万元

	企业数（个）	#亏损企业	工业总产值
文教、工美、体育和娱乐用品制造业	1	0	282667
石油加工、炼焦和核燃料加工业	1	0	122662
化学原料和化学制品制造业	15	1	480866
医药制造业	10	0	219092
化学纤维制造业	1	1	38816
橡胶和塑料制品业	4	2	29018
非金属矿物制品业	24	5	510328
黑色金属冶炼和压延加工业	7	3	1370598
有色金属冶炼和压延加工业	4	3	177451
金属制品业	12	2	264176
通用设备制造业	11	3	232797
专用设备制造业	15	2	202852
汽车制造业	26	4	4949759
铁路、船舶、航空航天和其他运输设备制造业	10	0	1636143
电气机械和器材制造业	16	8	431853
计算机、通信和其他电子设备制造业	27	0	1476060
仪器仪表制造业	2	0	24303
其他制造业	2	0	76007
废弃资源综合利用业	1	0	8105
金属制品、机械和设备修理业	5	2	349259
电力、热力生产和供应业	16	2	1966053
燃气生产和供应业	12	0	591082
水的生产和供应业	8	0	304743

10-4 续表 2

单位：万元

	资　产 合　计	流动资产 合　　计	负　债 合　计	所有者 权　益 合　计
总　　　计	**27958828**	**11395854**	**17456978**	**10372001**
在总计中:亏损企业	**3967600**	**1423317**	**3414502**	**561158**
按隶属关系分				
中央企业	15872130	6678908	10101929	5765114
地方企业	12086698	4716946	7355049	4606887
按轻重工业分				
轻工业	5072983	1999928	3023678	2049305
重工业	22885845	9395926	14433300	8322696
按企业规模分				
大型企业	19414846	7719194	12456775	6958062
中型企业	5558715	2245850	3307281	2246453
小型企业	2580900	1364239	1419648	1157878
微型企业	404367	66571	273274	9608
按工业行业大类分				
石油和天然气开采业	94698	23595	75489	19209
农副食品加工业	15661	6455	9958	5703
食品制造业	34930	21461	19430	15500
酒、饮料和精制茶制造业	65932	39816	40338	25594
烟草制品业	1309430	740821	649540	659890
纺织业	35372	16133	5218	30155
纺织服装、服饰业	51944	21749	40259	11685
木材加工和木、竹、藤、棕、草制品业	6033	375	3489	2544
印刷和记录媒介复制业	415240	176102	103210	312030

10-4 续表 3

单元：万元

	资　产 合　计	流动资产 合　计	负　债 合　计	所有者 权　益 合　计
文教、工美、体育和娱乐用品制造业	50272	37897	27634	22638
石油加工、炼焦和核燃料加工业	51051	37842	34933	16117
化学原料和化学制品制造业	939486	287848	593187	352233
医药制造业	442083	217072	184318	257765
化学纤维制造业	93723	36469	77843	15881
橡胶和塑料制品业	113955	28640	89598	24356
非金属矿物制品业	798710	407037	501230	294633
黑色金属冶炼和压延加工业	1710269	618175	1380297	329972
有色金属冶炼和压延加工业	196883	100096	70612	126271
金属制品业	480206	336033	333437	146769
通用设备制造业	490491	292039	232308	258183
专用设备制造业	484956	265839	379027	101103
汽车制造业	4005150	2156754	1946553	2058597
铁路、船舶、航空航天和其他运输设备制造业	3103246	2011094	1824571	1278675
电气机械和器材制造业	1260988	378564	1217791	42697
计算机、通信和其他电子设备制造业	2065633	1121743	909110	1149203
仪器仪表制造业	27424	25324	15031	12394
其他制造业	105185	59229	56677	48510
废弃资源综合利用业	13557	8714	12227	1330
金属制品、机械和设备修理业	708399	468634	455689	252711
电力、热力生产和供应业	5568712	471198	4428777	1019837
燃气生产和供应业	1607172	582449	1046111	561061
水的生产和供应业	1612037	400660	693089	918757

10-4 续表 4

单位：万元

	主营业务收入	利润总额	利税总额
总计	**19001377**	**1606408**	**4476327**
在总计中:亏损企业	**2071983**	**-475178**	**-411748**
按隶属关系分			
中央企业	10998905	1068288	3126498
地方企业	8002472	538120	1349829
按轻重工业分			
轻工业	3925035	127348	1784567
重工业	15076342	1479060	2691760
按企业规模分			
大型企业	13432630	1284296	3861408
中型企业	3441049	128077	322509
小型企业	1700002	93852	158575
微型企业	427696	100183	133835
按工业行业大类分			
石油和天然气开采业	52259	2100	6684
农副食品加工业	33620	-154	-92
食品制造业	29900	3288	5169
酒、饮料和精制茶制造业	35511	-2894	-86
烟草制品业	2365905	151881	1719327
纺织业	10537	205	975
纺织服装、服饰业	20998	-3406	-2386
木材加工和木、竹、藤、棕、草制品业	17431	2356	3110
印刷和记录媒介复制业	348231	76602	102759

10-4 续表 5

单元：万元

	主营业务收入	利润总额	利税总额
文教、工美、体育和娱乐用品制造业	345553	2475	22472
石油加工、炼焦和核燃料加工业	124497	2401	2715
化学原料和化学制品制造业	478382	36356	57681
医药制造业	217924	46085	66058
化学纤维制造业	42224	-3994	-3981
橡胶和塑料制品业	27157	-10099	-9201
非金属矿物制品业	503328	17845	43693
黑色金属冶炼和压延加工业	1384700	-183732	-146150
有色金属冶炼和压延加工业	167425	-3384	-42
金属制品业	437945	15541	30946
通用设备制造业	305137	12576	24645
专用设备制造业	253329	-2429	4952
汽车制造业	4943647	686309	1466830
铁路、船舶、航空航天和其他运输设备制造业	1632579	72148	98580
电气机械和器材制造业	409280	-199131	-187657
计算机、通信和其他电子设备制造业	1473964	210594	277268
仪器仪表制造业	19876	4129	5463
其他制造业	75794	4123	7567
废弃资源综合利用业	8297	387	608
金属制品、机械和设备修理业	377969	15803	24444
电力、热力生产和供应业	1972540	454264	620506
燃气生产和供应业	585046	113885	129698
水的生产和供应业	300392	84278	103772

10-4 续表 6

	亏损面 （%）	产销率 （%）	资　产 贡献率 （%）	负债率 （%）	流动资产 周转次数 （次）
总　　　计	**17.79**	**99.25**	**17.10**	**62.44**	**1.67**
在总计中:亏损企业	**100.00**	**99.42**	**-7.55**	**86.06**	**1.46**
按隶属关系分					
中央企业	15.85	96.39	20.84	63.65	1.65
地方企业	18.71	96.39	12.21	60.85	1.70
按轻重工业分					
轻工业	29.17	100.10	37.11	59.60	1.96
重工业	15.12	99.02	12.67	63.07	1.60
按企业规模分					
大型企业	17.95	99.62	20.84	64.16	1.74
中型企业	20.69	98.95	7.70	59.50	1.53
小型企业	16.10	99.18	6.72	55.01	1.25
微型企业	11.11	97.90	33.11	67.58	6.42
按工业行业大类分					
石油和天然气开采业	0.00	100.00	10.75	79.72	2.21
农副食品加工业	100.00	115.60	4.08	63.58	5.21
食品制造业	0.00	92.61	15.38	55.63	1.39
酒、饮料和精制茶制造业	50.00	100.33	0.75	61.18	0.89
烟草制品业	0.00	101.34	131.92	49.60	3.19
纺织业	0.00	90.34	2.75	14.75	0.65
纺织服装、服饰业	100.00	98.72	-4.33	77.50	0.97
木材加工和木、竹、藤、棕、草制品业	0.00	100.00	56.11	57.84	46.45
印刷和记录媒介复制业	20.00	101.82	24.96	24.86	1.98

10-4 续表 7

	亏损面（%）	产销率（%）	资　产贡献率（%）	负债率（%）	流动资产周转次数（次）
文教、工美、体育和娱乐用品制造业	0.00	95.75	46.30	54.97	9.12
石油加工、炼焦和核燃料加工业	0.00	109.95	8.93	68.43	3.29
化学原料和化学制品制造业	6.67	99.70	8.15	63.14	1.66
医药制造业	0.00	92.45	15.69	41.69	1.00
化学纤维制造业	100.00	94.68	-1.78	83.06	1.16
橡胶和塑料制品业	50.00	93.61	-5.73	78.63	0.95
非金属矿物制品业	20.83	92.90	7.55	62.75	1.24
黑色金属冶炼和压延加工业	42.86	98.72	-7.35	80.71	2.24
有色金属冶炼和压延加工业	75.00	97.35	1.56	35.87	1.67
金属制品业	16.67	102.97	7.66	69.44	1.30
通用设备制造业	27.27	105.14	5.91	47.36	1.04
专用设备制造业	13.33	88.02	2.28	78.16	0.95
汽车制造业	15.38	99.66	37.03	48.60	2.29
铁路、船舶、航空航天和其他运输设备制造业	0.00	96.92	3.79	58.80	0.81
电气机械和器材制造业	50.00	98.89	-8.90	96.57	1.08
计算机、通信和其他电子设备制造业	0.00	99.87	13.95	44.01	1.31
仪器仪表制造业	0.00	81.86	19.92	54.81	0.78
其他制造业	0.00	95.86	7.88	53.88	1.28
废弃资源综合利用业	0.00	100.16	4.76	90.19	0.95
金属制品、机械和设备修理业	40.00	101.12	4.08	64.33	0.81
电力、热力生产和供应业	12.50	99.89	12.31	79.53	4.19
燃气生产和供应业	0.00	98.06	8.38	65.09	1.00
水的生产和供应业	0.00	99.32	6.97	42.99	0.75

10-5 独立核算集体工业企业主要经济指标(2012 年)

(年主营业务收入 2000 万元及以上企业)

Main Indicators of Collective- owned Industrial Enterprises with Independent Accounting System (2012) 单元：万元

	企业数(个)	#亏损企业	工业总产值
总　　计	**23**	**5**	**288068**
在总计中:亏损企业	5	5	28484
按轻重工业分			
轻工业	4	1	15762
重工业	19	4	272306
按企业规模分			
#中型企业	3	0	120904
小型企业	20	5	167164
按工业行业大类分			
#煤炭开采和洗选业	0	0	0
食品制造业	0	0	0
酒、饮料和精制茶制造业	0	0	0
纺织业	0	0	0
皮革、毛皮、羽毛及其制品和制鞋业	0	0	0
造纸和纸制品业	0	0	0
印刷和记录媒介复制业	1	0	4770
化学原料和化学制品制造业	0	0	0
医药制造业	0	0	0
橡胶和塑料制品业	0	0	0
非金属矿物制品业	2	0	10388
黑色金属冶炼及压延加工业	1	0	1902
有色金属冶炼及压延加工业	1	1	13309
金属制品业	2	0	25455
通用设备制造业	5	1	36613
专用设备制造业	0	0	0
汽车制造业	1	0	24217
铁路、船舶、航空航天和其他运输设备制造业	2	0	10850
电气机械和器材制造业	7	3	153543
计算机、通信和其他电子设备制造业	0	0	0
仪器仪表制造业	0	0	0
燃气生产和供应业	1	0	7021
水的生产和供应业	0	0	0

10-5 续表 1

单位：万元

	资 产 合 计	流动资产 合 计	负 债 合 计	所有者 权 益
总 计	199361	158516	146416	52629
在总计中:亏损企业	42804	32339	27434	15370
按轻重工业分				
轻工业	13205	8267	6927	6277
重工业	186156	150249	139489	46352
按企业规模分				
#中型企业	101124	93236	85274	15851
小型企业	98237	65280	61142	36778
按工业行业大类分				
#煤炭开采和洗选业	0	0	0	0
食品制造业	0	0	0	0
酒、饮料和精制茶制造业	0	0	0	0
纺织业	0	0	0	0
皮革、毛皮、羽毛及其制品和制鞋业	0	0	0	0
造纸和纸制品业	0	0	0	0
印刷和记录媒介复制业	3062	2704	2639	423
化学原料和化学制品制造业	0	0	0	0
医药制造业	0	0	0	0
橡胶和塑料制品业	0	0	0	0
非金属矿物制品业	2224	1752	1391	637
黑色金属冶炼及压延加工业	2205	1794	1396	809
有色金属冶炼及压延加工业	27616	21295	17577	10039
金属制品业	3553	2245	2451	1102
通用设备制造业	9597	6724	5830	3646
专用设备制造业	0	0	0	0
汽车制造业	20704	17908	17680	3024
铁路、船舶、航空航天和其他运输设备制造业	11061	7880	6420	4641
电气机械和器材制造业	111930	89343	85053	26877
计算机、通信和其他电子设备制造业	0	0	0	0
仪器仪表制造业	0	0	0	0
燃气生产和供应业	7409	6871	5979	1431
水的生产和供应业	0	0	0	0

10-5 续表 2

单位：万元

	主营业务收入	利润总额	利税总额
总计	**257209**	**21281**	**31461**
在总计中:亏损企业	40687	-492	201
按轻重工业分			
轻工业	14376	-285	158
重工业	242833	21566	31303
按企业规模分			
#中型企业	83913	13163	18417
小型企业	173296	8118	13044
按工业行业大类分			
#煤炭开采和洗选业	0	0	0
食品制造业	0	0	0
酒、饮料和精制茶制造业	0	0	0
纺织业	0	0	0
皮革、毛皮、羽毛及其制品和制鞋业	0	0	0
造纸和纸制品业	0	0	0
印刷和记录媒介复制业	2018	2	64
化学原料和化学制品制造业	0	0	0
医药制造业	0	0	0
橡胶和塑料制品业	0	0	0
非金属矿物制品业	10548	358	841
黑色金属冶炼及压延加工业	2001	4	105
有色金属冶炼及压延加工业	22909	-30	190
金属制品业	25270	278	396
通用设备制造业	34270	3763	5264
专用设备制造业	0	0	0
汽车制造业	20879	555	1207
铁路、船舶、航空航天和其他运输设备制造业	10249	188	752
电气机械和器材制造业	122103	15244	21364
计算机、通信和其他电子设备制造业	0	0	0
仪器仪表制造业	0	0	0
燃气生产和供应业	6962	919	1278
水的生产和供应业	0	0	0

10-5 续表 3

	亏损面（%）	产销率（%）	资产贡献率（%）	负债率（%）	流动资产周转次数（次）
总　　计	**21.74**	**103.17**	**16.41**	**73.44**	**1.62**
在总计中:亏损企业	100.00	139.64	1.61	64.09	1.26
按轻重工业分					
轻工业	25.00	115.52	2.62	52.46	1.74
重工业	21.05	102.46	17.39	74.93	1.62
按企业规模分					
#中型企业	0.00	101.62	18.59	84.33	0.90
小型企业	25.00	104.30	14.16	62.24	2.65
按工业行业大类分					
#煤炭开采和洗选业	0.00	0.00	0.00	0.00	0.00
食品制造业	0.00	0.00	0.00	0.00	0.00
酒、饮料和精制茶制造业	0.00	0.00	0.00	0.00	0.00
纺织业	0.00	0.00	0.00	0.00	0.00
皮革、毛皮、羽毛及其制品和制鞋业	0.00	0.00	0.00	0.00	0.00
造纸和纸制品业	0.00	0.00	0.00	0.00	0.00
印刷和记录媒介复制业	0.00	92.11	2.65	86.19	0.75
化学原料和化学制品制造业	0.00	0.00	0.00	0.00	0.00
医药制造业	0.00	0.00	0.00	0.00	0.00
橡胶和塑料制品业	0.00	0.00	0.00	0.00	0.00
非金属矿物制品业	0.00	101.93	38.38	62.57	6.02
黑色金属冶炼及压延加工业	0.00	104.57	5.84	63.30	1.12
有色金属冶炼及压延加工业	100.00	151.96	0.69	63.65	1.08
金属制品业	0.00	100.00	12.17	68.98	11.25
通用设备制造业	20.00	93.82	57.21	60.75	5.10
专用设备制造业	0.00	0.00	0.00	0.00	0.00
汽车制造业	0.00	93.88	6.99	85.39	1.17
铁路、船舶、航空航天和其他运输设备制造业	0.00	88.85	8.03	58.05	1.30
电气机械和器材制造业	42.86	104.73	19.59	75.99	1.37
计算机、通信和其他电子设备制造业	0.00	0.00	0.00	0.00	0.00
仪器仪表制造业	0.00	0.00	0.00	0.00	0.00
燃气生产和供应业	0.00	100.00	17.26	80.69	1.01
水的生产和供应业	0.00	0.00	0.00	0.00	0.00

10-6 独立核算“三资”工业企业主要经济指标(2012 年)

(年主营业务收入 2000 万元及以上企业)

Main Indicators of Overseas-funded Industrial Enterprises with Independent Accounting System (2012) 单位：万元

	企业数（个）	#亏损企业	工业总产值
总计	**307**	**61**	**26394489**
按登记注册类型分			
港、澳、台商投资企业	99	19	13029974
合资经营企业(港、澳、台资)	42	9	1011795
合作经营企业(港、澳、台资)	1	0	21759
港澳台商独资企业	54	9	11977923
港澳台投资股份有限公司	2	1	18497
外商投资企业	208	42	13364515
中外合资经营企业	111	20	7705549
中外合作经营企业	5	1	68162
外资企业	83	20	2247595
外商投资股份有限公司	7	0	3339890
其他外商投资企业	2	1	3319
按轻重工业分			
轻工业	152	24	4149391
重工业	155	37	22245098
按企业规模分			
大型企业	28	4	20610123
中型企业	75	10	3125437
小型企业	197	44	2592102
微型企业	7	3	66827
按工业行业大类分			
#农副食品加工业	23	2	984324
食品制造业	22	4	537512
酒、饮料和精制茶制造业	15	3	515225
纺织业	1	0	9585

10-6 续表 1

单元：万元

	企业数（个）	#亏损企业	工业总产值
纺织服装、服饰业	5	1	33203
皮革、毛皮、羽毛及其制品和制鞋业	6	1	189063
木材加工和木、竹、藤、棕、草制品业	3	0	21616
家具制造业	3	1	28308
造纸和纸制品业	6	1	121174
印刷和记录媒介复制业	9	0	202056
文教、工美、体育和娱乐用品制造业	2	0	9664
化学原料和化学制品制造业	21	5	583350
医药制造业	23	4	501323
化学纤维制造业	1	0	13155
橡胶和塑料制品业	12	4	260284
非金属矿物制品业	19	3	993183
黑色金属冶炼和压延加工业	1	0	61046
有色金属冶炼和压延加工业	2	1	56765
金属制品业	22	3	301466
通用设备制造业	9	2	147779
专用设备制造业	19	6	622740
汽车制造业	22	7	4253088
铁路、船舶、航空航天和其他运输设备制造业	6	1	180982
电气机械和器材制造业	14	3	424444
计算机、通信和其他电子设备制造业	26	6	14999860
仪器仪表制造业	5	0	33521
其他制造业	1	0	11219
金属制品、机械和设备修理业	3	1	35623
电力、热力生产和供应业	2	2	11616
燃气生产和供应业	3	0	228675
水的生产和供应业	1	0	22640

10-6 续表 2

单位：万元

	资 产 总 计	负 债 总 计	所有者 权 益
总　　计	**18384527**	**11029625**	**7281285**
按登记注册类型分			
港、澳、台商投资企业	7490646	5750025	1710725
合资经营企业(港、澳、台资)	1089083	720933	345460
合作经营企业(港、澳、台资)	7680	2471	5209
港澳台商独资企业	6373273	5018029	1348038
港澳台投资股份有限公司	20610	8592	12018
外商投资企业	10893881	5279600	5570560
中外合资经营企业	7931104	3987342	3937084
中外合作经营企业	48182	30464	16535
外资企业	1984787	990168	958763
外商投资股份有限公司	915785	264931	650850
其他外商投资企业	14023	6695	7328
按轻重工业分			
轻工业	3391883	1483531	1875627
重工业	14992644	9546094	5405658
按企业规模分			
大型企业	12178317	8155423	4002893
中型企业	3557842	1528962	2015469
小型企业	2551347	1296751	1239997
微型企业	97021	48489	22926
按工业行业大类分			
#农副食品加工业	343634	163452	178781
食品制造业	422506	219040	198317
酒、饮料和精制茶制造业	529650	231192	294093
纺织业	6331	3449	2882

10-6 续表 3

单元：万元

	资产 总计	负债 总计	所有者 权益
纺织服装、服饰业	17865	8946	8919
皮革、毛皮、羽毛及其制品和制鞋业	57197	29686	27511
木材加工和木、竹、藤、棕、草制品业	24660	11878	12512
家具制造业	13076	4738	8338
造纸和纸制品业	118409	59749	58660
印刷和记录媒介复制业	181975	98060	83856
文教、工美、体育和娱乐用品制造业	1892	967	926
化学原料和化学制品制造业	804326	291901	509879
医药制造业	702170	341217	340952
化学纤维制造业	21102	9499	11603
橡胶和塑料制品业	560102	441141	113313
非金属矿物制品业	1589547	697155	890973
黑色金属冶炼和压延加工业	82197	37837	44361
有色金属冶炼和压延加工业	18267	3315	14953
金属制品业	351763	135208	200230
通用设备制造业	107197	74064	32611
专用设备制造业	1972785	1492490	472571
汽车制造业	2889200	1131646	1757521
铁路、船舶、航空航天和其他运输设备制造业	181674	74155	107519
电气机械和器材制造业	423569	244553	170868
计算机、通信和其他电子设备制造业	6413634	4924391	1489242
仪器仪表制造业	35639	13200	22436
其他制造业	4321	1733	2582
金属制品、机械和设备修理业	46080	26877	19202
电力、热力生产和供应业	55038	40130	14909
燃气生产和供应业	366556	217020	149536
水的生产和供应业	42165	936	41229

10-6 续表 4

单位：万元

	主营业务收入	利税总额	本年应交增值税
总计	**26843652**	**4629197**	**1465296**
按登记注册类型分			
港、澳、台商投资企业	12819205	1620432	790646
合资经营企业(港、澳、台资)	1007965	120101	40066
合作经营企业(港、澳、台资)	23637	3662	1623
港澳台商独资企业	11756029	1493018	746751
港澳台投资股份有限公司	31574	3651	2206
外商投资企业	14024447	3008765	674650
中外合资经营企业	8354789	1941663	380669
中外合作经营企业	67691	5025	2357
外资企业	2308315	322503	69429
外商投资股份有限公司	3286933	739638	222040
其他外商投资企业	6719	-64	155
按轻重工业分			
轻工业	4359528	697113	185358
重工业	22484124	3932084	1279938
按企业规模分			
大型企业	20763955	3751679	1241362
中型企业	3305565	525883	111585
小型企业	2689228	348695	108632
微型企业	84904	2940	3717
按工业行业大类分			
#农副食品加工业	994691	117760	31778
食品制造业	570180	70967	27971
酒、饮料和精制茶制造业	610046	116912	30389
纺织业	10273	1128	481

10-6 续表 5

单元：万元

	主营业务收入	利税总额	本年应交增值税
纺织服装、服饰业	33356	3119	1261
皮革、毛皮、羽毛及其制品和制鞋业	176568	23579	8941
木材加工和木、竹、藤、棕、草制品业	22400	1431	341
家具制造业	27390	3043	1250
造纸和纸制品业	118297	31941	4057
印刷和记录媒介复制业	194583	43772	13971
文教、工美、体育和娱乐用品制造业	8917	1234	280
化学原料和化学制品制造业	749091	207398	30866
医药制造业	456464	53624	31419
化学纤维制造业	10203	1255	346
橡胶和塑料制品业	260515	26179	8828
非金属矿物制品业	926912	135256	51826
黑色金属冶炼和压延加工业	57483	5624	675
有色金属冶炼和压延加工业	55682	7743	2752
金属制品业	301053	24386	8909
通用设备制造业	141591	23049	6756
专用设备制造业	1239744	68003	39510
汽车制造业	4254379	1449464	228852
铁路、船舶、航空航天和其他运输设备制造业	192181	9003	2417
电气机械和器材制造业	445789	39593	15417
计算机、通信和其他电子设备制造业	14649127	2073369	904722
仪器仪表制造业	33109	5536	583
其他制造业	13721	1296	598
金属制品、机械和设备修理业	37082	6764	2183
电力、热力生产和供应业	10296	-4592	102
燃气生产和供应业	219889	68712	6458
水的生产和供应业	22640	12649	1358

10-6 续表 6

	亏损面（%）	产销率（%）	资　产贡献率（%）	负债率（%）	流动资产周转次数（次）
总　　　计	**19.87**	**99.58**	**25.89**	**59.99**	**2.39**
按登记注册类型分					
港、澳、台商投资企业	19.19	99.63	22.12	76.76	2.65
合资经营企业(港、澳、台资)	21.43	98.58	12.34	66.20	1.61
合作经营企业(港、澳、台资)	0.00	95.11	49.87	32.19	6.44
港澳台商独资企业	16.67	99.73	23.76	78.74	2.79
港澳台投资股份有限公司	50.00	94.10	19.67	41.69	5.22
外商投资企业	20.19	99.53	28.49	48.46	2.20
中外合资经营企业	18.02	100.43	25.49	50.27	1.75
中外合作经营企业	20.00	99.38	10.47	63.23	2.13
外资企业	24.10	95.72	16.69	49.89	2.17
外商投资股份有限公司	0.00	100.02	81.37	28.93	6.48
其他外商投资企业	50.00	98.96	0.29	47.74	1.04
按轻重工业分					
轻工业	15.79	99.51	21.51	43.74	2.48
重工业	23.87	99.59	26.88	63.67	2.37
按企业规模分					
大型企业	14.29	99.44	31.46	66.97	2.68
中型企业	13.33	100.34	15.61	42.97	1.82
小型企业	22.34	99.82	14.47	50.83	1.69
微型企业	42.86	98.00	3.67	49.98	1.26
按工业行业大类分					
#农副食品加工业	8.70	100.53	35.27	47.57	4.34
食品制造业	18.18	100.04	17.37	51.84	3.29
酒、饮料和精制茶制造业	20.00	101.46	23.08	43.65	2.68
纺织业	0.00	102.03	18.81	54.48	2.05

10-6 续表 7

	亏损面 （%）	产销率 （%）	资　产 贡献率 （%）	负债率 （%）	流动资产 周转次数 （次）
纺织服装、服饰业	20.00	101.89	19.70	50.08	2.69
皮革、毛皮、羽毛及其制品和制鞋业	16.67	95.62	42.36	51.90	6.15
木材加工和木、竹、藤、棕、草制品业	0.00	103.78	6.70	48.17	1.14
家具制造业	33.33	106.60	23.35	36.24	5.10
造纸和纸制品业	16.67	98.58	27.82	50.46	1.95
印刷和记录媒介复制业	0.00	99.91	24.73	53.89	1.73
文教、工美、体育和娱乐用品制造业	0.00	94.27	69.97	51.09	8.84
化学原料和化学制品制造业	23.81	102.06	26.15	36.29	1.62
医药制造业	17.39	95.06	9.76	48.59	1.31
化学纤维制造业	0.00	77.56	5.95	45.01	1.63
橡胶和塑料制品业	33.33	101.19	5.32	78.76	0.65
非金属矿物制品业	15.79	96.67	9.79	43.86	1.83
黑色金属冶炼和压延加工业	0.00	95.53	7.90	46.03	1.93
有色金属冶炼和压延加工业	50.00	97.06	43.81	18.15	4.88
金属制品业	13.64	97.65	8.02	38.44	1.20
通用设备制造业	22.22	96.75	22.42	69.09	1.81
专用设备制造业	31.58	104.86	5.74	75.65	0.77
汽车制造业	31.82	100.13	50.26	39.17	2.66
铁路、船舶、航空航天和其他运输设备制造业	16.67	106.02	5.07	40.82	1.67
电气机械和器材制造业	21.43	99.83	9.90	57.74	1.90
计算机、通信和其他电子设备制造业	23.08	99.33	32.59	76.78	3.32
仪器仪表制造业	0.00	96.47	16.14	37.04	1.95
其他制造业	0.00	100.32	29.99	40.18	7.82
金属制品、机械和设备修理业	33.33	103.45	15.33	58.33	1.03
电力、热力生产和供应业	100.00	99.49	-7.84	72.91	1.90
燃气生产和供应业	0.00	100.00	18.77	59.21	1.13
水的生产和供应业	0.00	100.00	30.00	2.22	1.17

10-7 大中型工业企业主要经济指标

Main Indicators of Large-scale and Medium-scale Industrial Enterprises

单位：万元

合　　计	2010年		2011年		2012年	
	合　计	占全市工业的比重（%）	合　计	占全市工业的比重（%）	合　计	占全市工业的比重（%）
企业单位数(个)	532	13.7	532	17.0	658	20.6
#亏损企业	53	12.4	72	22.5	68	18.1
工业总产值	33816849	58.2	46284886	61.2	53813261	68.5
流动资产合计	18658521	66.9	23621194	69.0	29541640	71.5
资产总计	37151553	67.2	46128194	69.9	57460229	74.2
负债总计	21589295	68.2	27073117	71.2	34909591	75.4
主营业务收入	32894319	58.5	44743698	62.0	54584978	68.9
#主营业务税金及附加	1283470	87.4	1722356	92.1	2032951	92.5
盈利企业的利润总额	2794394	67.3	3454710	64.4	5262341	74.8
亏损企业的亏损总额	133326	56.2	244485	70.8	531386	80.7
盈亏相抵的利润总额	2661068	67.9	3210225	64.0	4730955	74.2
利税总额	5429437	71.8	7188919	71.6	9577342	78.4

注："占全市工业的比重(%)"为大中型工业企业占年主营业务收入 2000 万元及以上的独立核算工业企业比重。

10-8 全部独立核算工业企业主要经济效益指标

(年主营业务收入 2000 万元及以上企业)

Main Indicators on Economic Benefit of Industrial Enterprises with Independent Accounting System

	单位	2011	2012		单位	2011	2012
综合经济效益指数	**%**	**261.9**	**268.5**	**流动资产周转次数**	**次**	**2.1**	**1.9**
#国有控股经济	%	306.5	354.5	#国有控股经济	次	1.7	1.7
集体经济	%	161.2	268.0	集体经济	次	1.8	1.6
三资企业	%	265.3	307.6	三资企业	次	2.4	2.4
总资产贡献率	**%**	**16.0**	**16.8**	**成本费用利润率**	**%**	**7.6**	**9.2**
#国有控股经济	%	16.0	17.1	#国有控股经济	%	7.2	10.4
集体经济	%	9.6	16.4	集体经济	%	3.7	8.9
三资企业	%	20.0	25.9	三资企业	%	7.4	11.3
资本保值率	**%**	**118.0**	**116.0**	**劳动生产率**	**元/人**	**234522**	**235592**
#国有控股经济	%	121.2	119.1	#国有控股经济	元/人	315742	373440
集体经济	%	63.0	135.8	集体经济	元/人	137955	243795
三资企业	%	128.6	123.6	三资企业	元/人	221225	249514
资产负债率	**%**	**57.7**	**59.8**	**产销率**	**%**	**97.0**	**98.5**
#国有控股经济	%	60.1	62.4	#国有控股经济	%	97.3	99.3
集体经济	%	79.6	73.4	集体经济	%	98.9	103.2
三资企业	%	58.8	60.0	三资企业	%	98.1	99.6

10-9 全市工业企业特色优势产业主要经济指标(2012 年)

Main Indicators of Characteristic and Advantageous Industries (2012)

单位：万元

	工业总产值	资产合计	应收帐款
特色优势产业合计	**65815897**	**55699286**	**10085588**
占全市比重(%)	83.80	71.92	84.40
按工业行业分			
电子信息产品制造业	23129245	15932311	4117130
占全市比重(%)	29.45	20.57	34.45
占特色优势产业合计比重(%)	35.14	28.60	40.82
机械工业	8109093	11083506	2605725
占全市比重(%)	10.33	14.31	21.81
占特色优势产业合计比重(%)	12.32	19.90	25.84
汽车工业	7379871	6521338	1353330
占全市比重(%)	9.40	8.42	11.33
占特色优势产业合计比重(%)	11.21	11.71	13.42
石油化学工业	3230366	3628274	320091
占全市比重(%)	4.11	4.69	2.68
占特色优势产业合计比重(%)	4.91	6.51	3.17
食品、饮料及烟草工业	9323715	6168687	354063
占全市比重(%)	11.87	7.97	2.96
占特色优势产业合计比重(%)	14.17	11.07	3.51
冶金工业	4535750	3591594	300015
占全市比重(%)	5.78	4.64	2.51
占特色优势产业合计比重(%)	6.89	6.45	2.97
建材工业	3513868	4276084	636909
占全市比重(%)	4.47	5.52	5.33
占特色优势产业合计比重(%)	5.34	7.68	6.32
轻工行业	6593989	4497491	398325
占全市比重(%)	8.40	5.81	3.33
占特色优势产业合计比重(%)	10.02	8.07	3.95

注：“占全市比重(%)”指特色优势产业占年主营业务收入 2000 万元及以上的企业比重。

10-9 续表 1

单位：万元

	产成品	负债合计	主营业务收入	管理费用
特色优势产业合计	**2917892**	**33037140**	**66541806**	**2708458**
占全市比重(%)	82.33	71.33	83.93	79.81
按工业行业分				
电子信息产品制造业	740579	10350745	22904696	640391
占全市比重(%)	20.90	22.35	28.89	18.87
占特色优势产业合计比重(%)	25.38	31.33	34.42	23.64
机械工业	731089	6746253	8662683	542270
占全市比重(%)	20.63	14.57	10.93	15.98
占特色优势产业合计比重(%)	25.06	20.42	13.02	20.02
汽车工业	276672	3687903	7359653	294540
占全市比重(%)	7.81	7.96	9.28	8.68
占特色优势产业合计比重(%)	9.48	11.16	11.06	10.87
石油化学工业	156194	1861780	3473156	194064
占全市比重(%)	4.41	4.02	4.38	5.72
占特色优势产业合计比重(%)	5.35	5.64	5.22	7.17
食品、饮料及烟草工业	351199	3241419	9490203	378923
占全市比重(%)	9.91	7.00	11.97	11.17
占特色优势产业合计比重(%)	12.04	9.81	14.26	13.99
冶金工业	217535	2533500	4796425	187879
占全市比重(%)	6.14	5.47	6.05	5.54
占特色优势产业合计比重(%)	7.46	7.67	7.21	6.94
建材工业	202785	2236498	3446569	174846
占全市比重(%)	5.72	4.83	4.35	5.15
占特色优势产业合计比重(%)	6.95	6.77	5.18	6.46
轻工行业	241838	2379043	6408422	295546
占全市比重(%)	6.82	5.14	8.08	8.71
占特色优势产业合计比重(%)	8.29	7.20	9.63	10.91

10-9 续表 2

单位：万元

	利息支出	利润总额	利税总额	工业增加值
特色优势产业合计	**599786**	**4908760**	**10055635**	**21182500**
占全市比重(%)	72.58	76.96	82.34	81.82
按工业行业分				
电子信息产品制造业	172612	1681025	3041777	5826900
占全市比重(%)	20.89	26.36	24.91	22.51
占特色优势产业合计比重(%)	28.78	34.25	30.25	27.51
机械工业	122282	609011	912738	2307800
占全市比重(%)	14.80	9.55	7.47	8.91
占特色优势产业合计比重(%)	20.39	12.41	9.08	10.89
汽车工业	32571	820227	1674121	2959000
占全市比重(%)	3.94	12.86	13.71	11.43
占特色优势产业合计比重(%)	5.43	16.71	16.65	13.97
石油化学工业	53655	364693	499732	1546600
占全市比重(%)	6.49	5.72	4.09	5.97
占特色优势产业合计比重(%)	8.95	7.43	4.97	7.30
食品、饮料及烟草工业	56754	685157	2578163	3943400
占全市比重(%)	6.87	10.74	21.11	15.23
占特色优势产业合计比重(%)	9.46	13.96	25.64	18.62
冶金工业	46781	-30910	103724	997400
占全市比重(%)	5.66	-0.48	0.85	3.85
占特色优势产业合计比重(%)	7.80	-0.63	1.03	4.71
建材工业	54331	208856	374722	1238200
占全市比重(%)	6.57	3.27	3.07	4.78
占特色优势产业合计比重(%)	9.06	4.25	3.73	5.85
轻工行业	60801	570701	870659	2363200
占全市比重(%)	7.36	8.95	7.13	9.13
占特色优势产业合计比重(%)	10.14	11.63	8.66	11.16

10-10 分月规模以上工业企业主要经济指标(2012 年)

Main Indicators of Industrial Enterprises above Designated Size of Each Month (2012)

单位：亿元

	工业增加值	主营业务收入	利润总额	利税总额
1 月				
1-2 月	360.10	1035.65	58.11	134.10
1-3 月	560.70	1684.02	90.65	192.46
1-4 月	749.00	2276.46	119.00	272.90
1-5 月	949.90	2899.12	158.35	351.25
1-6 月	1137.70	3489.23	203.15	435.78
1-7 月	1308.30	4017.02	225.05	494.66
1-8 月	1484.20	4588.43	261.12	569.17
1-9 月	1675.10	5152.69	301.63	650.01
1-10 月	1896.70	5842.63	355.85	750.41
1-11 月	2304.20	6702.37	445.96	918.29
1-12 月	2589.00	7611.12	581.31	1148.83

注：此表 1-12 月数据为快报数据。

主 要 统 计 指 标 解 释

工业总产值 是指工业企业在一定时期内生产的已出售或可供出售的以货币表现的工业产品总量，它反映一定时间内工业生产的总规模和总水平。它包括：在本企业内不再进行加工，经检验、包装入库（规定不需包装的产品除外）的成品价值、对外加工费收入、自制半成品在产品期末期初差额价值。工业总产值采用“工厂法”计算，即以工业企业作为一个整体，按企业工业生产活动的最终成果来计算，企业内部不允许重复计算，不能把企业内部各个车间（分厂）生产的成果相加。但在企业之间、行业之间、地区之间存在着重复计算。

工业增加值 是指工业企业在报告期内以货币表现的工业生产活动的最终成果。

实收资本 是指企业实际收到投资者投入企业的可作为长期周转使用的经营资金。 实收资本按投资主体可分为国家资本、法人资本、个人资本金、港澳台资本和外商资本、集体资本等。

总资产 指企业拥有或控制的全部资产。包括流动资产、长期投资、固定资产、无形及递延资产、其他长期资产、递延税项等即为企业资产负债表的资产总计项。

(1)流动资产指企业可以在一年内或者超过一年的一个生产周期内变现或耗用的资产合计。包括现金及各种存款、短期投资、应收及预付款项、存货等。

(2)固定资产指企业固定资产净值、固定资产清理、在建工程、待处理固定资产损失所占用的资金合计。

(3)无形资产指企业长期使用而没有实物形态的资产。包括专利权、非专利技术、商标权、著作权、土地使用权、商誉等。

总负债 指企业承担并需要偿还的全部债务。包括流动负债、递延税项等即为企业资产负债表的负债合计项。

(1)流动负债指企业在一年内或者超过一年的一个营业周期内需要偿还的债务合计其中包括短期借款、应付及预收款项、应付工资、应交税金和应交利润等。

(2)长期负债指企业在一年以上或者超过一年的一个生产周期以上需要偿还的债务合计其中包括长期借款、应付债务、长期应付款项等。

所有者权益合计 指企业投资人对企业净资产的所有权。企业净资产等于企业全部资产减去全部负债后的余额，包括实收资本、资本公积、盈余公积、未分配利润等。

利税总额 指企业利润总额、产品销售税金及附加和应交增值税之和。

资金利税率 指在一定时期内已实现的利润、税金总额与同期的资产（固定资产净值和流动资产）之比。计算公式为：

$$资产利税率(\%)=\frac{报告期累计实现利税总额}{固定资产净值平均余额+流动资产平均余额}\times100\%$$

工业成本费用利润率 指在一定时期内实现的利润与成本费用之比反映工业生产的成本及费用投入的经济效益同时也反映企业降低成本所取得的经济效益。计算公式为：

$$工业成本费用利润率(\%)=\frac{利润总额}{成本费用总额}\times100\%$$

工业成本费用总额包括产品销售成本、产品销售费用、管理费用、财务费用之和。

工业增加值率 指在一定时期内工业增加值与同期工业总产值之比，反映降低中间消耗的经济效益。计算公式为：

$$工业增加值率(\%)=\frac{工业增加值（现价）}{工业总产值（现价）+销项税额}\times100\%$$

流动资产周转次数 指在一定时期内流动资产完成的周转次数，反映流动资产的周转速度。计算公式为：

$$流动资产周转次数=\frac{产品销售收入}{全部流动资产平均余额}\times 100\%$$

产品销售率　指一定时期内销售产值与同期全部工业总产值之比反映工业产品已实现销售的程度。计算公式为：

$$工业产品销售率(\%)=\frac{工业销售产值}{现价工业总产值}\times 100\%$$

资产负债率　指报告期流动负债和长期负债之和与同期的流动资产、长期资产、固定资产、无形及递延资产和其他长期资产之和之比是反映企业偿债能力的主要指标。计算公式为：

$$资产负债率(\%)=\frac{负债总额}{资产总额}\times 100\%$$

资本保值增值率　反映企业净资产的变动状况是企业发展能力的集中体现。计算公式为：

$$资本保值增值率(\%)=\frac{报告期期末所有者权益}{上年同期期末所有者权益}\times 100\%$$

总资产贡献率　反映企业全部资产的获利能力是企业经营业绩和管理水平的集中体现是评价和考核企业盈利能力的核心指标。计算公式为：

$$总资产贡献率(\%)=\frac{利润总额+税金总额+利息支出}{平均资产总额}\times 100\%$$

其中：税金总额为产品销售税金及附加与应交增值税之和。

全员劳动生产率　指根据产品的价值量指标计算的平均每一个职工在单位时间内的产品生产量。是考核企业经济活动的重要指标是企业生产技术水平、经营管理水平、职工技术熟练程度和劳动积极性的综合表现。计算公式为：

$$全员劳动生产率=\frac{工业增加值}{全部职工平均人数}$$

十一 运输、邮电

简 要 说 明

主要内容

本部分资料反映货物和旅客运输、邮电通信发展基础情况。

资料来源

铁路客、货运资料来源于成都铁路局分局和四川省地方铁路局。

民用航空资料来源于中国国际航空股份有限公司、四川航空公司、成都航空有限公司、双流国际机场。

水运和公路运输资料来源于成都市交通委员会。

邮政通信资料来源于成都市邮政局、中国电信成都市分公司、中国移动成都市分公司、中国联通四川分公司。

其他需要说明的问题

铁路运输按成都铁路局和四川省地方铁路局成都辖区部分发出量统计；民用航空运输按成都港发出量统计；水运、公路运输按辖区全社会口径统计。

11-1 历 年 货 物 运 输 量

Freight Traffic over the Years

单位：万吨

年份	总计	铁路	民用航空	水运	公路
1949	0.6				0.6
1950	1.6				1.6
1951	25.0				25.0
1952	76.0			8.4	67.6
1953	276.8	106.2		8	162.6
1954	242.6	83.9		9.8	148.9
1955	209.5	31.8		9.8	167.9
1956	513.9	200.4		24.3	289.2
1957	718.4	301.8		48.3	368.3
1958	690.9	184.5	0.1	49.6	456.7
1959	1370.7	586.7	0.2	50.9	732.9
1960	1178.4	269.1	0.3	61.3	847.7
1961	808.2	358.2	0.2	26.7	423.1
1962	915.9	472.8	0.1	23.5	419.5
1963	789.3	388.9	0.1	27.9	372.4
1964	992.2	507.2	0.1	29.6	455.3
1965	1248.9	682.2	0.2	44.2	522.3
1966	1422.5	758.7	0.2	44.6	619
1967	1113.4	552.4	0.2	55.0	505.8
1968	813.2	400.9	0.2	25.9	386.2
1969	1143.3	609.5	0.2	26.4	507.2
1970	1622.1	864.4	0.2	30.8	726.7
1971	1874.7	989.0	0.2	38.8	846.7
1972	1934.5	995.7	0.2	43.2	895.4
1973	1905.0	967.7	0.2	33.6	903.5
1974	1793.9	846.2	0.1	26.5	921.1
1975	2126.2	1060.6	0.2	30.8	1034.6
1976	1985.3	899.1	0.2	33.5	1052.5
1977	2494.9	1134.5	0.2	34.0	1326.2
1978	2873.6	1319.1	0.3	31.4	1522.8
1979	3723.7	1395.2	0.3	24.8	2303.4
1980	4295.0	1395.7	0.4	23.5	2875.4

11-1 续表

单位：万吨

年　份	总　计	铁　路	民用航空	水　运	公　路
1981	4546.2	1317.4	0.4	19.1	3209.3
1982	4813.0	1360.9	0.4	16.4	3435.3
1983	6013.4	1414.7	0.4	19.9	4578.4
1984	6732.3	1494.2	0.7	11.9	5225.5
1985	7467.8	1484.3	1.0	15.9	5966.6
1986	7810.6	1536.0	1.0	31.8	6241.8
1987	8437.4	1574.8	1.5	34.1	6827.0
1988	9308.4	1622.0	1.5	45.0	7639.9
1989	10006.0	1669.0	2.0	45.0	8290.0
1990	10139.0	1594.0	2.0	43.0	8500.0
1991	10719.0	1608.0	2.0	43.0	9066.0
1992	10505.2	1715.0	2.2	44.0	8744.0
1993	11073.8	1801.0	2.8	45.0	9225.0
1994	11191.5	1764.0	3.5	46.0	9378.0
1995	11659.3	1714.0	4.3	48.0	9893.0
1996	13073.9	1861.0	4.9	75.0	11133.0
1997	14341.9	1753.0	5.9	32.0	12551.0
1998	18598.4	3906.0	5.4	210.0	14477.0
1999	19632.5	3913.0	6.5	20.0	15693.0
2000	21489.2	4081.7	8.5	20.0	17379.0
2001	23718.5	4402.0	9.5	103.0	19204.0
2002	15309.5	4565.0	10.5	54.0	10680.0
2003	17117.9	4977.0	12.2	84.7	12044.0
2004	25686.0	13050.0	15.3	82.7	12538.0
2005	26696.0	13309.0	18.0	54.0	13315.0
2006	28143.0	14007.0	20.0	42.0	14074.0
2007	30025.4	14693.9	22.3	14.5	15294.7
2008	35456.1	14099.0	17.1		21340.0
2009	39540.2	14119.9	18.5		25401.8
2010	44086.8	15385.8	22.0		28679.0
2011	34368.2	773.2	24.9		33570.1
2012	39569.1	764.8	27.4		38776.9

注：①从 2002 年起交通部门的口径作了调整，公路客、货运输量不含人力车、出租车和私家车数据，下同；②2005 年成铁分局撤销，2004 年以后数据为西南三省合并后的铁路局数据；2011 年为成都地区铁路与地铁数据之和。

11-2 历 年 货 物 周 转 量

Freight Ton-Kilometers over the Years

单位：万吨公里

年　份	总　计	铁　路	民用航空	水　运	公　路
1949	26				26
1950	259				259
1951	1249			144	1105
1952	2164			489	1675
1953	62652	59366		357	2929
1954	52948	46900		570	5478
1955	24491	17776		536	6179
1956	122732	112024		889	9819
1957	180608	168706		988	10914
1958	112023	103136	181	1304	7402
1959	243218	227965	336	1742	13175
1960	168470	150427	466	2452	15125
1961	209017	200234	430	1481	6872
1962	279720	264295	191	970	14264
1963	227139	217395	193	683	8868
1964	293117	283525	202	758	8632
1965	396158	381350	279	932	13597
1966	445525	424113	402	786	20224
1967	328912	308792	430	777	18913
1968	237527	224103	325	592	12507
1969	358461	340711	372	598	16780
1970	530710	505686	391	689	23944
1971	579008	551386	338	546	26738
1972	580811	553059	449	581	26722
1973	560459	532104	330	619	27406
1974	491860	462396	387	483	28594
1975	632240	597437	544	379	33880
1976	534872	501721	691	486	31974
1977	693385	652497	750	449	39689
1978	812941	765995	793	496	45657
1979	818572	736246	910	294	81122
1980	866799	782111	897	259	83532

11-2 续表

单位：万吨公里

年 份	总 计	铁 路	民用航空	水 运	公 路
1981	775434	678534	978	223	95699
1982	811892	704655	1049	195	105993
1983	897339	751125	1004	123	145087
1984	1059673	891346	1864	59	166404
1985	1164952	973843	2844	55	188210
1986	1269569	1063715	4669	111	201074
1987	1436309	1185030	5797	119	245363
1988	1556123	1245801	4538	157	305627
1989	1562690	1247164	5480	158	309888
1990	1478332	1183150	6459	149	288574
1991	1579549	1240720	6049	150	332630
1992	1616289	1256236	7545	153	352355
1993	1690540	1317584	10561	160	362235
1994	1815262	1394032	13518	162	407550
1995	1824422	1377400	16147	170	430705
1996	1918702	1459543	18747	231	440181
1997	1993532	1474000	19698	64	499770
1998	3398369	2793895	18816	140	585518
1999	3405441	2740700	17700	50	646991
2000	3626456	2893000	21172	41	712243
2001	4140255	3336200	20200	103	783752
2002	4264690	3835800	25100	60	403730
2003	4459619	3992220	22200	164	445035
2004	11619900	11118000	27400	100	474400
2005	11869780	11327800	32900	80	509000
2006	12050427	11440000	42900	27	567500
2007	13259008	12553000	52000	8	654000
2008	13944063	12869900	62171		1011992
2009	15272385	13731100	69718		1471567
2010	16577062	14749700	77975		1749387
2011	2883673	752136	80585		2050952
2012	3251747	784374	99909		2367464

11-3 历 年 旅 客 运 输 量

Passenger Traffic over the Years

单位：万人

年　份	总　计	铁　路	民用航空	水　运	公　路
1949	7.9				7.9
1950	9.9				9.9
1951	14.9				14.9
1952	29.2				29.2
1953	95.9	45.3			50.6
1954	107.1	41.1			66.0
1955	145.0	64.9			80.1
1956	231.6	113.4	0.2		118.0
1957	300.0	149.3	0.3		150.4
1958	254.7	158.8	0.8		95.1
1959	366.4	200.4	1.0		165.0
1960	414.9	276.6	1.3		137.0
1961	505.7	414.4	1.5		89.8
1962	777.3	455.3	1.1		320.9
1963	548.3	274.0	1.0		273.3
1964	604.1	218.1	1.7		384.3
1965	1001.5	578.7	2.3		420.5
1966	1244.9	723.5	1.9		519.5
1967	1510.2	1020.6	2.3		487.3
1968	1530.2	1133.9	2.3		394.0
1969	1919.7	1400.0	2.2		517.5
1970	1960.7	1432.8	2.2	4.8	520.9
1971	2009.3	1367.4	2.6	5.0	634.3
1972	2405.6	1560.6	3.3	7.4	834.3
1973	2489.5	1700.4	3.4	7.4	778.3
1974	2255.8	1493.3	4.1	9.3	749.1
1975	2155.7	1415.5	5.8	8.9	725.5
1976	2114.0	1413.9	7.3	9.7	683.1
1977	2281.0	1495.8	8.5	5.3	771.4
1978	2634.6	1541.4	11.3	3.9	1078.0
1979	3224.8	1740.7	14.2	3.5	1466.4
1980	4586.4	1894.3	14.6	1.2	2676.3

11-3 续表

单位：万人

年　份	总　计	铁　路	民用航空	水　运	公　路
1981	5122.2	1785.9	16.3	2.0	3318.0
1982	5793.8	1830.7	16.0	1.4	3945.7
1983	6682.5	1916.2	11.8	5.0	4749.5
1984	8149.5	2112.6	22.5	12.0	6002.4
1985	9384.2	2141.6	31.4	10.2	7201.0
1986	9861.7	2119.0	43.3	12.3	7687.1
1987	11088.8	2303.0	55.2	34.2	8696.4
1988	11512.4	2476.0	52.8	42.5	8941.1
1989	12484.0	2208.0	61.0	44.0	10171.0
1990	12894.0	1729.0	71.0	46.0	11048.0
1991	14003.0	1838.0	96.0	49.0	12020.0
1992	14728.0	1968.0	110.0	50.0	12600.0
1993	13942.0	2028.0	139.0	51.0	11724.0
1994	14769.0	1998.0	169.0	57.0	12545.0
1995	19931.0	1703.0	200.0	60.0	17968.0
1996	24668.0	1408.0	205.0	55.0	23000.0
1997	29092.0	1473.0	207.0	151.0	27261.0
1998	36248.1	2126.0	213.1	157.0	33752.0
1999	40140.4	2423.0	242.4	10.0	37465.0
2000	46459.0	2685.8	269.2	23.0	43481.0
2001	52432.7	2925.0	304.7	103.0	49100.0
2002	28884.6	2896.0	379.3	142.3	25467.0
2003	28234.4	2601.0	410.0	158.4	25065.0
2004	35511.0	7323.0	581.0	161.0	27446.0
2005	38086.0	7931.0	693.0	123.0	29339.0
2006	39742.2	8837.0	808.0	120.0	29977.2
2007	43313.9	10125.4	911.5	99.5	32177.5
2008	79016.3	10948.2	844.1	82.0	67142.0
2009	94083.7	11060.8	1121.8	72.0	81829.1
2010	99811.3	12488.0	1287.9	37.4	85998.0
2011	99070.0	9299.9	1446.6	41.0	88282.5
2012	106873.8	14270.6	1577.0	46.2	90980.0

11-4 历 年 旅 客 周 转 量

Passenger-Kilometers over the Years

单位：万人公里

年　份	总　计	铁　路	民用航空	水　运	公　路
1949	14220				14220
1950	15689				15689
1951	16346				16346
1952	23990				23990
1953	38444	6116			32328
1954	42608	5549			37059
1955	55573	8762			46811
1956	22561	15309	166		7086
1957	29895	20156	305		9434
1958	27294	21438	913		4943
1959	39479	27054	1119		11306
1960	47142	37341	1470		8331
1961	63589	55944	1952		5693
1962	79986	61466	1150		17370
1963	51745	36990	1142		13613
1964	53540	29444	1895		22201
1965	108661	78125	2478		28058
1966	131822	97673	2116		32033
1967	167960	137781	2547		27632
1968	176058	153076	2504		20478
1969	224763	189000	2476		33287
1970	227179	193424	2150	89	31516
1971	217262	184604	3136	94	29428
1972	252518	210681	8705	151	32981
1973	273320	229551	8624	169	34976
1974	247593	201598	11466	213	34316
1975	239669	191087	15516	198	32868
1976	240981	190871	17724	199	32187
1977	255573	201930	19822	75	33746
1978	271649	206262	23826	55	41506
1979	316515	236050	30612	46	49807
1980	384271	267253	32251	25	84742

11-4 续表

单位：万人公里

年　份	总　计	铁　路	民用航空	水　运	公　路
1981	383510	245020	34060	42	104388
1982	431061	269390	36262	29	125380
1983	477603	291645	31226	40	154692
1984	590417	335040	58460	52	196865
1985	738637	409835	92383	50	236369
1986	794146	443206	101884	31	249025
1987	949921	526262	134960	86	288613
1988	1021681	579028	126224	106	316323
1989	1041080	529545	141300	110	370125
1990	984166	436419	173439	116	374192
1991	1180397	472902	288575	123	418797
1992	1318135	506818	379124	135	432058
1993	1485535	544638	545355	126	395416
1994	1688276	569102	683796	140	435238
1995	1874098	530012	835187	147	508752
1996	1981118	460279	885593	134	635112
1997	1946330	433000	755486	254	757590
1998	2465078	793188	743575	248	928067
1999	2703787	848100	822200	23	1033464
2000	2889525	858900	882448	49	1148128
2001	3156153	898900	963900	232	1293121
2002	2918837	884000	1144900	373	889564
2003	2686781	831139	1041500	486	813656
2004	5343000	2909200	1428300	600	1004900
2005	6049029	3239300	1728100	329	1081300
2006	6771492	3549600	2074600	292	1147000
2007	7531209	3821000	2481000	209	1229000
2008	8104261	4245700	2450544	220	1407797
2009	10359608	4363400	3141004	234	2854970
2010	11190620	4895000	3657167	158	2638295
2011	7697050	344946	4416623	194	2935287
2012	7958110	386352	4452256	262	3119240

11-5 航空及公路运输情况

Basic Statistics of Civil Aviation and Highways Transportation

	单　　位	2000 年	2010 年	2011 年	2012 年
航空运输					
民用航空线路条数	条	245	245	226	213
飞机架数	架	58	132	139	156
旅客吞吐量	万人	552	2581	2907	3160
货邮吞吐量	万吨	15.86	43.22	47.77	50.80
公路运输					
公路通车里程	公里	13374	20843	21301	22069
#高级次高级	公里	6739	17627	18252	19417
全社会各种机动车辆	**万辆**	**72.70**	**259.93**	**281.40**	**304.36**
#载货汽车	万辆	8.20	15.45	16.61	17.59
载客汽车	万辆	22.31	147.30	175.41	203.63
摩托车	万辆		93.69	86.62	80.40
#私人汽车	万辆		139.60	165.70	192.55
电动自行车	**万辆**		**126.92**	**129.29**	**129.71**

11-6 历年邮电业务基本情况

Basic Conditions of Postal and Telecommunications Services

年　　份	邮电业务总　量(万元)	函　　件(万件)	长途电话(万次)	市内电话用　户(户)
1952	381	351	20	1906
1957	1233	1480	27	3027
1962	2963	2312	103	5668
1965	1827	1999	133	6626
1970	1723	1833	89	6738
1975	2412	2004	160	8301
1978	2768	2140	203	9396
1979	2948	2371	218	9997
1980	3066	2655	207	11140
1981	3537	2794	210	12261
1982	3818	2876	229	13473
1983	4743	3307	260	14844
1984	5136	4173	311	17273
1985	6057	4681	370	19584
1986	6791	6353	395	21955
1987	8384	7450	475	27940
1988	10340	8358	592	34056
1989	13152	7873	717	42642
1990	15520	7538	946	50562
1991	20137	7415	1556	67287
1992	31160	8483	2844	105098
1993	48535	10070	5176	144867
1994	72166	11430	8884	246681
1995	110949	11939	14970	353470
1996	161132	11480	21706	477250
1997	196888	9256	18829	663758
1998	292225	9970	21855	813411
1999	464628	8983	25510	1054019
2000	716428	9481	30908	1481152
2001	731300	9565	27129	1684436
2002	756000	11400	27397	2216899
2003	808000	12428	31697	2959814
2004	866000	8467	42215	3837826
2005	933000	6877	48584	4283974
2006	1023000	5548	46521	4390186
2007	2381000	5325	54035	4189268
2008	2794200	4851	61537	4000644
2009	3726274	5585		4373587
2010	4412654	7980		3959092
2011	1708161	6131		3881200
2012	2131480	5562		3752046

注：2011 年因电信相关资料按国家新政策进行了调整，故与往年数据不可比。

11-6 续表

年　份	农村电话用　户(户)	邮电局(所)	邮路及投递路线总长度(公里)	电话交换机总 容 量(门)	移动电话用　户(户)
1952	489	398	481	3391	
1957	888	384	3568	7152	
1962	2616	371	9781	12420	
1965	1757	394	16627	14466	
1970	1649	440	18335	13451	
1975	1922	384	20101	14672	
1978	2069	396	21583	17360	
1979	2154	402	15308	19980	
1980	2232	406	21829	21740	
1981	2292	400	23481	19280	
1982	2401	399	18899	23550	
1983	2418	401	17091	30280	
1984	2716	416	18599	31100	
1985	2973	420	19083	37550	
1986	3028	412	47507	39800	
1987	3138	414	47099	52070	
1988	3281	417	56141	62580	
1989	3392	423	83827	63600	
1990	3686	429	83765	84186	
1991	4105	433	83268	90084	
1992	4914	432	83237	164873	
1993	5879	430	77064	217828	
1994	8776	433	75602	466652	
1995	13774	427	75125	836969	
1996	21020	489	78809	1077455	
1997	53361	505	114271	1507487	
1998	94306	480	128531	2265378	
1999	167579	465	136677	2228600	766500
2000	283163	487	147886	2574169	991000
2001	425982	539	142843	3103191	2301000
2002	565373	553	120154	4208563	3063000
2003	499703	576	120879	5464699	4419400
2004	512472	551	115730	5972728	6581000
2005	651818	603	118939	7518272	7899000
2006	704414	487	118402	7533800	9888000
2007	716496	471	123485	7604300	11634000
2008	743475	477	129050	7559800	12741200
2009	646600	474		7674100	14490000
2010	654082	425		8200174	17320000
2011	638000	425			20229900
2012	554784	425			21361014

主 要 统 计 指 标 解 释

货物（旅客）运输量 指在一定时期内，各种运输工具实际运送的货物（旅客）数量。是反映运输业为国民经济和人民生活服务的数量指标，也是制定和检查运输生产计划，研究运输发展规模和速度的重要指标。货运量按吨计算，客运量按人计算。货物不论运输距离长短，货物类别，均按实际重量统计；旅客不论行程远近或票价多少，均按一人一次作为客运量统计。半价票、小孩票也按一人统计。

货物（旅客）周转量 指在一定时期内，由各种运输工具运送的货物（旅客）数量与其相应运输距离的乘积之总和，是反映运输业生产总成果的重要指标，也是编制和检查运输生产计划，计算运输效率、劳动生产率以及核算运输单位成本的主要基础资料。通常以吨公里和人公里为计算单位。计算货物周转量通常按发出站与到达站之间的最短距离，也就是计费距离计算。

邮电业务总量 指以货币表现的邮电部门用于传递信息和提供其他邮电服务的总数量。它综合反映了一定时期邮电工作的总成果，是研究邮电业务量构成和发展趋势的重要指标。根据邮电管理体制不同，分为中央国营业务总量和地方国营业务总量。它用各种邮电分类业务量，如函件件数、电报份数、长话张数、市内电话和农村电话的年均户数、订销报刊累计份数等，分别乘以相应的平均单价（不变价），加总后再加上出租电路和设备的收入、代用户维护电话交换机和线路等设备的收入、其他业务收入求得。

市内电话 指接入县城（包括个别城镇）及县以上城市的市内电话网上，并按市内电话进行经营管理的电话。按计费办法分为包月制和计次制两种。

（1）住宅电话指话机装在居民住宅里的电话。它包括私人付费、公费和免费三部分。

（2）私人付费电话指住宅居民自费安装并自己缴纳通话费的电话。

移动电话用户 指在邮电部门登记，通过移动电话交换机进入移动电话网、占有移动电话号码的电话用户。用户数量以实际办理登记手续进入邮电部门移动电话网的户数进行计算，一部或一台移动电话统计为一户。

十二 国内贸易、外经、旅游

简要说明

主要内容

本部分资料反映国内市场和外资、旅游发展及进出口情况。

国内贸易：包括全市范围内历年社会消费品零售总额及构成；各种经济类型企业商品销售总额；餐饮业营业总额；大中型批发零售贸易企业商品购、销、存情况；城乡个体私营工商企业情况；商品交易市场情况等。

旅游：包括成都地区涉外宾馆、饭店接待人数及创汇情况。

资料来源

国内贸易资料来自于成都市统计局。

城乡个体、私营工商企业及商品交易市场资料来源于成都市工商行政管理局。

外资资料来源于成都市投资促进委员会。

旅游资料来源于成都市旅游局。

进出口资料来源于成都海关。

社会消费品零售总额（亿元）

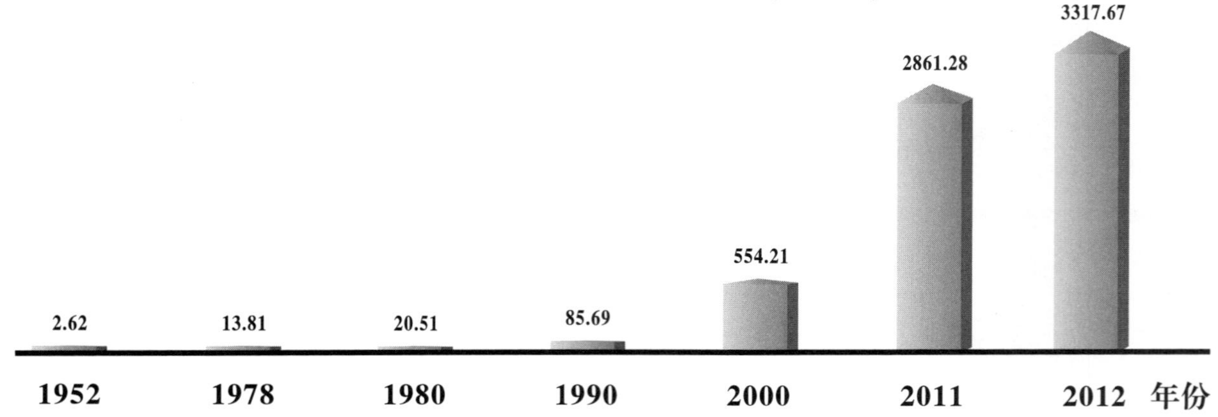

2.62 13.81 20.51 85.69 554.21 2861.28 3317.67

1952 1978 1980 1990 2000 2011 2012 年份

海关进出口总额(亿美元)

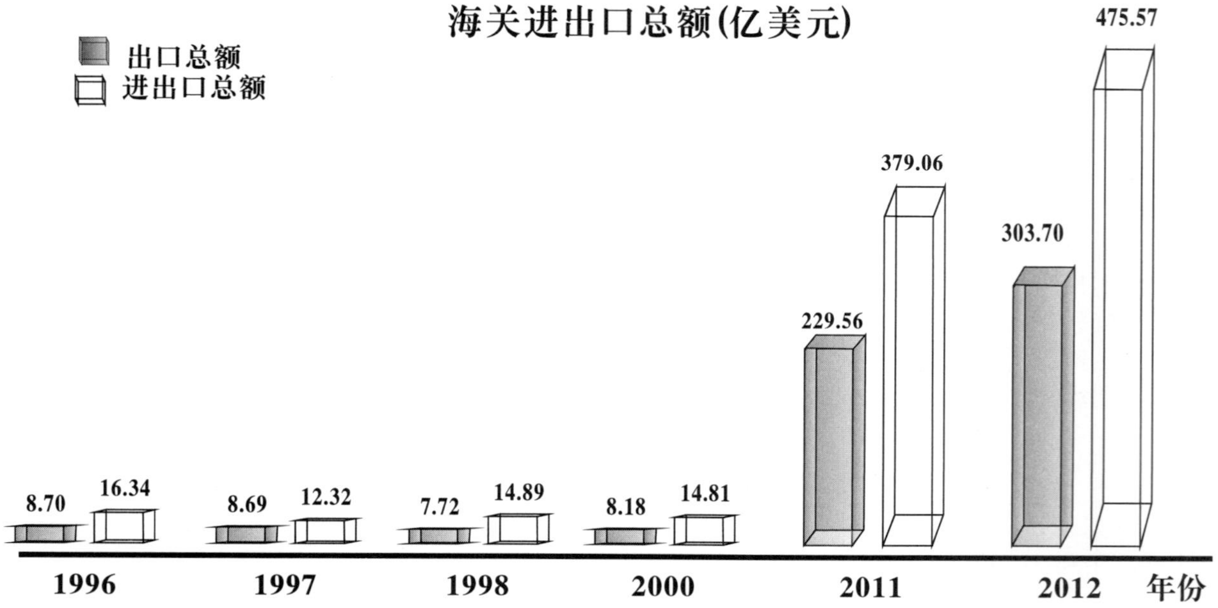

出口总额
进出口总额

8.70 16.34 8.69 12.32 7.72 14.89 8.18 14.81 229.56 379.06 303.70 475.57

1996 1997 1998 2000 2011 2012 年份

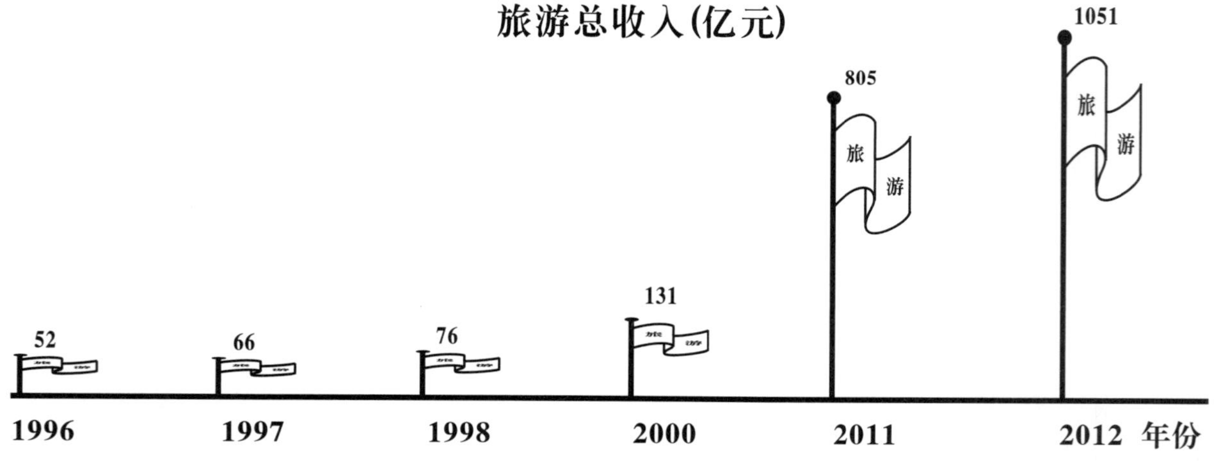

12-1　历年社会消费品零售总额及发展速度

Total Retail Sale of Consumer Goods and Development Rates of Consumer Goods Over The Years

年　份	社会消费品零售总额(万元)	社会消费品零售总额发展速度(%)	年　份	社会消费品零售总额(万元)	社会消费品零售总额发展速度(%)
1954	36113	104.5	1983	265505	109.5
1955	37545	103.9	1984	318393	119.9
1956	46902	124.9	1985	401200	126.0
1957	52521	111.9	1986	465422	116.0
1958	57508	109.4	1987	556536	119.6
1959	70510	122.6	1988	754398	135.6
1960	74193	105.2	1989	800147	106.1
			1990	856919	107.1
1961	64280	86.6			
1962	66705	103.7	1991	1022264	119.3
1963	62154	93.1	1992	1188406	116.3
1964	67159	108.0	1993	1601707	134.8
1965	72601	108.1	1994	2204903	137.7
1966	78777	108.5	1995	2859688	129.7
1967	85721	108.8	1996	3470809	121.4
1968	70838	82.6	1997	4099934	118.1
1969	81556	115.1	1998	4511917	110.0
1970	86349	105.8	1999	5000817	110.8
			2000	5542123	110.8
1971	92003	106.5			
1972	101458	110.2	2001	6275187	113.2
1973	106568	105.0	2002	7095076	113.1
1974	110287	103.4	2003	7759984	109.4
1975	117196	106.2	2004	8807581	113.5
1976	112498	95.9	2005	10058833	114.2
1977	121196	107.7	2006	11552571	114.9
1978	138147	113.9	2007	13572003	117.5
1979	167159	121.0	2008	16218543	119.5
1980	205140	122.7	2009	20472096	116.7
			2010	24175690	118.8
1981	234329	114.2	2011	28612835	118.4
1982	242251	103.3	2012	33176664	116.0

注：①1995 年社会消费品零售总额含居民购房；②发展速度以上年为基期；③2003 年及以后社会消费品零售总额不含制造业和农业生产者零售。

12-2 历年社会消费品零售总额分类情况

Basic Statistics of Total Retail Sale of Consumer Goods by Sorts

单位：万元

年　份	社会消费品零售总额	在总额中：			在总额中：	
		批发零售贸易业	餐饮业	其　他	市	县及县以下
1952	26186	19875	2389	60	11485	13328
1957	52521	41668	5226	415	25041	26338
1962	66705	58047	8310	372	39817	30443
1965	72601	69325	7053	450	42952	36933
1970	86349	85731	6428	673	49750	44893
1975	117196	115617	7520	988	63634	64795
1978	138147	142345	9327	1194	75005	83137
1979	167159	167621	11335	1916	90293	99287
1980	205140	192121	13104	4620	108391	117249
1981	234329	202051	14236	6095	127805	123122
1982	242251	214024	14654	7630	131438	127728
1983	265505	229606	15749	10332	140054	141218
1984	318393	269233	17837	14487	162051	172419
1985	401200	312890	23625	20239	199554	208732
1986	465422	379872	29614	7719	232919	239671
1987	556536	444796	42119	12427	326201	235803
1988	754398	584342	60225	21321	466684	289939
1989	800147	626841	66214	34140	520203	290967
1990	856919	647934	70563	49527	565717	293299
1991	1022264	781647	82306	50283	690714	338004
1992	1188406	886478	93188	77238	799573	388833
1993	1601707	1075156	151252	224621	1081611	520096
1994	2204903	1360081	216486	380112	1633802	571101
1995	2859688	1618234	261646	694854	2159480	700208
1996	3470809	2054537	364366	721592	2308553	1162256
1997	4099934	2333547	546797	879904	2678785	1421149
1998	4511917	2538598	671567	998566	2919555	1592362
1999	5000817	2832153	831075	1055669	3216789	1784028
2000	5542123	3265303	1022633	976214	3554447	1987676
2001	6275187	3703392	1212790	1066014	4005583	2269604
2002	7095076	4361093	1373968	1060480	4594867	2500209
2003	7759984	6110052	1543727	106205	5092824	2667160
2004	8807581	7185349	1572232	50000	5814778	2992803
2005	10058833	8195353	1810205	53275	6808943	3249890
2006	11552571	9398393	2094432	59746	7850168	3702403
2007	13572003	11019515	2502920	49568	9428483	4143520
2008	16218543	13126812	3033174	58557	11531154	4687389
2009	20472096	17688459	2669894	113743	15868510	4603586
2010	24175690	20973656	2934509	267525	23873054	302636
2011	28612835	24808012	3462721	342103	28252287	360549
2012	33176664	28682783	4092936	400945	32755461	421203

注：①2004 年－2009 年餐饮业数据包括住宿业，其他行业为除批发零售业、住宿餐饮业以外的行业。2010 年其他行业为住宿业。②从 2010 年起，市、县及县以下数据为城镇、乡村口径。③1992 年之前的地域分组资料为社会商品零售总额的分组。

12-3 限额以上批发零售贸易业商品销售、库存总额

Total Sales and Inventory of Enterprises above Designated Size in Wholesale and Retail Sale Trade

单位：万元

	2010 年	2011 年	2012 年
商品销售总额	**36558132**	**50628635**	**62856721**
批发额	23668024	33226281	40701975
对居民和社会集团消费品零售额	12890108	17402354	22154746
年末库存总额	**2751392**	**5060053**	**5133372**

12-4 商品交易市场情况

Main Indicators of Commodities Markets

	2010 年		2011 年		2012 年	
	合 计	#农 村	合 计	#农 村	合 计	#农 村
商品交易市场数(个)	**833**	**375**	**848**	**406**	**783**	**361**
一、消费品市场	740	341	785	377	732	347
(一) 综合市场	166	97	105	66	154	115
(二) 农副产品市场	471	239	535	306	458	227
#农副产品专业市场	18	7	11	6	444	5
(三) 工业消费品市场	98	4	60	3	35	3
(四) 其　他	5	1	85	2	85	2
二、生产资料市场	84	34	51	28	39	13
(一) 生产资料综合市场	45	9	10	6	5	3
(二) 工业生产资料市场	29	17	34	17	29	10
(三) 农业生产资料市场	5	3	5	3	3	
(四) 其　他	5	5	2	2	2	
三、生产要素市场	9		12	1	12	1

12-5 限额以上批发零售贸易业分类销售及库存总额(2012 年)

Total Value of Sales and Inventory of Enterprises above Designated Size in Wholesale and Retail Sale Trade (2012)

	法人企业（个）	产业活动和个体户单位数（个）	从业人数（人）
批发零售贸易企业	**1668**	**1060**	**200568**
一、批发贸易业	**857**	**73**	**61398**
（一）按登记注册类型分			
内资企业	836	6	57726
国有企业	39	2	5292
集体企业	5	0	342
股份合作企业	2	0	210
联营企业	0	0	0
有限责任公司	434	1	29267
股份有限公司	26	0	5749
私营企业	286	2	14620
其他企业	44	1	2246
港、澳、台商投资企业	6	1	733
外商投资企业	15	2	2420
个体经营	0	64	519
（二）按国民经济行业分			
农畜产品批发	17	3	711
食品、饮料及烟草制品批发	109	2	9643
纺织、服装及日用品批发	83	25	8895
文化、体育用品及器材批发	25	0	1313
医药及医疗器材批发	143	13	11747
矿产品、建材及化工产品批发	274	20	13062
机械设备、五金交电及电子产品批发	173	9	15062
贸易经纪与代理	6	0	160
其他批发	27	1	805
二、零售贸易业	**811**	**987**	**139170**
（一）按登记注册类型分			
内资企业	758	8	106228
国有企业	14	1	7210
集体企业	21	0	447

12-5 续表 1

单位：万元

	法人企业（个）	产业活动和个体户单位数（个）	从业人数（人）
股份合作企业	14	1	361
联营企业	0	0	0
有限责任公司	396	3	62138
股份有限公司	23	1	14151
私营企业	245	1	19164
其他企业	45	1	2757
港、澳、台商投资企业	19	1	8825
外商投资企业	34	2	17745
个体经营	0	976	6372
（二）按国民经济行业分			
综合零售	88	20	52020
食品、饮料及烟草制品专门零售	42	33	3306
纺织、服装及日用品零售	75	207	15174
文化、体育用品及器材零售	25	10	11137
医药及医疗器材零售	35	32	5134
汽车、摩托车、燃料及零配件专门零售	390	17	35497
家用电器及电子产品专门零售	83	87	7999
五金、家具及室内装修材料专门零售	43	577	5860
无店铺及其他零售	30	4	3043
（三）按经营方式分			
独立门店	631	983	67229
连锁商店总店	41	0	35550
连锁商店分店	13	0	20783
其他	126	4	15608
（四）按业态分			
# 百货店	46	7	26166
# 超市	37	13	4985
# 专业店	335	202	32157
# 专卖店	283	227	39776

12-5 续表 2

单位：万元

	商品销售总额	批发	零售
批发零售贸易企业	**62856721**	**40701976**	**22154746**
一、批发贸易业	**39403915**	**38249235**	**1154680**
（一）按登记注册类型分			
内资企业	37608674	36504720	1103954
国有企业	6045103	6028576	16527
集体企业	1989977	1989967	10
股份合作企业	15817	15817	0
联营企业	0	0	0
有限责任公司	21844829	21247648	597181
股份有限公司	1620584	1433529	187055
私营企业	5327168	5060354	266814
其他企业	765196	728829	36367
港、澳、台商投资企业	296024	296024	0
外商投资企业	1085756	1084396	1360
个体经营	413461	364095	49366
（二）按国民经济行业分			
农畜产品批发	393149	387601	5548
食品、饮料及烟草制品批发	3458821	3404847	53974
纺织、服装及日用品批发	1639410	1554619	84791
文化、体育用品及器材批发	815829	799127	16702
医药及医疗器材批发	5019952	4720202	299750
矿产品、建材及化工产品批发	23684666	23282184	402482
机械设备、五金交电及电子产品批发	3967006	3677096	289910
贸易经纪与代理	57433	57433	0
其他批发	367649	366126	1523
二、零售贸易业	**23452806**	**2452740**	**21000066**
（一）按登记注册类型分			
内资企业	18473809	2162769	16311040
国有企业	3197951	922594	2275357
集体企业	55939	2339	53600

12-5 续表 3

单位：万元

	商　品 销售总额	批　发	零　售
股份合作企业	46520	4536	41984
联营企业	0	0	0
有限责任公司	7963164	757779	7205385
股份有限公司	1970972	230342	1740630
私营企业	4788379	133698	4654681
其他企业	450884	111481	339403
港、澳、台商投资企业	1110278	39606	1070672
外商投资企业	2290045	5570	2284475
个体经营	1578674	244795	1333879
（二）按国民经济行业分			
综合零售	4098560	287946	3810614
食品、饮料及烟草制品专门零售	221553	80404	141149
纺织、服装及日用品零售	1796459	256144	1540315
文化、体育用品及器材零售	629123	104833	524290
医药及医疗器材零售	209768	22945	186823
汽车、摩托车、燃料及零配件专门零售	13421544	1402722	12018822
家用电器及电子产品专门零售	1647887	212753	1435134
五金、家具及室内装修材料专门零售	800830	84314	716516
无店铺及其他零售	627082	679	626403
（三）按经营方式分			
独立商店	15278618	1188701	14089917
连锁商店总店	2722935	91891	2631044
连锁商店分店	1443919	279557	1164362
其他	4007334	892591	3114743
（四）按业态分			
# 百货店	3038391	276891	2761500
# 超市	211876	7461	204415
# 专业店	8201132	1268566	6932566
# 专卖店	9361995	716848	8645147

12-6 分月社会消费品零售总额(2012 年)

Monthly Retail Sales Of Consumer Goods(2012)

单位：万元

	全 市	市 区
总 计	**33176664**	**27017350**
一季度	**8093754**	**6582266**
二季度	**8052884**	**6536008**
4 月	2523330	2025859
5 月	2834195	2293655
6 月	2695359	2216494
三季度	**7852339**	**6391958**
7 月	2606469	2108073
8 月	2529055	2064428
9 月	2716815	2219457
四季度	**9177687**	**7507118**
10 月	3090012	2521941
11 月	2700888	2237532
12 月	3386787	2747645

12-7 城乡个体工商业、私营企业基本情况(2012 年)

Basic Conditions of Individual Enterprises and Private Enterprises in Urban and Rural Areas (2012)

	个体工商业		私营企业		
	户　数 (户)	从业人员 (人)	户　数 (户)	投资者人数 (人)	雇工人数 (人)
总　计	**513286**	**1738652**	**222413**	**486248**	**846694**
按城乡分					
城　镇	341873	1050375	214007	470918	207772
农　村	171413	688277	8406	15330	638922
按行业分					
#农林牧渔业	6972	27299	4266	9362	6927
采矿业	52	855	145	278	987
制造业	23253	160069	20696	49047	86393
电力、燃气及水的生产和供应业	23	145	544	2060	2625
建筑业	904	6238	15910	31411	40447
交通运输仓储邮政业	4070	25384	5575	12438	3731
信息传输、计算机服务和软件业	949	18884	15170	31139	9174
批发和零售业	352756	957181	78901	160391	646518
住宿和餐饮业	41714	233316	3627	7332	6694
金融业	6	115	567	1492	618
房地产业	3462	8112	7435	17309	7731
租赁和商务服务业	16411	50426	43250	102853	11411
科学研究、技术服务和地质勘探业	3773	4094	17633	43413	10129
水利、环境和公共设施管理业	66	100	998	2342	235
居民服务和其它服务业	52480	198783	5552	10943	6333
教育	1107	2409	292	586	370
卫生、社会保障和社会福利业	2608	8138	397	820	3408
文化、体育和娱乐业	2667	17305	1435	3000	2805
其它行业	13	19799	20	32	158
按企业类型分					
独资企业			16690	16235	717301
合伙企业			1684	7391	14808
有限责任公司			202920	459096	97034
股份有限公司			1119	3526	17551

12-8 外商直接投资(2012年)

Direct Foreign Investment (2012)

	期末累计注册企业(个)	合同外资金额(万美元)	实际利用外资总额(万美元)
总　　计	**226**	**394821**	**859000**
按利用外资方式分			
#外资企业	164	297005	593635
中外合资企业	62	59574	233698
中外合作企业		37762	31667
外商投资股份制		480	
按国民经济行业分			
#农业	5	3470	12526
制造业	34	154502	320510
服务业	187	236849	525964
按国别、地区分			
#香　港	101	218479	418510
台　湾	20	1799	139183
新加坡	13	20908	47614
日　本	12	1151	4361
韩　国	3	-1720	108
英　国	11	6034	21272
加拿大	5	461	2765
美　国	17	-7458	68198

12-9 旅 游 基 本 情 况

Basic Conditions of Tourism

	2010年		2011年		2012年	
	绝对数	构成(%)	绝对数	构成(%)	绝对数	构成(%)
旅游总收入(亿元)	**604**		**805**		**1051**	
国内旅游收入(亿元)	**585**		**776**		**1011**	
国内旅游人数(万人次)	**6818**		**9553**		**12088**	
涉外旅游人数(人)	**734411**	**100**	**1227026**	**100**	**1581847**	**100**
外国人	543010	73.9	899597	73.3	1170585	74.0
#日　本	138937	18.9	183684	15.0	187729	11.9
菲律宾	2053	0.3	3522	0.3	7425	0.5
新加坡	24724	3.4	49703	4.1	72515	4.6
泰　国	10243	1.4	24884	2.0	42328	2.7
印度尼西亚	6488	0.9	10189	0.8	13124	0.8
美　国	77073	10.5	129025	10.5	177438	11.2
加拿大	18504	2.5	27894	2.3	40455	2.6
英　国	44510	6.1	83440	6.8	108317	6.9
法　国	21673	3.0	34603	2.8	38399	2.4
德　国	18363	2.5	45759	3.7	44926	2.8
意大利	5825	0.8	10060	0.8	21003	1.3
俄罗斯联邦	4069	0.6	7914	0.6	9740	0.6
港澳台同胞	191401	26.1	327429	26.7	411262	26.0
旅游创汇收入(万美元)	**28891**		**45640**		**62785**	

12-10 旅游住宿设施经营和资产情况(2012 年)

Main Financial Indicators of Tourist Hotels (2012)

项　目	计量单位	实际数	项　目	计量单位	实际数
营业收入	万元	573084	流动资产	万元	296844
客房收入	万元	315059	#存 货	万元	20127
餐饮收入	万元	202374	固定资产合计	万元	641782
其他收入	万元	55651	#固定资产原价	万元	1123160
营业成本	万元	143044	累计折旧	万元	451184
营业费用	万元	167183	#本年折旧	万元	41061
营业税金及附加	万元	31671	资产总计	万元	1258270
经营利润	万元	231187	负债合计	万元	937841
管理费用	万元	169666	所有者权益合计	万元	320429
#税 金	万元	3000	#实收资本	万元	446695
财务费用	万元	18804	年末从业人员	人	85454
营业利润	万元	47268	客房数	间	20188
利润总额	万元	51981	床位数	张	33054

12-11 成都与国外结成的友好城市

Friendly Municipalities Joined be Chengdu and Overseas Countries

国　别	城　市	缔结日期
法 国	蒙彼利埃市	1981 年
斯洛文尼亚	卢布尔雅那市	1981 年
奥地利	林茨市	1983 年
日 本	甲府市	1984 年
美 国	菲尼克斯市	1987 年
加拿大	温尼伯市	1988 年
比利时	马林市	1993 年
意大利	巴勒莫市	1999 年
韩 国	金泉市	2000 年
印度尼西亚	棉兰市	2002 年
瑞 典	达拉那省	2004 年
德 国	波恩市	2009 年
英 国	谢菲尔德市	2010 年
俄罗斯	伏尔加格勒市	2011 年
比利时	弗拉芒·布拉邦省	2011 年
美 国	檀香山市	2011 年
澳大利亚	珀斯市	2012 年
荷 兰	马斯特里赫特市	2012 年

12-12 "黄金周"旅游接待情况
Main Tourism Indicators in Golden Weeks

	单　位	2012 年春节	2012 年国庆节
旅游住宿设施			
累计接待人天数	万人天	385	617
平均停留天数	天	2	2
出租率			
#饭店宾馆	%	50.3	65.1
#旅馆招待所	%	53.4	54.8
旅行社			
累计接团数	个	2886	5862
累计接待人数	万人次	10	14
景区(点)			
统计的景区(点)	个	60	61
累计接待人数	万人次	838	655
一日游游客所占比重	%	80.4	68.2
门票收入	万元	5032	8828
交通客运			
累计抵达班车次	班、车次	30344	39058
#铁　路	班、车次	878	1030
民　航	班、车次	2103	2718
公　路	班、车次	27363	35310
累计抵达旅客量	万人次	159	251
#铁　路	万人次	63	115
民　航	万人次	28	40
公　路	万人次	68	96
接待综合情况			
接待人数	万人次	815	840
旅游收入	万元	287307	539583
人均天花费			
#过夜旅游者	元/人天	460	611
一日游游客	元/人天	169	285

12-13　进出口总值及构成（1993—2012 年）

Total value and Composition of Import and Export through customs（1993—2012）

	进出口总值（万美元）	进口	出口	构成	进口	出口
1993	24088	17595	6493	100	73.0	27.0
1994	137190	53236	83954	100	38.8	61.2
1995	151079	41592	109487	100	27.5	72.5
1996	163422	76469	86953	100	46.8	53.2
1997	123237	36357	86880	100	29.5	70.5
1998	148885	71640	77245	100	48.1	51.9
1999	161301	87147	74154	100	54.0	46.0
2000	148111	66290	81821	100	44.8	55.2
2001	189510	100160	89350	100	52.9	47.1
2002	207691	85790	121901	100	41.3	58.7
2003	251719	116254	135465	100	46.2	53.8
2004	336543	149707	186836	100	44.5	55.5
2005	453624	185701	267923	100	40.9	59.1
2006	695299	281183	414116	100	40.4	59.6
2007	951580	380331	571249	100	40.0	60.0
2008	1533586	627486	906100	100	40.9	59.1
2009	1786253	736417	1049836	100	41.2	58.8
2010	2462469	1075504	1386965	100	43.7	56.3
2011	3790633	1495037	2295596	100	39.4	60.6
2012	4755707	1718731	3036976	100	36.1	63.9

12-14 海关进出口商品总值

total value of import and export commodities through customs

指　　标	2011年			2012年		
	进出口总额	出　　口	进　　口	进出口总额	出　　口	进　　口
总　　值（万美元）	**3790633**	**2295596**	**1495037**	**4755707**	**3036976**	**1718731**
按贸易方式分						
一般贸易	1404960	935729	469231	1458447	999113	459334
其他捐赠物资	1093		1093	660		660
来料加工贸易	505314	180426	324888	489557	206196	283361
进料加工贸易	1457387	955142	502245	2194918	1473407	721511
寄售、代销贸易	222	222		337	337	
对外承包工程出口货物	93658	93658		193084	193084	
租赁贸易	40241	660	39581	19549	2454	17095
外商投资企业作为投资进口的设备	14428		14428	2570		2570
出料加工贸易	11740	11352	388	14121	6629	7492
保税监管场所进出境货物	12991	5414	7577	15510	4716	10794
海关特殊监管区域物流货物	11245	1718	9527	229127	101161	127966
海关特殊监管区域进口设备	120802		120802	85911		85911
其他贸易	116551	111275	5276	51916	49879	2037
按运输方式分						
江海运输	1552218	1098068	454150	1551165	1171920	379245
铁路运输	22508	21640	868	61552	60949	603
汽车运输	145788	102066	43722	241280	169586	71694
航空运输	2069469	1073731	995738	2901568	1634443	1267125
邮件运输	237	91	146	129	78	51
其　　他	414		414	13		13
按企业性质分						
国有企业	604352	356568	247784	697772	401462	296310
集体企业	33036	26501	6535	25596	20487	5109
外商投资企业	2072613	1049231	1023382	2723442	1631930	1091512
中外合资	173484	40996	132488	150547	46967	103580
中外合作	1744	97	1647	1997	232	1765
外商独资	1897385	1008138	889247	2570898	1584731	986167
其　　他	1080632	863296	217336	1308897	983097	325800

12-15 主要国别（地区）海关进出口商品总值

total value of import and export commodities through customs in main countries or territories

国别（地区）	2011年			2012年		
	进出口总额	出　　口	进　　口	进出口总额	出　　口	进　　口
总　　值（万美元）	**3790633**	**2295596**	**1495037**	**4755707**	**3036976**	**1718731**
亚　　洲	**1624618**	**822695**	**801923**	**2294020**	**1229547**	**1064473**
香　　港	247283	244155	3128	265517	222415	43102
印　　度	97718	91114	6604	100249	95747	4502
印度尼西亚	31928	24950	6978	70462	63548	6914
日　　本	392566	85712	306854	361385	120886	240499
马来西亚	69992	45240	24752	267647	165913	101734
巴基斯坦	14237	12422	1815	13463	12059	1404
菲 律 宾	31615	9610	22005	42457	17611	24846
卡 塔 尔				3077	845	2232
沙特阿拉伯	48030	44629	3401	33429	29091	4338
新 加 坡	71381	47311	24070	155412	120296	35116
韩　　国	192823	26198	166625	289005	25430	263575
泰　　国	28634	16731	11903	39350	26171	13179
土 耳 其				16572	13427	3145
阿拉伯联合酋长国	25807	23987	1820	44494	41430	3064
越　　南	31297	30715	582	86063	78210	7853
台湾金马关税区	130254	21774	108480			
非　　洲	**91527**	**81324**	**10203**	**101891**	**90479**	**11412**
埃　　及	15085	15085	0	8050	8049	1
南　　非	28873	19352	9521	26779	15941	10838
欧　　洲	**942534**	**624342**	**318192**	**938751**	**668532**	**270219**
比 利 时	17825	15815	2010	20245	11245	9000
英　　国	48153	40940	7213	100549	89386	11163
德　　国	216420	135215	81205	152196	86870	65326
法　　国	95969	23749	72220	63300	18050	45250
意 大 利	57029	46124	10905	54183	44235	9948
荷　　兰	211406	203868	7538	258884	252070	6814
西 班 牙	30932	29775	1157	17459	15488	1971
芬　　兰	3186	2239	947	3799	3055	744
瑞　　典	3916	1810	2106	5946	2389	3557
瑞　　士	5722	1056	4666	5228	1823	3405
俄 罗 斯	30920	29715	1205	40791	39353	1438
拉丁美洲	**109950**	**91628**	**18322**	**114090**	**92978**	**21112**
阿 根 廷	7691	7500	191	5241	4954	287
巴　　西	30339	23201	7138	31236	22439	8797
智　　利	8946	8750	196	8918	8479	439
墨 西 哥	17240	12982	4258	18485	14268	4217
北 美 洲	**923937**	**656038**	**267899**	**9384914**	**9157121**	**227793**
加 拿 大	24387	20984	3403	29852	25509	4343
美　　国	899549	635053	264496	312471	89021	223450
大 洋 洲	**45968**	**19569**	**26399**	**72283**	**39431**	**32852**
澳大利亚	39875	16712	23163	61457	34395	27062
新 西 兰	4935	1703	3232	10141	4351	5790

主 要 统 计 指 标 解 释

社会消费品零售总额 社会消费品零售总额：指批发和零售业、住宿和餐饮业以及其他行业直接售给城乡居民和社会集团的消费品零售额。其中，对居民的消费品零售额，是指售予城乡居民用于生活消费的商品金额；对社会集团的消费品零售额，是指售给机关、社会团体、部队、学校、企事业单位、居委会或村委会等，公款购买的用作非生产、非经营使用与公共消费的商品金额。社会消费品零售总额包括：售给城乡居民作为生活消费用的商品和修建房屋用的建筑材料的金额，以及售给来华的外国人、华侨、港澳台同胞的消费品金额；售给社会集团用作非生产、非经营使用与公共消费的商品金额。

不包括：—— 城市居民间或居民委托信托商店卖出的商品；

—— 售给农业、工业、建筑业等行业用于生产的商品。

对外借款 是我国利用外资的主要部分。包括我国通过外国政府贷款，国际金融组织贷款，外国银行商业贷款，出口信贷以及对外发行债券，股票等方式，从境外筹措的资金。

外商直接投资 是指外国企业和经济组织或个人（包括华侨、港澳台胞以及我国在境外注册的企业）按我国有关政策、法规，用现汇、实物、技术等在我国境内开办外商独资企业、与我国境内的企业或经济组织共同举办中外合资经营企业、合作经营企业或合作开发资源的投资（包括外商投资收益的再投资）以及经政府有关部门批准的项目投资总额内，企业从境外借入的资金。

入境游客 指报告期内来中国（大陆）观光、度假、探亲访友、就医疗养、购物、参加会议和从事经济、文化、体育、宗教等活动的外国人、港澳台同胞等海外游客（即旅游入境人数）。统计时，海外游客按每人入境一次统计 1 人次。

国际旅游（外汇）收入 入境游客在中国（大陆）境内旅行、游览过程中用于交通、参观游览、住宿、餐饮、购物、娱乐等全部花费。

进出口总额 海关进出口总额指实际进出我国国境的货物总金额。包括对外贸易实际进出口货物，来料加工装配进出口货物，国家间、联合国及国际组织无偿援助物资和赠送品，华侨、港澳台同胞和外籍华人捐赠品，租赁期满归承租人所有的租赁货物，进料加工进出口货物，边境地方贸易及边境地区小额贸易进出口货物（边民互市贸易除外），中外合资经营企业、中外合作经营企业、外商独资经营企业进出口货物和公用物品，到、离岸价格在规定限额以上的进出口货样和广告品（无商业价值、无使用价值和免费提供出口的除外），从保税仓库提取在中国境内销售的进口货物，以及其他进出口货物。我国规定出口货物按离岸价格统计，进口货物按到岸价格统计。

利用外资 指我国各级政府、部门、企业和其他经济组织通过对外借款，吸收外商直接投资以及用其他方式筹措的境外现汇、设备、技术等。

十三 科技、教育和文化

简 要 说 明

主要内容

本部分资料包括科学技术活动、科技人员、教育、文化、艺术事业等基本情况。

资料来源

科技资料分别来源于成都市科技局、成都市统计局和成都市高新技术产业开发区管委会。

教育资料分别来源于四川省教育厅、成都市教育局和成都市人力资源和社会保障局。

文化资料分别来源于四川省文化厅、成都市文化局。

广播、电视资料分别来源于四川省广播电影电视局、成都市广播电视和新闻出版局。

其他需要说明的问题

本部分资料除科技外，其余部分资料均为全社会统计口径。

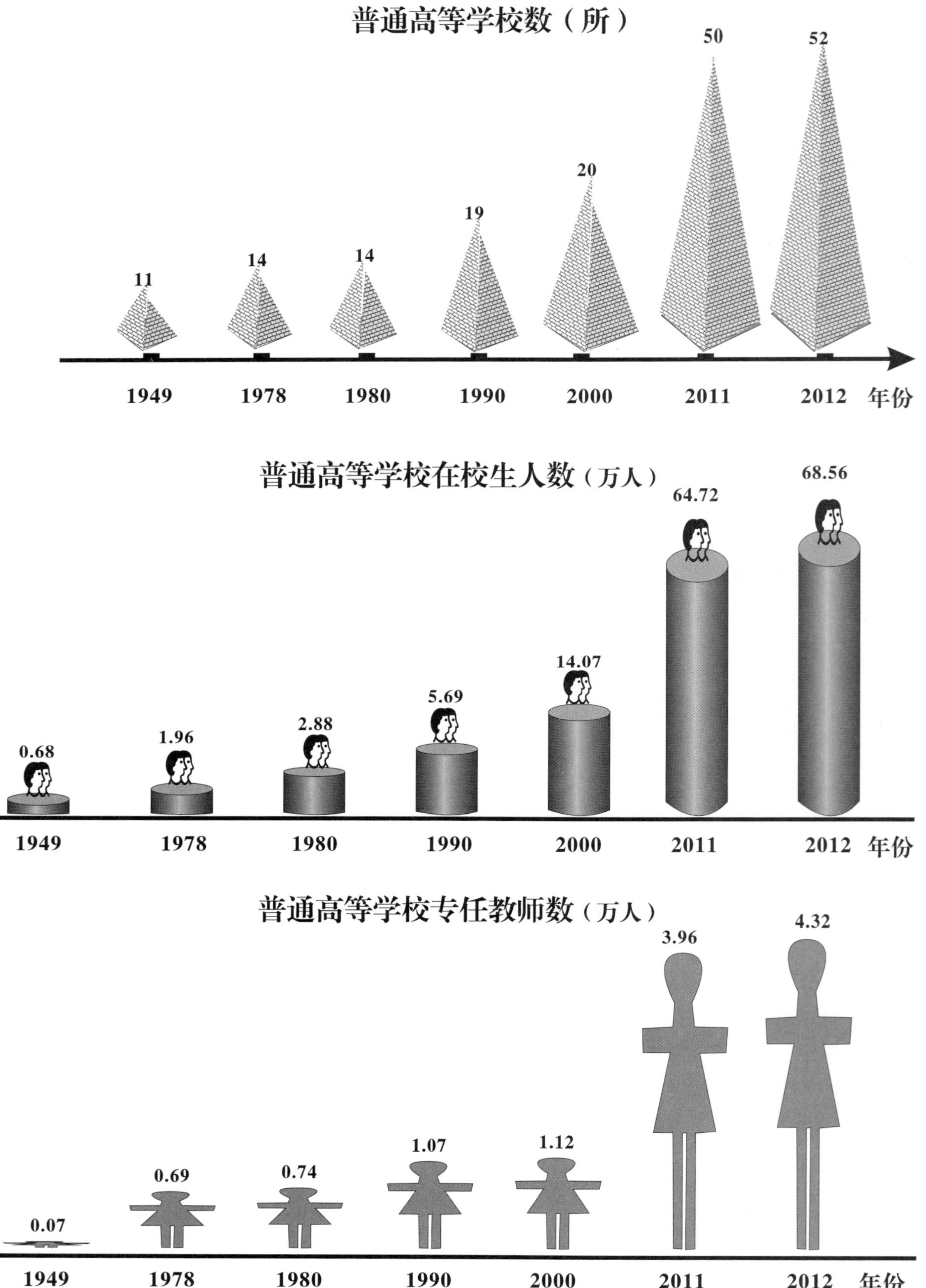
普通高等学校数（所）
11
14
14
19
20
50
52
1949
1978
1980
1990
2000
2011
2012
年份
普通高等学校在校生人数（万人）
0.68
1.96
2.88
5.69
14.07
64.72
68.56
1949
1978
1980
1990
2000
2011
2012
年份
普通高等学校专任教师数（万人）
0.07
0.69
0.74
1.07
1.12
3.96
4.32
1949
1978
1980
1990
2000
2011
2012
年份

13-1 科研机构、人员、经费及活动情况(2012 年)

Basic Statistics on Agencies, Personnel, Expenditures and Activities of Scientific Technological Research Institutions (2012)

	单位	合计	自然科学技术	社会科学	转制机构	科技情报文献机构
机构数	个	108	59	12	28	9
#地市属	个	84	49	12	15	8
从业人员	人	19936	10028	838	8500	570
#从事科技活动人员	人	12986	6601	766	5159	460
#大学本科及以上学历	人	9345	4666	621	3753	305
经费收入	万元	402585	279659	15788	97712	9426
#政府资金	万元	269408	230158	10941	20030	8279
经费支出总额	万元	814035	379572	20422	401342	12699
#科技经费支出	万元	361916	259698	14830	79090	8298
基本建设投资实际完成额	万元	70152	47922	671	20900	659
年末固定资产原价	万元	577793	304682	19744	240201	13166
课题情况：课题数	个	2543	1997	116	359	71
内部经费支出	万元	154835	122309	612	28552	3362
投入人员	人年	7735	4780	320	2376	259
发表科技论文	篇	3185	2291	103	699	92
#国外发表	篇	559	492		61	6
出版科技著作	种	118	37	17	7	57
专利申请受理数	件	605	440		165	
专利授权数	件	419	305		113	1
#发明专利	件	282	223		58	1

13-2　国家级高新技术产业企业主要经济指标(2012 年)

Main Economic Indicators of State-Level High-Tech Enterprises (2012)

	单　位	合　计	区内企业	区外企业
企业数	个	851	490	361
总产值	万元	14113764	4863196	9250567
总收入	万元	23400304	12079010	11321294
#技术收入	万元	3330281	2850890	479391
产品销售收入	万元	17083368	8467555	8615814
#高新技术产品收入	万元	10542087	5296836	5245251
出口创汇总额	万美元	341456	208119	133338
净利润	万元	1381641	730506	651135
实际上缴税费总额	万元	1251825	624624	627201
总成本与费用	万元	22431604	11699579	10732025
年末资产总计	万元	39790082	22863449	16926634
#流动资产	万元	27635372	16960897	10674475
长期投资	万元	2524033	1512800	1011233
固定资产原价	万元	9110307	4439835	4670472
无形资产	万元	756056	282484	473571
年末负债合计	万元	25112669	15248395	9864274
年末所有者权益	万元	14677414	7615054	7062360
全部科技项目经费内部支出	万元	1864187	1192850	671337
科技活动经费内部支出（非政府）	万元	1732432	1169797	562635
科技活动经费内部支出（来自政府）	万元	239307	129595	109712
年末从业人员	人	298745	132373	166372

注：区内、区外企业指高新技术产业开发区集中区范围内、外的企业。

13-3 国家级科技计划项目执行情况(2012 年)

Executive Statistics of State-Level Planning Projects on Science and Technology (2012)

	单　　位	火炬计划 项　　目	星火计划 项　　目
项目数	项	44	19
计划总投资	万元	44244	76713
项目到位资金	万元	24838	12892
#政府部门资金	万元	891	440
金融机构贷款	万元	1000	980
自有资金	万元	22897	11472
其他资金	万元	50	
项目支出合计	万元	16992	8008
#研究开发费	万元	7755	1932
已偿还贷款	万元	1200	500
新增产值	万元	70670	11270
出口额	万美元	1528	126
净利润额	万元	15499	1787
实交税金	万元	7088	750
专利授权数	件	83	3
#发明专利	件	18	2

13-4 技术市场交易情况(2012 年)

Statistics on Transactions in Technological Market (2012)

项　　目	合同数（个）	金额（万元）
输出技术合计	**9739**	**96.35**
技术开发	6724	71.91
技术转让	276	9.59
技术咨询	367	0.79
技术服务	2372	14.05
吸纳技术合计	**6464**	**96.34**
技术开发	4074	45.34
技术转让	231	15.56
技术咨询	278	2.28
技术服务	1881	33.15

13-5 教育事业基本情况

Basic Statistics on Education

	单位	1978年	1980年	1990年	2000年	2010年	2011年	2012年
学校数								
普通高等学校	所	14	14	19	20	50	50	52
中等职业技术学校	所	40	44	50	51	95	92	90
普通中学	所	791	625	580	548	487	487	494
小　学	所	4669	4860	3580	2467	504	502	510
在校生数								
普通高等学校	人	19632	28790	56874	140661	617482	647160	685639
中等职业技术学校	人	14967	17306	27972	64969	214674	237486	238541
普通中学	人	574039	438221	347004	482494	635099	621857	614063
小　学	人	1202491	1234444	670718	771582	682423	680101	683258
毕业生数								
普通高等学校	人	4411	4216	16777	23624	156646	161259	162366
中等职业技术学校	人	3470	4293	8401	20148	63318	65392	64571
普通中学	人	224994	169679	87343	106203	201516	204860	202922
小　学	人	227553	193944	139585	147700	133462	125333	126650
招生数								
普通高等学校	人	7973	6603	16087	55131	190078	198266	208253
中等职业技术学校	人	6676	5153	9703	17697	81338	95207	86998
普通中学	人	254708	171351	115835	182487	213144	204971	205600
小　学	人	279079	230882	91258	129966	108810	113085	120849
专任教师数								
普通高等学校	人	6940	7366	10699	11246	38404	39625	43227
中等职业技术学校	人	2206	2622	3262	3175	7498	8358	8752
普通中学	人	27423	25636	24947	30655	42429	43665	45044
小　学	人	41040	42617	40492	37618	38250	37858	38571
每一教师负担学生数								
普通高等学校	人	2.8	3.9	5.3	12.5	16.1	16.3	15.9
中等职业技术学校	人	6.8	6.6	8.6	20.5	28.6	28.4	27.3
普通中学	人	20.9	17.1	13.9	15.7	15.0	14.2	13.6
小　学	人	29.3	29.0	16.6	20.5	17.8	18.0	17.7

13-6 各类学校基本情况(2012 年)

Basic Statistics on Various Schools (2012)

	学校数 (所)	毕业生 (人)	招生数 (人)	在校生 (人)	专任教师 (人)
普通高等学校	**52**	**162366**	**208253**	**685639**	**43227**
# 研 究 生		19280	23877	75527	
中等技术学校	**90**	**64571**	**86998**	**238541**	**8752**
# 职业中学	27	23441	26033	72824	3521
普通中学	**494**	**202922**	**205600**	**614063**	**45044**
高 中	126	70544	72916	214653	15432
初 中	368	132378	132684	399410	29612
小 学	**510**	**126650**	**120849**	**683258**	**38571**
特殊教育学校	**19**	**166**	**258**	**1548**	**321**

注：普通中学高中学校数中含完全中学。普通中学初中校数中含 9 年制学校 156 所。研究生数包含科研院校的研究生人数。

13-7 普通中学基本情况(2012年)

Basic Statistics on Regular Secondary Schools (2012)

	学校数 (所)	毕业生 (人)	招生数 (人)	在校生 (人)	专任教师 (人)
总　计	**494**	**202922**	**205600**	**614063**	**45044**
城　市	188	94756	103982	303058	21028
县　镇	257	93711	88542	269383	20846
农　村	49	14455	13076	41622	3170
高　中	**126**	**70544**	**72916**	**214653**	**15432**
城　市	75	36902	38072	112365	8019
县　镇	43	28399	29651	86158	6251
农　村	8	5243	5193	16130	1162
初　中	**368**	**132378**	**132684**	**399410**	**29612**
城　市	113	57854	65910	190693	13009
县　镇	214	65312	58891	183225	14595
农　村	41	9212	7883	25492	2008

13-8 小学基本情况(2012年)

Basic Statistics on Primary Schools (2012)

	学校数 (所)	毕业生 (人)	招生数 (人)	在校生 (人)	教职员工 (人)	专任教师 (人)
总　计	**510**	**126650**	**120849**	**683258**	**33029**	**38571**
城　市	256	66571	65467	370236	18164	19019
县　镇	166	48931	45425	257325	11524	15446
农　村	88	11148	9957	55697	3341	4106

13-9 成人高等学校教育基本情况

Basic Statistics on Education in Institutions of Higher Learning for Adults

	单 位	1990 年	2000 年	2011 年	2012 年
成人高等院校					
学校数	所	40	31	14	12
毕业生数	人	14849	23943	80736	79996
在校生数	人	51247	82919	195306	199874
招生数	人	17925	47027	81769	89323

注：2011 年以后成人高校数据包含普通高等学校中的成人教育数据。

13-10 幼 儿 园 基 本 情 况

Basic Statistics on Kindergartens

	单 位	1990 年	2000 年	2011 年	2012 年
幼儿园数	所	2497	2835	1699	1848
幼儿园班数	班	6199	7697	10519	11769
在园幼儿数	人	181959	270318	359337	384525
教职员工数	人	13269	16049	33432	39753
#教 师	人	8142	10193	16809	19499
保健员	人	587	1201	1047	1477

13-11 艺术表演团体及场所演出情况

Basic Statistics on Performance of Art Troupes and Sites

	单　位	1990 年	2000 年	2011 年	2012 年
艺术表演团体	**个**	**20**	**19**	**12**	**12**
国内演出场次	千场	2.6	3.0	3.0	1.0
国内观众人次	万人次	135.3	204.2	286.3	66.5
出访演出场次	场		251	332	
艺术表演场所	**个**	**27**	**25**	**13**	**12**
座席数	千个	29.0	12.9	5.2	5.0
演映出场数	千场	53.8	8.8	1.1	0.57
#艺术场数	千场	0.7	0.5	0.7	0.26
观众人次	万人次	1294.6	49.0	21.7	2.74
#艺术场数	万人次	46.7	38.1	21.2	2.24

13-12 群 众 文 化 事 业(2012 年)

Main Indicators on Mass Culture (2012)

	单　位	总　计	文化馆	文化站
机构数	个	337	22	315
人员数	人	1652	510	1142
举办展览	个	1861	152	1709
举办训练班	次	7996	2437	5559
组织文艺活动	次	12338	1954	10384
藏　书	万册	209.1	2.4	206.7
总收入	万元	24168.1	11160.6	13007.5
总支出	万元	23480.2	10532.5	12947.7

13-13 公共图书馆基本情况

Basic Statistics on Public Libraries

	单　位	1990 年	2000 年	2011 年	2012 年
图书馆数	个	16	17	22	22
阅览室座席数	个	2375	2200	9748	10078
总藏量	万册(件)	643	746	1539	1642
图书流通人数	万人次	113	89	455	609
公共房屋建筑面积	万平方米	4.1	5.1	11.9	12.8
#书　库	万平方米	1.7	2.1	2.7	3.1
阅览室	万平方米	0.8	1.0	3.7	4.0
经费支出	万元	318	1416	10908.6	16920.7
#购书费	万元	106	277	2148.7	2252.7

13-14 博物馆基本情况

Basic Statistics on Museums

	单　位	1990 年	2000 年	2011 年	2012 年
博物馆数	个	8	10	29	35
综合馆	个	4	4	10	11
专业馆	个	1	4	19	24
文物藏品	件	168275	183670	801531	714836
#一级品	件	513	910	1838	1869
展　览	个	21	34	113	125
参观人数	万人次	313	247	1086	1168
公用房屋建筑面积	万平方米	6.8	10.1	24.1	27.1

13-15 广播、电视事业基本情况(2012 年)

Basic Statistics on Broadcasting and Television (2012)

	单 位	广播事业	# 市 级	# 县 级	电视事业	# 市 级	# 县 级
基本情况							
电(电视)台	座	2	1		2	1	
县级广播电视台	座	12		12	12		12
发射台	座	65	3	16	69	2	21
节目套数	套	24	4	12	32	8	12
全年节目播音时间	小时	155217	32613	61848	212310	58522	57601
人口覆盖率	%	100	99.19	59.28	100	99.19	59.28
全年节目制作情况	**小时**	**129261**	**27910**	**6297**	**34167**	**17927**	**4736**
新闻咨询节目	小时	65081	10305	1892	14722	7569	1787
综艺益智	小时	27391	2477	1528	5244	1702	747
专题服务节目	小时	32020	13956	2596	12545	8656	1526
广告节目	小时	4769	1172	281	1656	0	676

主要统计指标解释

普通高等学校 指按照国家规定的设置标准和审批程序批准举办，通过国家统一招生考试，招收高中毕业生为主要培养对象，实施高等教育的全日制大学、独立设置的学院和高等专科学校、短期职业大学。

成人高等学校 指按照国家有关规定审批，招收通过全国成人高教统一招生考试的具有高中毕业或同等学历的在职从业人员利用脱产、半脱产、业余或函授等多种形式对其实施高等学历教育培养高等教育专科或本科毕业水平的专门人才，修业年限、课程设置和总学时数均按高等学历教育要求付诸实施的学校。包括广播电视大学、职工高等学校、农民高等学校、管理干部学院、教育学院、独立设置的函授学院等。

小学学龄儿童入学率 指调查范围内已入小学学习的学龄儿童占学龄儿童总数（包括弱智儿童在内，但不包括盲聋哑儿童）的比重。计算公式：

$$\text{小学学龄儿童入学率}=\frac{\text{已入学的小学学龄儿童数}}{\text{校内外小学学龄儿童总数}}\times 100\%$$

独立研究与开发机构 指有明确的任务和研究方向，有一定学术水平的业务骨干和一定数量的研究人员，具有研究、开发、开展学术工作的基本条件，主要进行科学研究与技术开发活动，并且在行政上有独立的组织形式，财务上独立核算盈亏，有权与其他单位签订合同，在银行有单独户头的单位。包括国务院各部门、中国科学院、中国社会科学院和各省、自治区、直辖市以及地（市）以上〔含地（市）〕各部门所属的国有独立的科学研究与技术开发机构。

独立研究与开发机构职工 指在科学研究与技术开发机构工作，并由其支付工资的各种人员。包括长期职工和临时职工，不包括编制以外的离休、退休人员和停薪留职人员，但包括招聘人员。

研究与发展经费支出 指报告期内用于研究与实验发展课题活动（基础研究、应用研究、实验发展）的全部实际支出。包括用于研究与发展课题活动的直接支出，还包括间接用于研究与发展活动的一切支出（院、所管理费、维持院、所正常运转的必需费用和与研究发展有关的基本建设支出）。

科学家和工程师 指具有大学本科及以上学历的和不具备上述学历但有高、中级职称的人员。

专业技术人员 指已取得科学技术职称，或大学、中专的理、工、农、医科系毕业，以及国民经济各部门从工作实践中提拔，从事理、工、农、医等自学科学技术的研究、教学、生产的专业人员和在机关、企业、事业中从事科学技术业务管理工作的专业人员。

工程技术人员 指在国民经济各行业从事工程技术工作的自然科学技术专业人员，包括：高级工程师、工程师、助理工程师、技术员和未评定职称的技术人员。

农业技术人员 指在国民经济各行业从事农业技术工作的自然科学技术专业人员，包括：高级农艺师、农艺师、助理农艺师、技术员和未评定职称的技术人员。

卫生技术人员 指在国民经济各行业从事卫生医务工作的自然科学技术专业人员，包括：正副主任医师、主治医师、医师、医（护）士和未评定职称的技术人员。

科学研究人员 指在国民经济各行业从事科学技术活动的自然科学技术专业人员，包括：正副研究员、助理研究员、研究实习员、技术员和未评定职称的技术人员。

自然科学教学人员 指在国民经济各行业从事自然科学技术方面教学活动的专业人员，包括：正副教授、讲师、助教、教师和在中学从事自然科学技术方面教学活动的人员。

文化事业机构 指从事专业文化工作和为专业文化工作服务的独立建制的单独核算的单位。不包括这些单位另外举办独立核算的其他机构和各部门的业余文化组织。

十四 体育、卫生、福利及其他

简 要 说 明

主要内容

本部分反映体育、卫生、社会福利及其他事业发展情况。

体育：包括体育竞赛、体育竞技和全民健身的群众体育，以及相关的体育信息。

卫生：包括各类医疗卫生机构、床位、工作人员及病床使用率等指标。

民政：包括社会福利院、儿童福利院、精神病人福利院、社会办敬老院等各级福利院个数、床位及收养人数；优抚、救济情况。

其他事业：包括全市范围内司法、社会治安情况等。

资料来源

体育资料来源于成都市体育局。

卫生资料来源于成都市卫生局。

社会福利资料来源于成都市民政局。

司法、社会治安等资料分别来源于成都市司法局、成都市公安局。

其他需要说明的问题

体育资料为全市统计口径。

卫生资料为全社会统计口径。

福利机构相应指标为市及市以下统计口径。

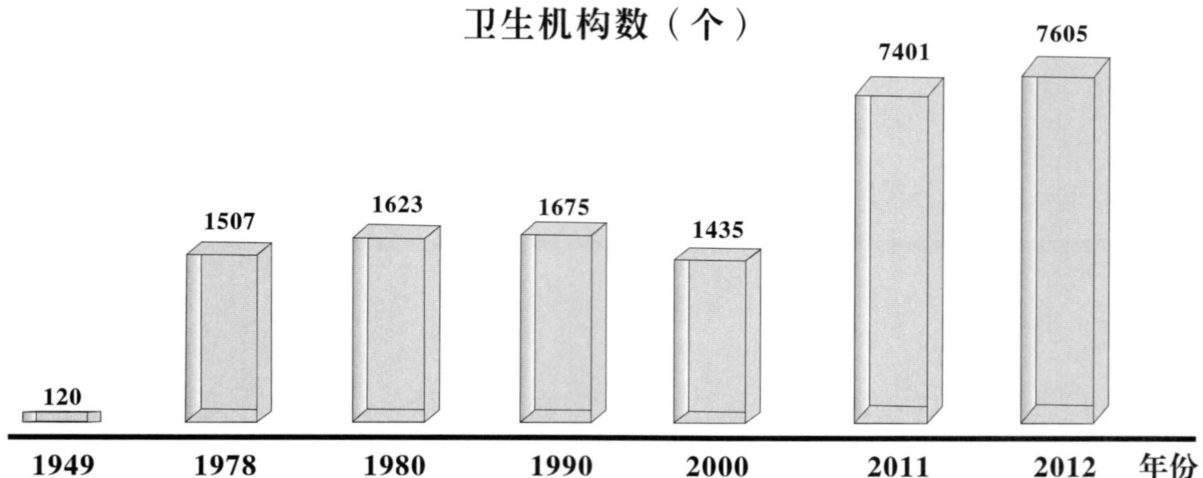
卫生机构数（个）
120
1507
1623
1675
1435
7401
7605
1949
1978
1980
1990
2000
2011
2012
年份

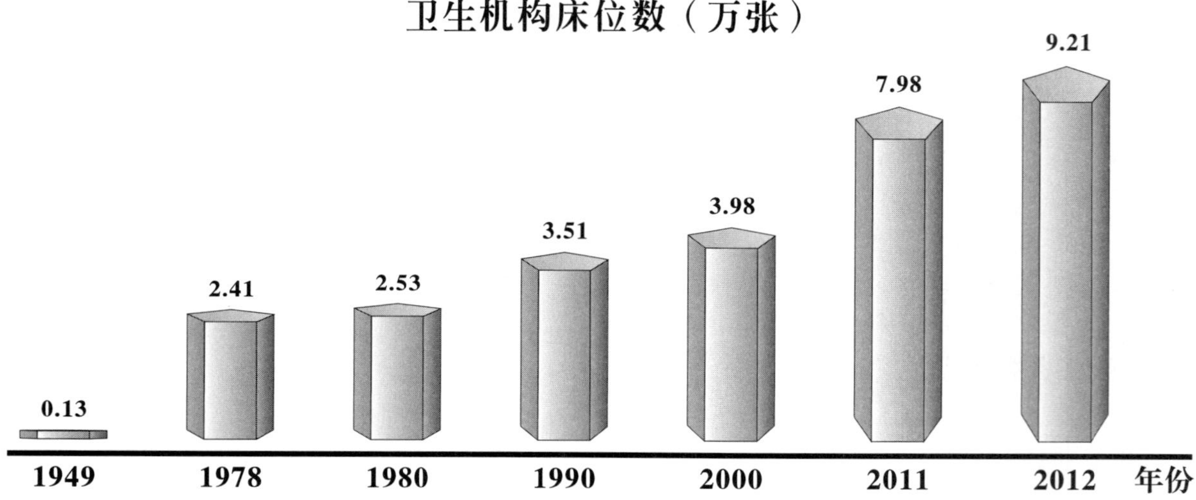
卫生机构床位数（万张）
0.13
2.41
2.53
3.51
3.98
7.98
9.21
1949
1978
1980
1990
2000
2011
2012
年份

卫生技术人员（万人）

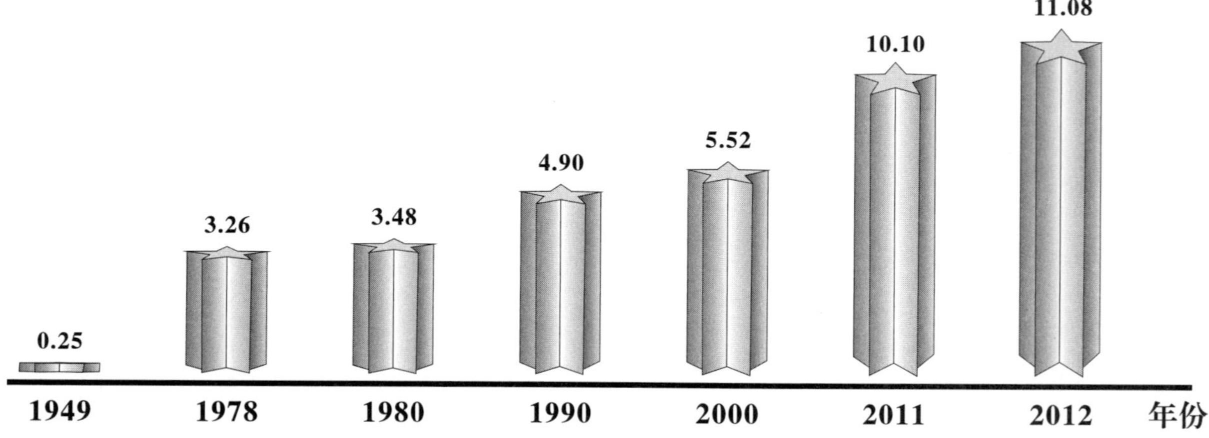
0.25
3.26
3.48
4.90
5.52
10.10
11.08
1949
1978
1980
1990
2000
2011
2012
年份

14-1 体育活动情况

Activities of Sports

	单　位	1990 年	2000 年	2011 年	2012 年
体育场地数	个	2831	3414	11310	12013
等级运动员发展人数	人	172	437	474	510
#二级运动员	人	93	149	474	510
等级裁判员发展人数	人	312	438	935	1240
优秀运动队运动员	人	108	75	115	117
优秀运动队专职教练员	人	12	17	29	33
少年儿童业余体校	所	26	28	29	29
少年儿童业余体校在校生	人	2927	6121	7449	5600
少年儿童业余体校专职教练员	人	183	171	156	156
各部门举办运动会次数	次	1173	1439	3422	4481
全民健身路径	条			2119	2228
全民健身活动人数	万人次			1600	1765

14-2 医疗卫生事业基本情况

Basic Statistics of Health Care

	单　位	1990 年	2000 年	2011 年	2012 年
总　　计					
机构数	个	1675	1435	7401	7605
#医院、卫生院	个	516	568	659	685
床位数	万张	3.51	3.98	7.98	9.21
#医院、卫生院	万张	3.04	3.41	7.34	8.50
工作人员	万人	6.49	7.29	13.05	14.34
#卫生技术人员	万人	4.90	5.52	10.10	11.08
#执业（助理）医师	万人			3.99	4.28
注册护士	万人			4.00	4.51
药剂人员	万人		0.54	0.61	0.63
总计中：政府办医院					
机构数	个	150	170	94	95
床位数	万张	2.32	2.63	4.00	4.41
工作人员数	万人	3.48	3.94	5.49	6.12
#卫生技术人员	万人	2.66	3.00	4.36	4.87
#医　生	万人	1.07	1.21	1.51	1.61
平均每万人口拥有					
医院、卫生院数	个	0.56	0.56	0.57	0.58
医院、卫生院床位数	张	33	34	63	79
卫生技术人员	人	53	54	87	94
#医　生	人	25	26	34	36

注：“总计中：政府办医院”的机构数 2001 年及以前年度指政府及非政府部门举办的县及县以上医院，2002 年及以后各年度指由政府部门举办的所有医院。从 2011 年起将村卫生室纳入统计范围。

14-3 农村村级卫生组织情况(2012 年)

Health Organization at Village Level（2012）

	总 计	按设置/主办单位分					按行医方式分		
		村 办	乡卫生院设点	联合办	私人办	其他	西医为主	中医为主	中西医结　合
机构数（个）	3047	1792	142	145	955	13	1550	131	1366
执业（助理）医师（人）	851	506		56	281	8	409	38	404
注册护士（人）	76	45		10	18	3	35	3	38
乡村医生和卫生员（人）	4164	2360	168	345	1267	24	1888	164	2112
乡村医生数	3836	2218	149	300	1152	17	1747	153	1936
卫生员	328	142	19	45	115	7	141	11	176

14-4 医院诊疗情况(2012年)

Number of Hospital Patients (2012)

	诊疗人次 (万人次)	#门急诊	健康检查人数 (万人)	入院人数 (万人)	病床使用率 (%)	出院者平均住院日 (天)	死亡率 (%)
医院总计	4474.23	4343.85	290.87	220.88	97.40	11.0	0.89
综合医院	2990.67	2892.79	231.04	161.96	96.35	10.1	0.96
中医医院	561.76	547.04	22.93	21.19	104.45	12.8	0.69
中西医结合医院	145.24	143.97	14.27	6.68	111.42	12.5	1.19
专科医院	776.56	760.05	22.64	31.05	95.08	13.9	0.62
# 口腔医院	71.00	71.00	0.00	0.53	76.42	11.3	0.06
眼科医院	24.13	23.61	0.00	1.81	61.93	4.6	0.00
耳鼻喉医院	2.49	2.33	0.00	0.60	53.05	6.3	0.00
肿瘤医院	13.05	13.05	0.00	3.33	139.10	19.3	0.98
心血管病医院	1.93	0.50	0.48	0.10	44.12	15.6	0.90
妇产（科）医院	21.05	19.87	0.04	0.70	50.40	6.2	0.00
儿童医院	190.21	187.57	0.59	5.08	122.05	6.5	0.31
精神病医院	47.46	47.24	0.04	1.74	106.46	58.0	1.09
传染病医院	55.69	55.69	0.54	1.57	108.43	15.3	1.93
职业病医院	12.11	6.60	5.13	0.80	87.27	31.0	4.14
骨科医院	56.33	56.32	1.73	3.55	88.77	14.5	0.22
康复医院	0.67	0.67	0.00	0.17	38.98	8.6	0.00
整形外科医院	2.46	2.31	0.00	0.09	15.04	3.2	0.00
美容医院	12.88	12.75		0.31	11.34	2.6	0.00
其他专科医院	265.10	260.56	14.08	10.66	87.42	10.3	0.49

14-5 卫生部门综合医院有关经营情况(2012 年)

Operation of Hospitals Runs by The Health Department (2012)

		机构数（个）	医师人均担负年诊疗人次（人次）	医师人均担负年住院床日（人次）	平均每诊疗人次医疗费（元）	#药品费	#检查费	平均每一出院者住院医疗费（元）	#床位费	#药费	#治疗费
综合医院	合　　计	38	1976	953	196	82	52	10003	371	3673	1484
	部　　属	1	1829	802	206	13	90	18630	721	5845	1555
	省　　属	4	2283	969	299	163	72	14182	465	6190	2372
	省辖市属	7	1651	913	189	101	35	10873	324	3892	2036
	县辖市属	12	1864	1079	156	71	37	6004	280	2201	1190
	县　　属	14	2359	1022	136	61	32	4952	214	1916	736

14-6 全市居民前十位死亡原因、死亡率(2012 年)

Cause of Death and Death Rate of 10 Major Diseases（2012）

序位及死因	死亡序位	死亡率（/10 万）	死亡构成（%）
十种死亡原因合计		**611.87**	**98.42**
肿瘤小计	1	184.91	29.74
循环系统疾病小计	2	177.18	28.5
呼吸系统疾病小计	3	155.35	24.99
损伤和中毒外部原因小计	4	41.45	6.67
消化系统疾病小计	5	19.42	3.12
内分泌，营养和代谢的其他疾病小计	6	14.5	2.33
传染病和寄生虫病小计	7	7.02	1.13
泌尿生殖系统疾病小计	8	5.08	0.82
神经系统疾病小计	9	4.79	0.77
精神障碍小计	10	2.17	0.35

14-7 社会福利机构情况

Basic Statistics on Social Welfare Institutions

	单　位	1990 年	2000 年	2011 年	2012 年
社会福利院					
单位数	个	5	5	7	19
床位数	张	710	1118	3047	4442
年末收养人数	人	648	893	1932	2305
儿童福利院					
单位数	个	1	2	2	2
床位数	张	150	492	763	779
年末收养人数	人	127	487	721	726
精神病人福利院					
单位数	个	1	1	1	1
床位数	张	320	358	748	748
年末收养人数	人	322	358	696	717
社会办敬老院					
单位数	个	344	344	253	250
床位数	张	6981	7998	38288	44172
年末收养人数	人	4804	6392	27367	30800

14-8 优　抚、救　济　情　况

Persons Receiving Subsidies or Relief Funds

	1990 年	2000 年	2011 年	2012 年
优抚革命伤残人员(人)	8288	8622	8093	8106
抚恤人数(人)	11003	10917	9553	9526
#烈属抚恤	2715	2295	549	517
复退军人得到定期定量补助人数(人)	25371	30898	40032	65924

14-9 律师、公证、调解工作基本情况

Basic Statistics on Lawyers, Notarization and Mediation

	单 位	1990 年	2000 年	2011 年	2012 年
律师工作					
律师事务所	个	22	78	290	322
律师人员	人	817	1229	3297	3727
#专职律师	人	142	731	3150	3507
民事诉讼代理	件	3852	4792	14944	21974
刑事诉讼辩护及代理	件	2727	3056	7212	10266
行政诉讼代理	件		152	406	446
非诉讼法律事务	件	1049	3018	4189	6031
解答法律咨询	件	15625	32000	57914	67014
代写法律事务文书	件	8954	6110	7744	10332
公证工作					
公证处	个	18	21	25	22
公证人员	人	111	143	522	413
#公证员	人	48	121	199	105
办理国内公证	件	16032	72874	435184	385920
民事公证	件	10423	28464	188662	151369
经济公证	件	5609	44410	246522	234551
港澳台公证	件			3639	1520
办理涉外公证	件	4294	25750	51470	51994
公证收入	万元	59.9	946.6	11900	12200

14-10 国内公证文书分类情况

Domestic Notarial Documents by Type

单位：件

	1990 年	2000 年	2011 年	2012 年
总　　计	**16032**	**72874**	**435184**	**385920**
经济公证	**5609**	**44410**	**246522**	**234551**
#购　　销	45	137	3	
联　　营	77	14		
贷　　款	493	11828	71814	82839
招标、投标	7	92	3210	966
科技协作	21	11		
劳务合同	674	1029	180	14
建筑工程承包	73	31		
农、林、牧、渔业承包	2394	185	34	20
乡镇企业承包	115	42		
财产租赁	89	19	6	4
法人(代表人)资格	33	167	1360	39
法人委托书	173	1347	3519	3479
民事公证	**10423**	**28464**	**188662**	**151369**
#收　养	813	54		2
解除收养	22	5	128	1
遗　嘱	319	630	5613	21185
产　权	218	2022		35
亲属关系	33	184	5842	3720
房屋买卖	128	1596	4440	681
房屋租赁	1981	51	50	577
留学协议	170	18		150
遗赠扶养协议	136	79	476	39
其他民事协议	529	4251	6025	1681
委托书	365	1627	63690	61330
赠与书	929	4517	6583	10452
声明书	215	1599	21491	18229
宅基地使用权	1	153		2282
继承权	1500	3807	13193	21185

14-11 涉外及涉台、港、澳公证文书分类(2012年)

Foreign-related Notarial Documents by Type (2012)

	办证件数(件)	构　成(%)		办证件数(件)	构　成(%)
总　计	**53514**	**100**	继承权	2	…
出　生	6894	12.9	受和未受刑事处分	8091	15.1
死　亡	1318	2.5	声明书	83	0.2
生存、居住	50	0.1	委托书	195	0.4
学　历	3224	6.0	文本相符	8413	15.7
经　历	78	0.1	签名印鉴属实	1683	3.1
婚姻状况	2134	4.0	其　他	11682	21.8
亲属关系	9667	18.1			

14-12 基层法律服务情况

Law Service for Grassroots Units

	单　位	2011年	2012年		单　位	2011年	2012年
一、机构人员情况				代理诉讼事务	件	6094	5657
已建基层法律事务所	个	120	121	代理非诉讼事务	件	3026	2458
基层法律工作者	人	630	597	调解纠纷	件	33654	31560
二、全年工作情况				解答法律咨询	人次	45519	51572
担任法律顾问	家	1016	1082	办理法律援助事务	件	1918	6507

14-13 劳动仲裁受理及处理案件情况(2012 年)

Labor Disputes Accepted and Handled by labor Dispute Arbitration Committees (2012)

	单 位	合 计	#国有企业	#城镇集体企业	#外商及港澳台投资企业	#私营企业
上期末结案件数	**件**	**122**	**23**	**3**	**8**	**88**
案件受理情况						
案件数	件	2564	230	69	320	1945
劳动者申述案件数	件	2514	222	69	301	1922
劳动者当事人人数	件	2564	230	69	320	1945
案件处理情况						
结案案件数	件	2510	250	72	316	1872
处理方式						
仲裁调解	件	375	47	14	64	250
仲裁裁决	件	1663	177	41	200	1245
其他方式	件	472	26	17	52	377
处理结果						
用人单位胜诉	件	151	28	7	32	84
劳动者胜诉	件	331	21	10	27	273
双方部分胜诉	件	1740	185	54	202	1299
本期末结案数	件	**176**	**3**	**0**	**12**	**161**

14-14　社会治安及交通、火灾情况

Basic Statistics of law-and-order Situation, Traffic Accidents and Fires

	单　位	1997 年	1998 年	2000 年	2011 年	2012 年
刑事案件						
立案数	起	24195	24226	62708	59693	69966
破案数	起	18968	18990	32244	30580	30019
破案率	%	78.4	78.4	51.4	51.2	42.9
治安案件						
受理数	起	37436	33676	54476	75034	68795
查处数	起	30830	28357	33961	51330	47846
交通事故						
交通事故发生数	起	3094	3562	4877	2809	2417
死伤人数	人	2774	3386	5582	3675	2971
#死亡人数	人	570	585	1206	684	657
直接经济损失	万元	1215.2	1086.5	1342.4	798.9	570.5
火灾事故						
火灾事故发生数	起	1374	1596	1929	2236	3229
死伤人数	人	84	73	78	5	16
#死亡人数	人	27	18	30	5	10
直接财产损失	万元	935.0	724.3	761.9	1909.7	2995.1

主 要 统 计 指 标 解 释

等级运动员人数 指经考核正式批准授予等级运动员称号的人数。运动员等级分为国际级运动健将、运动健将、一级运动员、二级运动员、三级运动员、少年级运动员。

等级裁判员人数 指经考核正式批准授予等级裁判员称号的人数。裁判员等级分为国际裁判、国家级裁判、一级裁判、二级裁判、三级裁判。

体育场 指有 400 米跑道（中心含足球场），有固定跑道 6 条以上，并有固定看台的室外田径场地。以看台容纳观众人数分：甲级 25000 人以上，乙级 15000－25000 人，丙级 5000－15000 人，丁级 5000 人以下。体育馆指有固定看台，可供篮球、排球、羽毛球、乒乓球、体操等项目训练比赛活动用的室内运动场地。以看台容纳观众人数分：甲级 6000 人以上，乙级 4000－6000 人，丙级 2000－4000 人，丁级 2000 人以下。

医院 指名称为医院，设有固定床位能收容病人住院并能为病人提供医疗、护理服务的医疗机构。包括县及县以上医院、农村乡卫生院、其他医院三部分。按所属性质分为卫生部门、工业及其他部门，集体经济单位三类。其中县及县以上医院按业务性质分为综合医院和专科医院。

卫生技术人员 指卫生事业机构支付工资的全部固定职工和合同制职工中现任职务为卫生技术工作的专业人员。包括中医师、西医师、中西医结合高级医师、护师、中药师、西药师、检验师、其他技师、中医士、西医士、护士、助产士、中药剂士、西药剂士、检验士、其他技士、其他中医、护理员、中药剂员、西药剂员、检验员，其他初级卫生技术人员。

社会福利事业单位 指集中收养社会孤老、残、幼的机构。包括由民政部门管理的社会福利院、儿童福利院、精神病人福利院和城镇集体办的福利院，以及农村集体举办的敬老院。

律师 指受聘参加法律顾问处工作，担任法律顾问、刑（民）事代理人、刑事辩护人，办理非诉讼事件、解答法律询问，代写法律事务文书等主要从事律师业务的专职法律工作者和兼职律师。

离休、退休、退职人员 指正式办理了离休、退休、退职手续，并享受相应的离休、退休、退职待遇的人员。

保险福利费用 指企业、事业、机关单位在工资以外实际支付给职工和离休、退休、退职人员个人以及用于集体的劳动保险和福利费用。

离休、退休、退职人员保险福利费用包括：①离休金；②退休金；③退职生活费；④医疗卫生费；⑤护理费；⑥生活补贴；⑦交通费补贴；⑧丧葬抚恤救济费；⑨其他。

十五 区(市)县

简 要 说 明

主要内容

本部分资料反映成都市各区（市）县经济、社会发展的基本情况，主要包括：土地、人口、地区生产总值、农业、工业、交通运输邮电、固定资产投资、社会消费品零售总额、财政金融、税收情况等主要社会经济情况。

资料来源

全市资料来源于成都市统计局和市级有关主管部门。

区（市）县资料，主要来源于各区（市）县统计局，部分资料来源于市级相关主管部门。

其他需要说明的问题

历史资料按现行行政区划口径计算。

财政指标按分级核算口径计算，金融指标按金融业务统计口径计算，其余各项指标均按辖区口径计算。

因本章部分指标未列锦江、青羊、金牛、武侯、成华五区及高新区统计数，故分项之和不等于全市合计。

2012年全市主要指标构成（%）

土地面积

B:82.1

A:17.9

年末户籍总人口

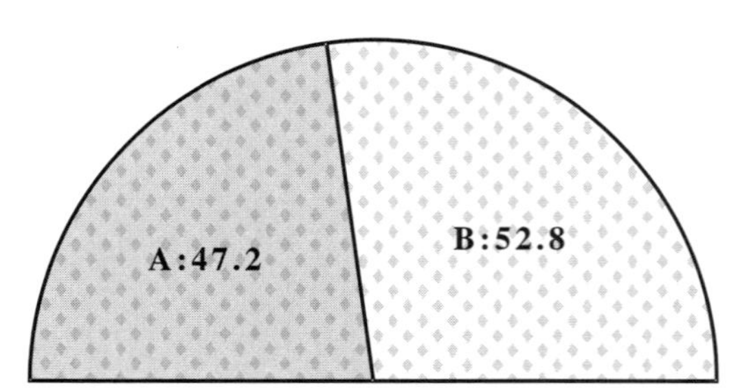

地区生产总值

A:71.4　　B:28.6

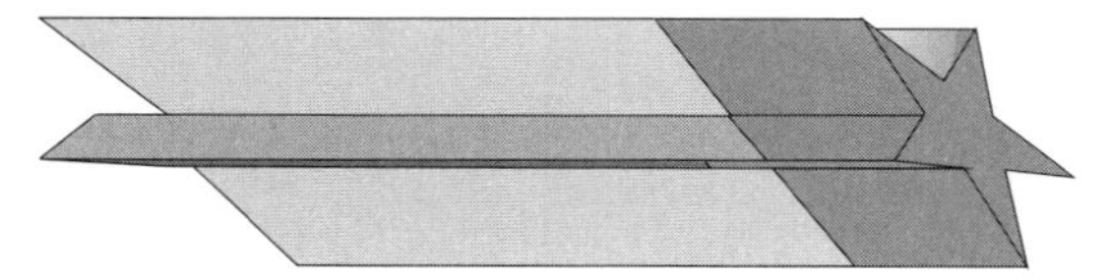

全社会固定资产投资

A:61.2　　B:38.8

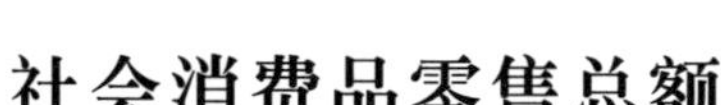

社会消费品零售总额

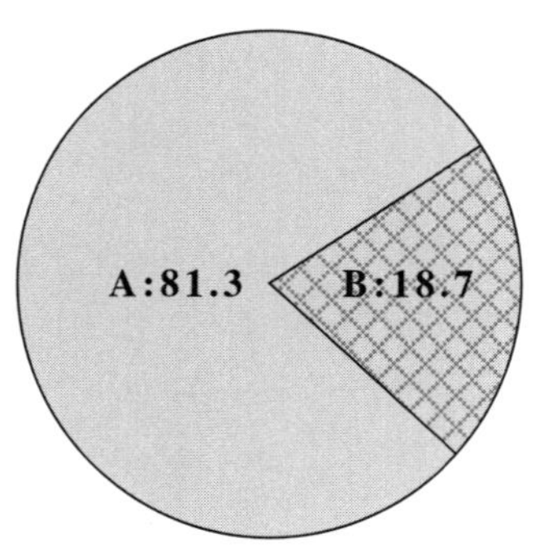

规模以上工业增加值

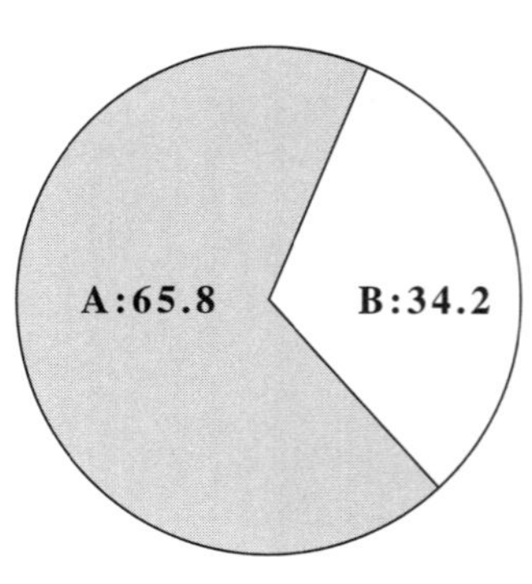

A：市区合计　　B：县（市）合计

15-1 区(市)县土地面积、户籍总户数和总人口数(2012 年)

Land Area, Registered Households and Population in Districts, Cities at County Level and Counties (End of 2012)

	土地面积(平方公里)	耕地面积（公顷）	年末总户数(户)	年末总人口(人)	平均每户人口(人)	人口密度(人/平方公里)
全　　市	**12121**	**424102**	**4468501**	**11733486**	**2.63**	**964**
#锦 江 区	61	1045	168865	453888	2.69	7315
青 羊 区	66	550	206153	601079	2.92	8993
金 牛 区	108	1031	281730	731788	2.60	6734
武 侯 区	122	553	366719	983149	2.68	7961
成 华 区	108	1568	260630	674978	2.59	6183
龙泉驿区	556	8385	225449	603768	2.68	1081
青白江区	379	19126	173566	413441	2.38	1091
新 都 区	496	26295	273031	696487	2.55	1398
温 江 区	276	13903	150051	383260	2.55	1378
金 堂 县	1156	57065	336134	890355	2.65	770
双 流 县	1068	44438	346359	959991	2.77	891
郫　 县	437	20666	190251	518680	2.73	1181
大 邑 县	1284	29622	201035	511975	2.55	401
蒲 江 县	580	23917	117394	263527	2.24	455
新 津 县	329	15889	139969	308025	2.20	937
都江堰市	1208	26746	242283	613788	2.53	507
彭 州 市	1421	50124	300064	803455	2.68	566
邛 崃 市	1377	44402	232748	656065	2.82	478
崇 州 市	1089	38779	256070	665787	2.60	614

注：此表中武侯区含高新区土地、户籍人口数据；耕地面积为 2011 年数据。

15-2 历 年 区 (市) 县

Total Registered Population in Districts, Cities at County Level

年份	全　市	锦江区	青羊区	金牛区	武侯区	成华区	龙泉驿区	青白江区	新都区
1949	50132						2102	1704	2920
1952	51196						2169	1801	3093
1957	59419						2047	2009	3415
1962	55134						2022	2158	3144
1965	60938						2268	2387	3495
1970	69521						2716	2850	4093
1975	78197						3186	3302	4597
1978	80606						3363	3449	4733
1979	81581						3369	3470	4753
1980	82254						3403	3488	4786
1981	83341						3455	3517	4850
1982	84325						3497	3545	4904
1983	84885						3508	3558	4934
1984	85400						3511	3563	4954
1985	86268						3535	3585	4988
1986	87473						3577	3627	5050
1987	88730						3625	3668	5125
1988	89857						3695	3665	5248
1989	90859						3697	3722	5290
1990	91950	3953	4438	4336	3486	4389	3729	3749	5323
1991	92773	3958	4474	4404	3563	4461	3779	3779	5388
1992	93686	3983	4498	4518	3664	4527	3837	3800	5460
1993	94730	4014	4561	4620	3786	4616	3915	3822	5541
1994	96039	4041	4608	4717	3917	4726	4291	3848	5642
1995	97160	4032	4665	4827	4057	4823	4505	3877	5716
1996	98074	3939	4581	5016	4689	4993	4586	3909	5782
1997	98919	3927	4578	5136	4893	5068	4655	3934	5829
1998	99700	3928	4595	5245	5028	5117	4731	3953	5874
1999	100356	3886	4593	5414	5156	5222	4792	3966	5893
2000	101335	3810	4568	5650	5338	5338	4848	4002	5959
2001	101990	3898	4587	5810	5483	5443	4920	4011	5976
2002	102848	3933	4669	6001	5742	5546	4996	4016	5989
2003	104431	3902	4650	6361	6217	5810	5108	4024	6048
2004	105969	3926	4780	6649	6540	5944	5251	4040	6130
2005	108203	3972	4996	6812	7330	6094	5380	3943	6387
2006	110340	3995	5124	6953	7955	6157	5646	4000	6501
2007	111228	3974	5231	6987	8147	6154	5724	4028	6587
2008	112496	4023	5374	6991	8358	6192	5805	4068	6671
2009	113963	4114	5540	7117	8622	6321	5880	4086	6755
2010	114907	4234	5679	7178	9435	6433	5923	4106	6829
2011	116328	4386	5860	7227	9594	6605	5988	4139	6905
2012	117335	4539	6011	7318	9831	6750	6038	4134	6965

年末户籍人口数

and Counties over the Years (Year–end)

单位：百人

温江区	金堂县	双流县	郫　县	大邑县	蒲江县	新津县	都江堰市	彭州市	邛崃市	崇州市
1454	4431	6727	2553	3008	1233	1566	3044	4089	3795	4061
1550	4768	5938	2642	3096	1316	1703	3173	4378	4003	4220
1678	5212	5716	2815	3467	1496	1874	3509	4968	4528	4475
1485	4966	4498	2461	2809	1346	1618	3177	4664	3771	4032
1656	5412	5043	2737	3163	1521	1800	3650	5172	4089	4318
1990	6287	5800	3245	3718	1848	2111	4234	6024	4832	5055
2256	7163	7308	3704	4289	2177	2432	4666	6603	5592	5537
2331	7424	7443	3803	4366	2238	2488	4761	6753	5752	5634
2350	7470	7552	3840	4375	2248	2500	4798	6781	5764	5662
2370	7487	7617	3869	4391	2259	2524	4817	6817	5781	5705
2398	7540	7751	3916	4437	2287	2556	4868	6884	5827	5752
2441	7593	7837	3943	4480	2308	2576	4919	6950	5852	5796
2458	7609	7863	3955	4494	2313	2584	4949	6968	5879	5823
2467	7605	7899	3959	4497	2323	2591	4989	6977	5895	5847
2499	7652	7952	3992	4515	2354	2612	5044	7026	5914	5888
2498	7711	8071	3995	4562	2389	2639	5109	7120	5962	5942
2520	7790	8190	4034	4616	2412	2668	5191	7218	6019	6003
2555	7868	8301	4070	4652	2430	2691	5271	7271	6067	6067
2591	7951	8451	4110	4694	2437	2711	5326	7322	6110	6141
2650	8053	8494	4212	4737	2454	2728	5429	7381	6188	6221
2685	8108	8554	4245	4762	2463	2743	5492	7427	6223	6264
2755	8142	8618	4271	4794	2472	2766	5545	7469	6273	6294
2848	8173	8693	4312	4813	2478	2784	5602	7517	6298	6335
2897	8189	8730	4355	4837	2492	2797	5682	7559	6330	6381
2933	8226	8790	4412	4861	2522	2819	5728	7592	6362	6413
2977	8263	8401	4475	4883	2533	2838	5773	7607	6382	6448
3008	8295	8457	4557	4910	2537	2851	5804	7619	6402	6458
3039	8331	8518	4627	4924	2545	2865	5849	7652	6410	6468
3052	8373	8543	4662	4931	2550	2882	5874	7691	6409	6467
3056	8446	8616	4709	4961	2563	2895	5944	7740	6398	6462
3066	8438	8667	4758	4961	2563	2900	5946	7726	6386	6451
3087	8448	8698	4804	4966	2564	2907	5955	7722	6361	6444
3137	8448	8846	4833	4968	2559	2920	5971	7782	6354	6493
3194	8455	9064	4883	4990	2566	2938	5984	7774	6353	6508
3293	8536	9269	4696	5061	2575	2966	6025	7788	6447	6633
3384	8619	9281	4843	5137	2610	2993	6104	7837	6514	6687
3439	8650	9389	4947	5149	2605	3019	6090	7947	6506	6656
3535	8764	9485	5017	5167	2620	3048	6118	7996	6561	6702
3649	8833	9661	5045	5175	2630	3063	6096	8034	6600	6741
3699	8845	9200	5086	5180	2630	3078	6096	8002	6582	6692
3776	8890	9421	5135	5186	2637	3087	6118	8053	6605	6718
3833	8904	9600	5187	5120	2635	3080	6138	8035	6561	6658

15-3 区(市)县户籍人口自然变动情况(2012 年)

Statistics on Natural Changes of Registered Population in Districts, Cities at County Level and Counties (2012)

	出生人口（人）	死亡人口（人）	出生率(‰)	死亡率(‰)	自然增长率(‰)
全 市	**116941**	**115510**	**10.01**	**9.89**	**0.12**
#锦 江 区	5462	3217	0.47	0.28	0.19
青 羊 区	6155	3388	0.53	0.29	0.24
金 牛 区	7428	4482	0.64	0.38	0.25
武 侯 区	11986	4215	1.03	0.36	0.67
成 华 区	7242	3807	0.62	0.33	0.29
龙泉驿区	6323	6331	0.54	0.54	0.00
青白江区	3771	5406	0.32	0.46	-0.14
新 都 区	6991	6255	0.60	0.54	0.06
温 江 区	4085	3626	0.35	0.31	0.04
金 堂 县	8868	9250	0.76	0.79	-0.03
双 流 县	10663	6675	0.91	0.57	0.34
郫 县	5267	4043	0.45	0.35	0.10
大 邑 县	4119	12374	0.35	1.06	-0.71
蒲 江 县	2362	2714	0.20	0.23	-0.03
新 津 县	2904	2581	0.25	0.22	0.03
都江堰市	5686	5393	0.49	0.46	0.03
彭 州 市	6928	10036	0.59	0.86	-0.27
邛 崃 市	4806	9668	0.41	0.83	-0.42
崇 州 市	5895	12049	0.50	1.03	-0.53

15-4 区(市)县户籍人口机械变动情况(2012 年)

Moving Changes of Registered Population in Districts, Cities at County Level and Counties (2012)

	迁入人口（人）	迁出人口（人）	迁入率（‰）	迁出率（‰）	机械变动增长率（‰）
全　　市	**212085**	**112793**	**18.15**	**9.65**	**8.50**
#锦 江 区	16642	6506	1.42	0.56	0.87
青 羊 区	23693	8037	2.03	0.69	1.34
金 牛 区	18053	10036	1.55	0.86	0.69
武 侯 区	41317	28499	3.54	2.44	1.10
成 华 区	18906	6938	1.62	0.59	1.02
龙泉驿区	12180	7208	1.04	0.62	0.43
青白江区	3267	2067	0.28	0.18	0.10
新 都 区	10569	5289	0.90	0.45	0.45
温 江 区	12252	7001	1.05	0.60	0.45
金 堂 县	5022	3298	0.43	0.28	0.15
双 流 县	18270	4413	1.56	0.38	1.19
郫　　县	11201	7229	0.96	0.62	0.34
大 邑 县	3555	1937	0.30	0.17	0.14
蒲 江 县	1015	832	0.09	0.07	0.02
新 津 县	3019	4040	0.26	0.35	-0.09
都江堰市	4759	3055	0.41	0.26	0.15
彭 州 市	3728	2424	0.32	0.21	0.11
邛 崃 市	2570	2095	0.22	0.18	0.04
崇 州 市	2067	1889	0.18	0.16	0.02

15-5 区(市)县婚姻、计划生育情况(2012年)

Matrimony and Family Planning in Districts, Cities at County Level and Counties(2012)

	结婚人数（人）	离婚人数（人）	符合政策生育率(%)	一孩率(%)
全　　市	**249782**	**106724**	**93.61**	**84.53**
#锦江区	11308	5112	98.83	92.15
青羊区	20752	6242	98.97	93.33
金牛区	16056	6739	98.47	91.51
武侯区	13432	6029	99.03	92.04
成华区	15106	6858	98.77	92.44
龙泉驿区	12842	6121	92.02	79.92
青白江区	7816	4881	92.02	80.25
新都区	14284	6013	94.49	84.49
温江区	7688	3583	96.05	88.44
金堂县	16298	5950	85.12	78.18
双流县	19660	9740	94.06	83.32
郫　县	9880	4325	92.23	82.56
大邑县	9630	4218	90.98	82.33
蒲江县	4872	1984	91.85	77.31
新津县	6404	2919	90.24	80.26
都江堰市	12686	5168	93.51	86.63
彭州市	15542	6671	91.73	79.76
邛崃市	13248	5287	90.93	76.62
崇州市	12110	5454	91.95	83.61

15-5 续表

	已婚育龄妇女人数(万人)	已婚育龄妇女中一孩妇女人数(万人)	综合避孕率(%)
全　　市	**245.62**	**191.22**	**89.36**
#锦 江 区	8.51	6.17	85.63
青 羊 区	10.18	8.15	86.84
金 牛 区	12.16	8.36	89.17
武 侯 区	17.52	12.32	88.90
成 华 区	11.11	8.03	87.20
龙泉驿区	13.07	10.48	88.82
青白江区	9.58	7.70	89.56
新 都 区	15.72	13.33	89.68
温 江 区	8.31	6.97	89.01
金 堂 县	19.67	12.65	90.89
双 流 县	21.31	16.27	90.80
郫　　县	11.45	9.69	91.11
大 邑 县	12.06	9.88	89.50
蒲 江 县	6.10	5.28	92.32
新 津 县	7.03	5.91	91.65
都江堰市	13.97	11.05	90.02
彭 州 市	17.81	14.43	85.28
邛 崃 市	14.76	11.98	90.02
崇 州 市	15.28	12.57	91.44

15-6 区(市)县地区生产总值(2012年)

Gross Domestic Product in Districts, Cities at County Level and Counties (2012)

单位：万元

	地区生产总值	第一产业	第二产业	工业	建筑业	第三产业
全市	**81389438**	**3481001**	**37656163**	**31276070**	**6380093**	**40252274**
#锦江区	6066048	7180	1008106	593424	414682	5050762
青羊区	6887105	659	1386523	751652	634871	5499923
金牛区	6941648	1893	1858621	1072999	785622	5081134
武侯区	6412343	377	1639963	1259990	379973	4772003
成华区	5559756	2373	1524501	1004416	520085	4032882
龙泉驿区	6314031	274510	4831295	4572111	259184	1208226
青白江区	2763777	130299	2061088	1918296	142792	572390
新都区	4560464	229165	2908707	2603979	304728	1422592
温江区	3023492	150773	1609428	1519262	90166	1263291
金堂县	2022955	372578	937101	579455	357646	713276
双流县	6790674	334725	3581724	3050063	531661	2874225
郫县	3255925	189390	1965906	1778257	187649	1100629
大邑县	1328605	269095	558657	447209	111448	500853
蒲江县	797616	153140	388597	344114	44483	255879
新津县	1699372	143201	979466	885542	93924	576705
都江堰市	2081844	221592	761711	485089	276622	1098541
彭州市	2130944	395040	1090812	1030812	60000	645092
邛崃市	1504281	285009	690219	570131	120088	529053
崇州市	1634347	275724	784405	570558	213847	574218

15-7 区(市)县地区生产总值发展速度(2012 年)

Development Rates of Gross Domestic Product in Districts, Cities at County Level and Counties (2012)

单位：%

	地区生产总值	第一产业	第二产业	工　业	建筑业	第三产业
全　市	**113.0**	**103.8**	**115.6**	**116.5**	**111.1**	**111.5**
#锦 江 区	110.5	89.3	104.5	105.3	103.3	112.0
青 羊 区	110.6	80.4	105.6	105.5	105.7	112.1
金 牛 区	110.5	61.1	106.9	105.4	109.2	111.9
武 侯 区	110.1	48.2	105.7	105.3	107.3	111.8
成 华 区	110.3	74.0	106.7	105.6	108.9	112.0
龙泉驿区	117.4	102.1	120.4	121.6	104.8	111.8
青白江区	113.0	103.5	113.9	114.2	110.0	111.5
新 都 区	113.3	103.8	114.6	114.4	116.6	111.8
温 江 区	113.1	103.5	115.0	114.5	124.9	111.8
金 堂 县	114.2	104.6	120.4	119.5	122.0	111.6
双 流 县	113.3	103.5	115.5	116.2	110.8	111.8
郫　县	113.2	103.7	114.0	114.6	108.3	113.6
大 邑 县	113.6	104.8	119.0	119.4	117.1	112.0
蒲 江 县	113.6	104.2	117.6	118.0	114.5	113.7
新 津 县	114.1	104.0	116.9	118.5	103.2	111.9
都江堰市	113.6	104.5	117.8	117.8	117.7	112.6
彭 州 市	113.6	104.5	118.2	118.6	110.9	111.3
邛 崃 市	114.1	104.4	119.8	119.7	120.3	111.9
崇 州 市	113.1	104.4	118.7	119.4	116.4	110.6

注：发展速度以上年度为基期，按可比价格计算。

15-8 区(市)县农林牧渔业总产值

Gross Output Value of Farming, Forestry, Animal Husbandry and Fishery in Districts, Cities at County Level and Counties

单位：万元

	1978 年	1980 年	1990 年	2000 年	2010 年	2011 年	2012 年
全　　市	**157073**	**171518**	**601911**	**1977360**	**4701886**	**5470001**	**5778379**
#龙泉驿区	8551	8402	31264	156929	442929	497872	492861
青白江区	6540	7591	21574	67411	165317	213339	215300
新 都 区	11133	12687	44402	129089	287293	331308	365477
温 江 区	7369	7765	21371	74367	209485	223007	233082
金 堂 县	13567	14985	56926	179171	468581	530001	565201
双 流 县	17079	19464	54809	200855	528510	568479	601959
郫　　县	11108	10958	36945	127977	286232	313369	327947
大 邑 县	7492	9645	35912	112632	329418	444926	479576
蒲 江 县	5380	6322	22200	74275	221831	243498	256250
新 津 县	4924	5745	19173	80910	203064	248962	263856
都江堰市	10492	11948	40924	131933	252159	303330	324159
彭 州 市	14812	17203	61611	195610	463405	583564	615485
邛 崃 市	10485	13377	52290	171294	403475	499191	523617
崇 州 市	14852	16075	54908	158879	393963	434266	456338

15-9 区(市)县农林牧渔业总产值(2012 年)

Gross Output Value of Farming, Forestry, Animal Husbandry and Fishery in Districts, Cities at County Level and Counties (2012)

单位：万元

	总 计	其 中：				
		农 业	林 业	牧 业	渔 业	农林牧渔服务业
全 市	**5778379**	**2940361**	**89356**	**2446463**	**148749**	**153450**
#锦江区	12121	12032		5		84
青羊区	957	888		69		
金牛区	4179	3153		996	30	
武侯区	872	261	56	447		108
成华区	4640	2522		2118		
龙泉驿区	492861	305022	15025	137406	17282	18126
青白江区	215300	126298	1250	72723	3370	11659
新都区	365477	176870	1011	168504	5512	13580
温江区	233082	187195	233	43779	1875	
金堂县	565201	335242	6055	187369	11580	24955
双流县	601959	338359	3159	229454	22319	8668
郫 县	327947	263252	408	54162	1200	8925
大邑县	479576	133133	7867	315611	15426	7539
蒲江县	256250	115481	475	129767	6547	3980
新津县	263856	100397	1905	142876	14218	4460
都江堰市	324159	115204	25838	150025	15333	17759
彭州市	615485	341045	7235	256957	6553	3694
邛崃市	523617	168759	19949	315860	7740	11309
崇州市	456338	181268	7835	244845	9437	12953

15-10　区(市)县农林牧渔业总产值构成(2012 年)

Gross Output Value of Farming, Forestry, Animal Husbandry and Fishery in Districts ,Cities at County Level and Counties and Its Composition (2012)

单位：%

	总　计	其 中：				
		农　业	林　业	牧　业	渔　业	农林牧渔服务业
全　市	**100**	**50.88**	**1.55**	**42.34**	**2.57**	**2.66**
#锦 江 区	100	99.27		0.04		0.69
青 羊 区	100	92.79		7.21		
金 牛 区	100	75.45		23.83	0.72	
武 侯 区	100	29.93	6.42	51.26		12.39
成 华 区	100	54.35		45.65		
龙泉驿区	100	61.89	3.05	27.88	3.51	3.67
青白江区	100	58.66	0.58	33.78	1.57	5.41
/新 都 区	100	48.39	0.28	46.11	1.51	3.71
温 江 区	100	80.31	0.10	18.79	0.80	
金 堂 县	100	59.31	1.07	33.15	2.05	4.42
双 流 县	100	56.21	0.52	38.12	3.71	1.44
郫　县	100	80.27	0.12	16.52	0.37	2.72
大 邑 县	100	27.76	1.64	65.81	3.22	1.57
蒲 江 县	100	45.07	0.19	50.64	2.55	1.55
新 津 县	100	38.05	0.72	54.15	5.39	1.69
都江堰市	100	35.54	7.97	46.28	4.73	5.48
彭 州 市	100	55.41	1.18	41.75	1.06	0.60
邛 崃 市	100	32.23	3.81	60.32	1.48	2.16
崇 州 市	100	39.72	1.72	53.65	2.07	2.84

15-11 区(市)县年末生猪存栏数

Number of Living Hogs in Districts, Cities at County Level and Counties

单位：头

	1978年	1980年	1990年	2000年	2010年	2011年	2012年
全　　市	**4590063**	**5421991**	**5329303**	**4331741**	**5246321**	**5080957**	**5080762**
#锦江区				26742	1760	632	
青羊区				32740	704	200	88
金牛区	269677	283544	277319	61134	4023	2975	2251
武侯区				20923	1250	1378	1300
成华区				56027	11183	4122	6104
龙泉驿区	227517	241606	268666	172649	129369	120319	101583
青白江区	235256	267619	248464	202242	171770	152950	136461
新都区	355193	400301	322210	234262	227812	219403	195100
温江区	167215	214417	249651	200312	129670	75102	78305
金堂县	502264	575928	552860	584138	587166	589000	606470
双流县	542336	593404	533261	323112	433775	408759	434810
郫　县	261455	344499	344841	261861	147096	102058	98753
大邑县	274919	323895	322571	313159	596314	599700	584233
蒲江县	149605	190968	207639	148680	430819	450637	467815
新津县	157642	181843	202910	172552	201232	195065	194066
都江堰市	284847	379640	332703	253086	283269	281332	286893
彭州市	434814	518500	486550	373744	447449	445746	455057
邛崃市	354797	436806	493786	550662	831801	833242	859719
崇州市	372526	469021	485872	310862	597660	586487	565537

15-12 历年区(市)县

Total Grain Yield in Districts, Cities at

年　份	全　　市	龙泉驿区	青白江区	新都区	温江区	金堂县	双流县
1949	1273658	57550	59710	88810	60890	95544	155510
1952	1544739	63125	97350	124995	66070	111999	164599
1957	1870274	78905	71760	140335	76055	133102	193463
1962	1372761	48095	60370	111510	59295	113043	117443
1965	1917783	82975	77990	145530	86535	147963	189340
1970	2339406	107370	100345	173055	98385	192538	240780
1975	2539669	132180	113290	205800	112030	211019	286099
1978	2948539	156920	126085	214775	125870	245199	332503
1979	3104080	159605	131755	222950	126965	260504	335998
1980	3051394	156495	130740	217670	130160	282109	344047
1981	3010770	149550	117340	214290	133645	216615	330815
1982	3526560	171495	144160	259995	143555	315752	399362
1983	3712175	180210	153415	262570	147915	351130	412318
1984	3593555	186975	151900	260585	151175	345765	389172
1985	3447355	176890	151670	241675	138715	339120	372821
1986	3577317	170335	149669	250441	150124	315512	387088
1987	3538924	171232	142942	252429	150438	327089	372897
1988	3295664	155911	137991	230236	143431	317010	338568
1989	3567994	176466	148740	252453	151220	346236	386346
1990	3817016	187058	153745	273361	158486	349793	416971
1991	3922619	189782	161912	275714	164900	337694	437011
1992	3990512	196678	165086	276635	166593	362942	437509
1993	3975301	170404	161258	281046	166691	356033	435888
1994	3972979	170500	160438	281676	167179	359200	429424
1995	3989688	172587	163254	283686	168309	365046	432569
1996	4006090	172782	166824	285593	169260	367342	428096
1997	4020984	172240	160677	271665	168885	371452	422736
1998	4038582	171150	162409	282547	164785	371929	422402
1999	3970178	165061	163377	272092	161227	377661	413132
2000	3637072	125018	155671	263925	137437	332631	371383
2001	3107297	102928	132257	203563	108864	252783	295681
2002	2990804	74601	137962	221015	94565	267163	294670
2003	2651189	52482	132909	190036	64655	255478	258602
2004	2760346	50572	146918	198342	67614	297327	286070
2005	2599076	52520	145605	190395	63384	289811	280497
2006	2651040	51623	139262	204927	58219	246687	286652
2007	2701146	51907	145962	205708	59155	293701	289231
2008	2745143	54231	149814	209829	59692	318878	294963
2009	2788817	54003	150351	210659	60369	321660	300301
2010	2747776	51405	148899	209442	56729	326138	273271
2011	2654293	49956	134886	211155	52568	338748	259005
2012	2555624	43922	124863	207643	14396	342962	244201

粮 食 总 产 量

County Level and Counties over the Years

单位：吨

郫　县	大邑县	蒲江县	新津县	都江堰市	彭州市	邛崃市	崇州市
96710	75875	45605	33236	101460	124925	84518	123315
124065	115765	50285	45580	111505	149375	118625	152770
143020	128010	67785	65255	134295	196350	158475	175080
113790	84485	38920	50760	86890	157220	116005	141805
145745	120985	70416	69520	126710	195426	168310	184650
169290	149085	91463	80790	148285	247711	189582	217030
180380	148625	88997	90615	152380	264658	188039	216935
208028	199850	111516	106445	184225	285237	235438	257410
216370	214815	122845	109540	193885	310418	263125	274605
212992	205680	118195	110580	178835	301665	255510	253870
217861	215440	118410	110780	194610	300280	264850	265050
250940	235555	129885	119585	229930	346225	304285	307650
258840	250610	138665	127180	232225	361250	330420	332155
237195	246620	121865	120160	227700	340340	285205	350950
233170	233360	118675	121125	211835	305105	299070	339110
254201	247259	127790	126652	227581	328326	330838	350705
250029	241526	132989	127762	225417	309278	332162	345083
234655	218718	133310	108674	210891	292780	304775	318577
243844	235544	139559	123681	222647	324015	327406	332982
269136	275918	143934	129562	255716	349609	337250	357397
279412	287890	146927	138606	264161	364937	348013	367756
274367	284728	151119	142771	260557	387642	358200	369807
285296	281348	151772	147093	254986	397966	370004	369954
294634	261279	152325	147088	262847	406035	363781	379303
292139	262324	154798	147235	266579	408556	365198	379393
292192	270120	156592	148136	266596	412617	370222	379571
296379	279322	159730	151981	266650	417795	379689	385032
296462	281596	160116	151657	266630	420124	385655	385121
280063	285908	155956	147584	265568	420388	378772	383309
242205	276013	138363	139069	239895	404117	360011	369538
190756	255617	124296	122791	222914	363450	333414	339302
179377	255130	125761	118590	198826	326228	313898	333583
153472	238507	121433	115859	174009	267105	294200	296323
152593	235869	127243	120000	169614	279401	295008	302323
150596	205720	113161	114633	151166	263728	261480	293604
158822	211730	118752	119695	168494	285796	269937	314051
165640	212449	121236	122503	159407	265181	277761	320143
171180	214798	122264	123734	159044	253719	282574	323139
175134	216043	123010	124891	167487	271095	283030	324925
163353	211287	121973	123565	168943	276703	274831	327712
116498	202984	120230	113361	168246	280669	273835	323534
93069	204999	120066	107522	166093	284269	275149	321463

15-13 区(市)县农林牧渔业主要产品产量(一)

Yield of Major Farm Crops in Districts, Cities at County Level and Counties (Ⅰ)

单位：吨

	稻谷产量		小麦产量		油菜籽产量	
	2011 年	2012 年	2011 年	2012 年	2011 年	2012 年
全　　市	**1645124**	**1571661**	**413906**	**386722**	**241966**	**242806**
#锦 江 区						
青 羊 区	327	369	4	11	181	128
金 牛 区	1380	1098	144	130	559	509
武 侯 区	18				13	10
成 华 区	1904	540				
龙泉驿区	12903	10037	1657	267	2388	2709
青白江区	66409	61435	28557	24531	10944	10749
新 都 区	159756	155893	39507	39402	20027	21353
温 江 区	45056	12862	6253	597	5056	2417
金 堂 县	107751	105401	81457	84030	28194	28685
双 流 县	147604	136772	39871	35074	21943	22777
郫　 县	82222	71083	23778	12176	10073	11247
大 邑 县	127611	129523	32817	32487	15101	15508
蒲 江 县	81075	79693	252	78	18392	18592
新 津 县	79845	76705	21482	19321	10706	10405
都江堰市	120116	117416	32558	32846	19139	19360
彭 州 市	207048	208378	18055	18286	16010	16096
邛 崃 市	182897	186377	19880	18523	39755	39696
崇 州 市	217037	215245	67465	68963	22057	21511

15-14 区(市)县农林牧渔业主要产品产量(二)

Yield of Major Farm Crops in Districts, Cities at County Level and Counties (Ⅱ)

单位：吨

	蔬菜产量		水果产量		禽蛋产量	
	2011 年	2012 年	2011 年	2012 年	2011 年	2012 年
全　　市	**5298830**	**5386133**	**1177987**	**1181783**	**204764**	**196143**
#锦 江 区	3983	3366				
青 羊 区	2612	2220				
金 牛 区	10568	6428	42	20	322	233
武 侯 区	1188	1365				
成 华 区	15681	11753	163	246	298	228
龙泉驿区	350150	345806	233364	215247	16477	11535
青白江区	187666	195283	29173	26406	3993	4306
新 都 区	279223	298948	17788	20238	23843	21801
温 江 区	90539	64827	40	37	10157	6695
金 堂 县	901587	928908	218462	215124	23017	23698
双 流 县	462530	445667	237635	234946	8425	8222
郫　　县	651370	656624	2500	3160	2910	3065
大 邑 县	257647	280872	21753	25344	23580	25637
蒲 江 县	183045	183067	201367	207121	3962	4103
新 津 县	184873	200245	39149	39717	12960	13240
都江堰市	145997	151361	36054	39544	8881	9156
彭 州 市	1020260	1069942	28364	29162	21069	21012
邛 崃 市	266067	273318	79413	92974	13715	11320
崇 州 市	274099	263252	32720	32497	31120	31868

15-15 区(市)县农林牧渔业主要产品产量(三)

Yield of Major Farm Crops in Districts, Cities at County Level and Counties (III)

	水产品（吨）		出栏生猪头数（头）		出栏羊只数（只）	
	2011 年	2012 年	2011 年	2012 年	2011 年	2012 年
全　　市	**104000**	**90200**	**10760633**	**10953126**	**622120**	**601620**
#锦 江 区			1213	932		
青 羊 区			664	650		
金 牛 区			5107	3763		
武 侯 区			1760	2370		
成 华 区	1000	700	18200	12811		
龙泉驿区	11000	9000	283609	246304	57176	37120
青白江区	3100	3100	282007	265542	22531	23312
新 都 区	3700	2300	469380	427638	1638	1686
温 江 区	850	700	217521	187112		
金 堂 县	7900	7900	956579	981207	257117	263221
双 流 县	18000	16100	827904	876005	107084	100021
郫　　县	2900	1000	262492	210206		
大 邑 县	8000	8000	1309077	1426024	66450	67284
蒲 江 县	8700	6500	990208	1023875	19657	17103
新 津 县	11750	10000	399568	390308	14910	13627
都江堰市	2700	1000	725363	750263	13196	13393
彭 州 市	4000	3500	953228	1022126	9081	9385
邛 崃 市	10700	10700	1847274	1903614	28208	30192
崇 州 市	8900	8900	1185555	1209873	25072	25276

15-16　区(市)县农林牧渔业主要产品产量(四)

Yield of Major Farm Crops in Districts, Cities at County Level and Counties (Ⅳ)

单位：吨

	肉类总产量		#猪肉		牛　奶	
	2011 年	2012 年	2011 年	2012 年	2011 年	2012 年
全　　市	**1042166**	**1056485**	**727703**	**747367**	**114234**	**114075**
#锦 江 区	84	63	79	61	70	34
青 羊 区	48	47	45	44		
金 牛 区	434	318	356	262	396	395
武 侯 区	122	161	121	161		
成 华 区	1422	1044	1268	893	281	49
龙泉驿区	34968	27146	19808	17206	4531	3838
青白江区	24188	23126	19496	18322	3127	2990
新 都 区	50288	46942	31796	28945	22180	20790
温 江 区	19684	16357	15203	13081	1727	1041
金 堂 县	102443	104886	65747	67375	18770	19212
双 流 县	100016	101876	56115	60051	18426	16307
郫　　县	24866	19500	18321	14674	11581	11055
大 邑 县	114028	123585	88115	96273	612	648
蒲 江 县	79816	84332	62409	66552	29	23
新 津 县	57481	57461	26924	26378	1480	1462
都江堰市	71328	73334	49374	51145	1365	1408
彭 州 市	97431	100305	65471	69801	6668	8132
邛 崃 市	149815	161847	122848	131159	11712	15939
崇 州 市	111885	113210	82539	84120	11209	10712

15-17 区(市)县农村居民人均收入情况(2012年)

Per Capita Income of Rural Residents in Districts, Cities at County Level and Counties (2012)

单位：元

	农村居民人均总收入		农民人均纯收入	
	绝对数	比上年±%	绝对数	比上年±%
全　　市	**15300**	**13.9**	**11501**	**14.2**
#龙泉驿区	19712	15.4	12554	13.3
青白江区	12410	11.0	10612	13.3
新都区	13519	11.5	12256	13.5
温江区	16199	13.4	13628	13.3
金堂县	11525	12.6	9409	13.4
双流县	16822	12.6	12262	13.4
郫　县	16419	14.0	12595	14.5
大邑县	15447	15.3	10406	14.4
蒲江县	17567	11.3	10135	14.5
新津县	13286	14.8	11064	14.4
都江堰市	16700	18.0	10417	14.8
彭州市	13158	16.9	9793	14.8
邛崃市	15170	15.2	9833	14.4
崇州市	11877	13.5	10406	14.5

15-18　区(市)县农村居民人均支出情况(2012 年)

Per Capita Annual Expenditure of Rural Residents in Districts, Cities at County Level and Counties (2012)

单位：元

	人均家庭经营费用支出		人均生活消费支出	
	绝对数	比上年±%	绝对数	比上年±%
全　市	**3559**	**15.3**	**8061**	**14.6**
#龙泉驿区	6615	18.6	8673	15.5
青白江区	1513	9.2	7580	24.2
新 都 区	1189	28.9	9363	9.6
温 江 区	1580	3.0	9029	13.8
金 堂 县	1729	5.3	6011	18.1
双 流 县	3997	12.3	10093	11.3
郫　县	3225	24.6	9907	13.2
大 邑 县	4506	18.2	7558	7.3
蒲 江 县	6852	7.3	7665	19.9
新 津 县	1854	9.3	7740	25.5
都江堰市	4380	19.5	7873	24.3
彭 州 市	2865	13.2	7684	18.4
邛 崃 市	4958	17.4	6204	15.9
崇 州 市	1447	6.4	4583	17.4

15-19 历 年 区 (市) 县

Per Capita Net Income of Rural Residents in Districts,

年 份	全 市	龙泉驿区	青白江区	新都区	温江区	金堂县	双流县
1949	32	30	23	24	45	21	40
1952	40	42	27	33	57	28	55
1957	54	62	35	56	80	34	72
1962	44	43	47	53	66	35	58
1965	67	71	57	87	103	50	65
1970	82	80	74	124	125	63	72
1975	90	93	80	132	132	61	80
1978	140	155	129	156	176	138	130
1979	175	179	142	202	204	144	141
1980	223	221	187	259	262	151	192
1981	276	194	133	303	304	156	227
1982	310	260	195	374	323	197	265
1983	334	298	213	375	373	236	305
1984	366	308	280	459	392	278	343
1985	413	359	357	492	433	310	378
1986	458	470	420	549	490	343	435
1987	526	528	467	625	553	390	507
1988	632	570	526	684	624	443	596
1989	693	790	598	746	702	502	650
1990	773	692	649	876	791	552	690
1991	832	831	755	987	880	609	745
1992	903	944	820	1067	969	660	850
1993	1029	1046	906	1167	1128	777	1029
1994	1303	1378	1160	1498	1560	1081	1375
1995	1649	1703	1463	1769	1891	1424	1771
1996	2051	2047	1815	2202	2318	1808	2226
1997	2427	2499	2196	2417	2556	2187	2578
1998	2631	2699	2418	2623	2763	2390	2808
1999	2783	2881	2570	2793	2936	2543	2979
2000	2926	3041	2713	2943	3092	2686	3141
2001	3178	3268	2944	3114	3298	2804	3308
2002	3377	3493	3141	3345	3527	2951	3517
2003	3655	3755	3351	3661	3838	3123	3831
2004	4072	4207	3787	4141	4345	3482	4293
2005	4485	4679	4175	4605	4864	3834	4767
2006	4905	5124	4552	5033	5351	4143	5227
2007	5642	5934	5231	5803	6245	4690	6079
2008	6481	7255	6236	7086	7611	5410	7129
2009	7129	7901	6767	7699	8264	5800	7718
2010	8205	9248	7871	8985	10007	6699	9030
2011	9895	11079	9369	10800	12028	8215	10818
2012	11501	12554	10612	12256	13628	9409	12262

农民人均纯收入

Cities at County Level and Counties over the Years

单位：元

郫　县	大邑县	蒲江县	新津县	都江堰市	彭州市	邛崃市	崇州市
42	38	22	23	33	37	29	32
56	42	27	31	45	54	40	38
77	66	32	48	67	70	52	52
62	63	36	39	45	48	36	41
101	80	59	54	66	65	60	64
120	110	79	68	73	83	68	75
135	111	83	70	75	85	60	67
168	136	135	151	121	131	122	131
188	187	195	206	172	181	135	154
238	198	202	225	197	229	208	224
281	247	257	291	262	271	237	272
325	340	341	327	278	309	253	321
359	377	351	329	315	350	264	354
405	384	359	346	347	366	345	422
457	442	417	435	399	404	429	438
493	464	459	470	456	466	477	500
552	501	505	553	503	543	522	609
584	611	559	595	622	671	644	688
667	711	626	630	666	696	684	719
707	754	651	635	692	742	711	819
821	803	788	773	777	831	754	846
868	891	859	865	835	915	832	884
1036	1066	950	968	1020	1026	941	1044
1415	1327	1220	1330	1330	1347	1227	1326
1844	1654	1544	1710	1758	1763	1580	1682
2190	2034	1909	2087	2219	2195	1944	2100
2555	2343	2188	2420	2434	2487	2209	2447
2771	2572	2443	2635	2636	2710	2420	2652
2942	2737	2596	2787	2788	2841	2572	2803
3098	2887	2739	2933	2933	2984	2715	2946
3270	3060	2898	3072	3193	3062	2886	3075
3480	3252	3093	3248	3389	3257	3070	3269
3782	3438	3300	3558	3609	3485	3251	3502
4210	3872	3708	4013	4038	3847	3622	3899
4700	4282	4130	4462	4466	4262	4022	4266
5156	4649	4472	4862	4852	4635	4359	4616
5996	5314	5094	5523	5536	5275	4969	5222
7320	6095	5856	6417	5400	5228	5689	5970
7944	6538	6298	6962	5832	5602	6110	6412
9271	7544	7330	8020	7086	6672	7071	7464
11107	9095	8855	9669	9671	8647	8598	9084
12595	10406	10135	11064	10417	9793	9833	10406

15-20 区(市)县规模以上工业企业主要经济指标(2012 年)

Main Indicators of Industrial Enterprises above Designed Size in Districts, Cities at County Level and Counties (2012)

单位：万元

	企 业 数 (个)		# 亏 损 企 业	亏 损 面 (%)	工业总产值	
	绝对数	占全市的比重(%)			绝对数	占全市的比重(%)
全　　市	**3188**	**100.00**	**375**	**11.76**	**78536792**	**100.00**
#锦 江 区	17	0.53	4	23.53	342286	0.44
青 羊 区	38	1.19	1	2.63	1828318	2.33
金 牛 区	73	2.29	5	6.85	1975069	2.51
武 侯 区	79	2.48	10	12.66	1611314	2.05
成 华 区	41	1.29	3	7.32	1142003	1.45
龙泉驿区	213	6.68	48	22.54	10784806	13.73
青白江区	225	7.06	28	12.44	4536500	5.78
新 都 区	369	11.57	32	8.67	5993802	7.63
温 江 区	211	6.62	27	12.80	2884004	3.67
金 堂 县	119	3.73	28	23.53	1357671	1.73
双 流 县	386	12.11	14	3.63	9519099	12.12
郫　　县	348	10.92	12	3.45	4744919	6.04
大 邑 县	103	3.23	22	21.36	1352816	1.72
蒲 江 县	84	2.63	9	10.71	702714	0.89
新 津 县	129	4.05	22	17.05	2778296	3.54
都江堰市	101	3.17	27	26.73	1148588	1.46
彭 州 市	162	5.08	23	14.20	2124360	2.70
邛 崃 市	139	4.36	5	3.60	1502529	1.91
崇 州 市	116	3.64	20	17.24	1644620	2.09

注：规模以上工业企业指年主营业务收入在 2000 万元及以上的工业企业。

15-20 续表 1

单位：万元

	利税总额		利润总额		亏损企业亏损额	
	绝对数	占全市的比重(%)	绝对数	占全市的比重(%)	绝对数	占全市的比重(%)
全　　市	**12212537**	**100.00**	**6377990**	**100.00**	**658709**	**100.00**
#锦 江 区	67314	0.55	40108	0.63	2511	0.38
青 羊 区	190624	1.56	145596	2.28	2530	0.38
金 牛 区	219631	1.80	154990	2.43	3112	0.47
武 侯 区	213400	1.75	160825	2.52	9749	1.48
成 华 区	98363	0.81	73242	1.15	866	0.13
龙泉驿区	3558410	29.14	1077802	16.90	52157	7.92
青白江区	57925	0.47	-59418	-0.93	206901	31.41
新 都 区	748814	6.13	475178	7.45	13287	2.02
温 江 区	376562	3.08	224213	3.52	11850	1.80
金 堂 县	191981	1.57	112607	1.77	11739	1.78
双 流 县	1312202	10.74	831515	13.04	213811	32.46
郫　县	542113	4.44	336659	5.28	9046	1.37
大 邑 县	135793	1.11	88983	1.40	9444	1.43
蒲 江 县	35878	0.29	21695	0.34	2508	0.38
新 津 县	304442	2.49	172636	2.71	11389	1.73
都江堰市	111667	0.91	56682	0.89	7270	1.10
彭 州 市	168153	1.38	92908	1.46	20138	3.06
邛 崃 市	219099	1.79	95418	1.50	3938	0.60
崇 州 市	180174	1.48	129402	2.03	4139	0.63

15-20 续表 2

单位：万元

	工业增加值		资产总计		主营业务收入	
	绝对数	占全市的比重(%)	绝对数	占全市的比重(%)	绝对数	占全市的比重(%)
全　　市	**25890000**	**100.00**	**77442833**	**100.00**	**79279049**	**100.00**
#锦 江 区	325140	1.26	575509	0.74	364380	0.46
青 羊 区	494485	1.91	3480825	4.49	1904229	2.40
金 牛 区	559113	2.16	1894432	2.45	1865242	2.35
武 侯 区	528105	2.04	1868762	2.41	1607738	2.03
成 华 区	747331	2.89	1362777	1.76	1284964	1.62
龙泉驿区	4557204	17.60	13131120	16.96	11508811	14.52
青白江区	1363925	5.27	4936629	6.37	4489065	5.66
新 都 区	2238360	8.65	6601012	8.52	6138474	7.74
温 江 区	1016499	3.93	2892984	3.74	3126948	3.94
金 堂 县	485651	1.88	1458345	1.88	1354846	1.71
双 流 县	2918450	11.27	6457946	8.34	9215306	11.62
郫　　县	1693909	6.54	2745170	3.54	4593767	5.79
大 邑 县	432994	1.67	1480219	1.91	1303883	1.64
蒲 江 县	256442	0.99	545184	0.70	628016	0.79
新 津 县	791476	3.06	2630047	3.40	2870192	3.62
都江堰市	383847	1.48	2280579	2.94	1148694	1.45
彭 州 市	891438	3.44	3017097	3.90	2134555	2.69
邛 崃 市	552788	2.14	1009113	1.30	1536824	1.94
崇 州 市	450656	1.74	1439581	1.86	1631121	2.06

15-20 续表 3

单位：%

	综合效益指数	产品销售率	总资产贡献率	成本费用利润率	资产负债率	劳动生产率(元/人)	流动资产周转次数(次)
全市	**268.50**	**98.51**	**16.84**	**9.15**	**59.81**	**235592**	**1.92**
#锦江区	288.83	99.25	12.37	12.51	55.96	277856	1.24
青羊区	179.23	97.90	6.23	8.20	62.58	146532	0.87
金牛区	257.89	98.11	12.39	9.20	47.02	246549	1.38
武侯区	239.64	101.26	11.93	11.14	53.49	205000	1.28
成华区	215.03	97.84	8.06	5.99	62.93	204807	1.34
龙泉驿区	453.98	100.84	27.98	12.33	60.27	490217	1.53
青白江区	196.38	98.90	2.41	-1.29	62.12	231217	1.91
新都区	225.23	98.22	12.59	8.60	53.26	189120	1.62
温江区	238.17	98.78	13.84	8.00	44.30	205761	2.18
金堂县	271.09	97.89	15.02	8.74	70.32	244439	2.22
双流县	347.79	96.60	22.41	9.92	58.07	330749	2.87
郫县	371.71	95.21	20.72	8.32	52.92	382716	2.94
大邑县	228.25	97.23	10.44	7.72	59.78	203391	1.56
蒲江县	272.29	97.89	8.32	3.57	51.77	301505	2.29
新津县	280.23	99.40	13.62	6.33	73.00	287797	2.01
都江堰市	196.95	93.73	6.86	5.09	58.00	184964	1.44
彭州市	242.97	96.86	6.79	4.60	58.08	262617	1.43
邛崃市	247.13	99.74	22.27	6.78	43.80	179825	3.45
崇州市	200.94	98.62	14.10	8.59	56.87	132602	1.78

15-21 区(市)县工业集中发展区主要经济指标(2012 年)

Main Indicators of Centralized Industrial Development Zone(2012)

	企 业 数 (户)		工业集中度(%)	工业增加值 (亿元)	
	绝对数	占集中区的比重(%)		绝对数	占集中区的比重(%)
全 市	**2094**	**100**	**81.4**	**2106.90**	**100**
#锦 江 区	7	0.33	17.6	5.73	0.27
青 羊 区	28	1.34	80.0	39.57	1.88
金 牛 区	46	2.20	84.1	47.04	2.23
武 侯 区	33	1.58	46.9	24.76	1.18
成 华 区	20	0.96	21.2	15.83	0.75
龙泉驿区	140	6.69	97.1	442.69	21.01
青白江区	130	6.21	82.3	112.25	5.33
新 都 区	207	9.89	79.0	176.93	8.40
温 江 区	154	7.35	85.6	87.02	4.13
金 堂 县	85	4.06	88.0	42.74	2.03
双 流 县	257	12.27	71.4	208.31	9.89
郫 县	294	14.04	88.2	149.32	7.09
大 邑 县	68	3.25	72.1	31.24	1.48
蒲 江 县	52	2.48	63.3	16.22	0.77
新 津 县	70	3.34	84.3	66.74	3.17
都江堰市	64	3.06	67.2	25.80	1.22
彭 州 市	58	2.77	32.2	28.70	1.36
邛 崃 市	68	3.25	60.4	33.38	1.58
崇 州 市	63	3.01	71.9	32.41	1.54

注：规模以上工业企业指年主营业务收入在 2000 万元及以上的工业企业。

15-21 续表 1

单位：亿元

	固定资产投资	# 基础设施投资	# 工业投资	工业技改投资	实际到位资金
全　　市	**1673.08**	**295.08**	**1194.55**	**890.18**	**1476.37**
#锦 江 区	13.05	0.00	1.50	1.50	68.38
青 羊 区	15.25	0.00	10.42	4.31	7.43
金 牛 区	36.86	14.92	12.24	6.27	20.33
武 侯 区	41.61	0.00	41.00	24.21	30.31
成 华 区	53.20	5.45	47.75	24.56	87.41
龙泉驿区	236.13	36.02	200.11	145.53	203.41
青白江区	102.12	8.47	83.28	83.58	126.36
新 都 区	73.93	3.60	51.46	51.46	98.47
温 江 区	46.75	2.42	40.14	27.74	39.92
金 堂 县	57.64	13.09	44.13	29.84	20.03
双 流 县	187.26	25.12	162.03	69.07	182.06
郫　县	67.83	0.53	67.26	53.75	59.84
大 邑 县	51.47	8.10	43.38	40.08	90.01
蒲 江 县	26.80	5.45	21.35	20.16	19.27
新 津 县	111.63	21.46	78.93	56.79	97.51
都江堰市	43.09	3.11	38.43	34.70	76.96
彭 州 市	37.87	11.62	20.93	19.07	23.33
邛 崃 市	84.30	14.16	70.14	29.58	56.84
崇 州 市	69.86	5.62	62.48	58.73	53.42

15-21 续表 2

	签约工业企业数（户）	开工建设工业企业数（户）	竣工投产工业企业数（户）	主营业务收入		利税总额	
				亿元	±%	亿元	±%
全　　市	**630**	**629**	**666**	**6377.01**	**19.8**	**1010.85**	**22.9**
#锦 江 区	52	51	61	16.58	13.2	2.11	-12.4
青 羊 区	28	28	27	170.56	3.6	12.01	11.4
金 牛 区	47	36	60	151.50	-11.5	23.59	12.7
武 侯 区	15	14	7	75.90	-12.5	10.64	-42.5
成 华 区	32	32	18	81.00	11.0	4.92	81.5
龙泉驿区	13	13	21	1066.99	22.5	346.00	18.4
青白江区	1	13	8	362.59	0.3	4.20	-65.6
新 都 区	16	37	49	484.67	15.1	65.98	13.4
温 江 区	70	61	65	268.86	13.5	33.81	24.2
金 堂 县	13	17	29	115.12	38.6	20.38	118.7
双 流 县	62	63	70	646.95	20.7	87.03	-0.3
郫　 县	38	37	52	409.96	13.7	50.42	46.3
大 邑 县	30	22	15	92.33	12.5	8.17	32.4
蒲 江 县	12	7	16	38.39	15.8	2.29	27.9
新 津 县	10	33	24	255.49	26.6	25.06	48.1
都江堰市	33	37	24	80.06	-2.2	6.57	-44.1
彭 州 市	87	40	23	68.91	11.0	2.36	-19.5
邛 崃 市	10	14	16	93.11	21.8	10.91	23.1
崇 州 市	5	46	54	89.22	32.5	9.36	71.7

15-22　区(市)县邮电通信指标

Main Indicators of Postal and Telecommunications in Districts, Cities at County Level and Counties

	邮电主营业务收入 (万元)		年末移动电话用户数 (户)		年末固定电话用户数 (户)	
	2012 年	±%	2012 年	±%	2012 年	±%
全　　市	**1788846**	**4.7**	**21361014**	**6.3**	**3752046**	**5.4**
#龙泉驿区	73370	2.5	595760	10.0	120819	11.9
青白江区	30232	14.9	415429	13.0	83050	16.7
新 都 区	89078	13.5	1187000	8.1	177000	10.0
温 江 区	59721	11.9	734950	16.7	132981	5.9
金 堂 县	22324	24.8	60620	16.6	98000	-2.1
双 流 县	39765	23.0	1100000	10.0	251500	15.4
郫　　县	22481	22.8	494576	2.7	167655	0.4
大 邑 县	25026	11.4	486942	7.8	61466	-4.7
蒲 江 县	29657	13.8	168803	5.5	99535	-17.7
新 津 县	—	—	238809	22.6	45469	-3.5
都江堰市	51941	25.1	522843	0.3	108777	14.4
彭 州 市	12627	19.7	650000	10.0	81200	5.7
邛 崃 市	5600	22.8	402169	7.0	50500	-14.1
崇 州 市	—	—	120000	1.2	95000	-28.5

注：2011 年电信相关资料按国家新政策进行了调整。

15-23 区(市)县交通运输指标

Main Indicators of Transportation in Districts, Cities at County Level and Counties

	运营性公路旅客周转量 (万人公里)		运营性公路货物周转量 (万吨公里)	
	2011 年	2012 年	2011 年	2012 年
全　　市	**2935287**	**3119240**	**2050952**	**2367464**
#龙泉驿区	474858	477190	129944	161260
青白江区	83859	94006	58679	70473
新 都 区	62953	81039	311195	410422
温 江 区	79437	85640	13501	13366
金 堂 县	27631	27822	18857	20029
双 流 县	109986	142679	78261	91651
郫　　县	54227	79382	27041	33590
大 邑 县	54167	92433	111409	163625
蒲 江 县	12960	9856	14620	18088
新 津 县	43168	59976	124300	208320
都江堰市	132582	199332	24499	35778
彭 州 市	27909	34046	14765	19047
邛 崃 市	54055	66263	57274	63204
崇 州 市	—	—	—	—

15-24 区(市)县全社会固定资产投资

Total Investment in Fixed Assets in Districts, Cities at County Level and Counties

单位：万元

	1978 年	1980 年	1990 年	2000 年	2010 年	2011 年	2012 年
全　　市	**29391**	**55744**	**401156**	**4759020**	**42553662**	**49956521**	**58900984**
#龙泉驿区	551	878	16043	218244	2609703	3282315	4168988
青白江区	2177	1799	21266	99302	1509969	1902354	2251389
新 都 区	99	1344	14913	146479	2445310	3084442	3700913
温 江 区	872	756	8865	81182	2205890	2391078	2715823
金 堂 县	597	657	11400	122368	1105387	1666679	2035855
双 流 县	427	725	20615	359317	3725208	4884088	6528809
郫　 县	98	282	9611	220084	2046757	2509794	2835074
大 邑 县	879	1130	3835	109986	1059553	1196119	1498923
蒲 江 县	522	768	3948	62290	521648	696378	851036
新 津 县	77	253	3000	73676	1265805	1609464	2025354
都江堰市	1243	3070	16338	182365	2033638	1616959	1780403
彭 州 市	590	1117	18683	79965	1801041	1713123	1958063
邛 崃 市	1396	1356	6197	87677	1110943	1496640	1779554
崇 州 市	465	504	4353	93373	1063233	1404222	1534694

15-25 区(市)县全社会固定资产投资(2012 年)

Total Investment in Fixed Assets in Districts, Cities at County Level and Counties (2012)

单位：万元

	合　计	#基本建设	#更新改造	#房地产开发
全　　市	**58900984**	**27517055**	**11540904**	**18900420**
#龙泉驿区	4168988	1759768	1375444	810088
青白江区	2251389	1005684	924382	265189
新 都 区	3700913	1129391	850675	1546248
温 江 区	2715823	943899	318782	1372708
金 堂 县	2035855	1161991	345950	527914
双 流 县	6528809	3761578	896385	1503856
郫　　县	2835074	1117687	590369	1093992
大 邑 县	1498923	779787	457003	232622
蒲 江 县	851036	436628	310210	95038
新 津 县	2025354	1072031	700655	194668
都江堰市	1780403	803274	434069	498060
彭 州 市	1958063	555535	509794	88088
邛 崃 市	1779554	1173033	414738	181783
崇 州 市	1534694	606144	714919	175072

15-26 区(市)县教育、卫生情况(2012 年)

Main Indicators on Education and Health Care in Districts, Cities at County Level and Counties (2012)

	普通中学			普通小学		
	学校(所)	在校学生(人)	专任教师(人)	学校(所)	在校学生(人)	专任教师(人)
全市	**494**	**614063**	**45044**	**510**	**683258**	**38571**
#龙泉驿区	18	31603	2450	37	39930	2333
青白江区	15	22063	1614	10	19242	1123
新都区	39	39648	2630	30	49762	2457
温江区	15	20679	1615	9	22379	1233
金堂县	28	38180	2309	47	46863	2736
双流县	40	57846	4361	33	56624	3198
郫县	43	28861	2268	13	35995	1669
大邑县	23	21662	1955	14	19618	1324
蒲江县	16	12215	1054	8	9114	728
新津县	16	15959	1251	16	13539	910
都江堰市	26	27077	2219	23	26489	1950
彭州市	31	33021	2437	22	30440	2017
邛崃市	32	31014	2062	27	22508	1675
崇州市	18	24857	2122	31	25382	1977

15-26 续表

	初中入学率(%)	卫生机构(个)	#医院卫生院	医疗机构床位数(张)	卫生技术人员(人)	#医生
全市	**99.87**	**7605**	**685**	**92062**	**110795**	**42804**
#龙泉驿区	99.80	265	32	3472	4170	1667
青白江区	99.50	234	19	2207	2239	786
新都区	100.00	427	28	4012	4335	1656
温江区	99.17	283	23	3917	3956	1435
金堂县	99.38	521	37	3167	2995	1307
双流县	100.00	438	40	4440	5942	2402
郫县	100.00	400	31	3238	4203	1648
大邑县	100.00	448	41	3076	2704	1141
蒲江县	99.97	162	17	1271	1375	551
新津县	100.00	195	19	1932	2145	749
都江堰市	100.00	400	44	5143	4799	1737
彭州市	99.92	496	46	4294	4155	1644
邛崃市	100.00	399	39	2866	2687	1109
崇州市	99.25	388	48	3814	3624	1380

15-27 区(市)县社会消费品零售总额(2012年)

Total Retail Sale of Consumable Goods in Districts, Cities at County Level and Counties (2012)

单位：万元

	社会消费品零售总额	在总额中：		在总额中：		
		批发零售贸易业	住宿和餐饮业	城镇的零售额	城区的零售额	乡村的零售额
全　　市	**33176664**	**28682783**	**4493880**	**32755461**	**30270699**	**421202**
#龙泉驿区	827714	632677	195037	796631	564646	31083
青白江区	466902	345017	121886	438049	315489	28853
新 都 区	1024204	808583	215621	990166	697483	34038
温 江 区	650681	547324	103357	622393	451968	28289
金 堂 县	485688	392070	93618	459750	352402	25939
双 流 县	1667847	1316748	351099	1627903	1067241	39944
郫　　县	682719	552421	130298	660592	476315	22127
大 邑 县	374056	306388	67668	341979	233812	32078
蒲 江 县	189999	135486	54512	162784	100168	27215
新 津 县	457928	353603	104325	435477	330171	22451
都江堰市	806188	634434	171755	775195	579402	30993
彭 州 市	536187	408500	127687	503143	369459	33044
邛 崃 市	491771	395969	95802	458605	335969	33166
崇 州 市	525821	435316	90505	493837	348325	31983

15-28 区(市)县地方公共财政收入 (2012 年)

Local Public Finance Revenue in Districts, Cities at County Level and Counties (2012)

单位：万元

	地方公共财政收入	#增值税	#营业税	#企业所得税	政府性基金收入
全　　市	**7808952**	**495391**	**1983548**	**1013327**	**8155967**
#锦 江 区	400004	17544	81550	45325	1941
青 羊 区	415566	20970	103790	66204	2763
金 牛 区	401873	22142	93078	48171	2573
武 侯 区	481332	26228	101281	93956	5729
成 华 区	410050	18065	85533	36611	164376
龙泉驿区	400193	48373	97337	66750	435238
青白江区	152945	13938	30710	8291	268455
新 都 区	346741	23600	127500	36912	422408
温 江 区	250296	19697	63247	25506	250871
金 堂 县	115689	7072	25317	12147	114968
双 流 县	598958	28397	267960	66604	727598
郫　　县	303641	17562	98382	44729	340025
大 邑 县	85795	8034	19521	9825	59075
蒲 江 县	37878	2281	9129	3532	35682
新 津 县	133665	12234	23915	15499	226492
都江堰市	175282	10185	47438	16852	410399
彭 州 市	130592	11206	31495	9767	101074
邛 崃 市	86322	7101	16905	9961	65775
崇 州 市	90358	8364	20082	9727	105534

15-29　区(市)县公共财政支出(2012 年)

Public Fiscal Expenditures in Districts, Cities at County Level and Counties (2012)

单位：万元

	公　共 财政支出	# 一般公共服务	# 教育	# 社会保障和就业	政府性基金支出
全　　市	**9838477**	**1230347**	**1622941**	**582950**	**7865943**
#锦 江 区	406792	68107	75093	30872	45041
青 羊 区	382619	48320	82258	31801	43186
金 牛 区	437362	41957	91384	26944	14930
武 侯 区	528567	65243	111899	50994	54532
成 华 区	433858	50244	86291	17124	101615
龙泉驿区	426424	60384	118184	19864	437968
青白江区	197020	29578	44115	12033	272393
新 都 区	349935	52642	89215	21764	412441
温 江 区	272044	54400	39972	18493	251237
金 堂 县	243312	36700	62925	21867	136397
双 流 县	620880	101663	145347	35538	667306
郫　　县	310525	50428	75131	20394	326542
大 邑 县	185205	33025	37636	15344	71113
蒲 江 县	83445	11563	21435	8643	38457
新 津 县	196989	30232	45303	12302	236830
都江堰市	262466	76640	70208	19972	414223
彭 州 市	246766	30724	65175	24676	105174
邛 崃 市	196060	31906	48113	17562	81903
崇 州 市	181600	31967	45627	22012	111071

15-30 区(市)县上划中央增值税和消费税情况

Value–added Tax and Consumption Tax Turned over to Central Government in Districts, Cities at County Level and Counties

单位：万元

	1995 年	1997 年	2000 年	2010 年	2011 年	2012 年
全　　市	**231981**	**310222**	**460874**	**2685930**	**3342563**	**3870118**
#锦 江 区	7201	9623	12662	141809	168886	143800
青 羊 区	7264	9503	12917	182522	210174	223866
金 牛 区	9767	12398	19054	150432	187852	183084
武 侯 区	12165	10540	17680	146076	179482	203071
成 华 区	7681	11203	15350	139281	119789	144310
龙泉驿区	3406	4578	8421	925173	1244535	1440898
青白江区	6920	9267	9813	77095	64347	67889
新 都 区	9177	10897	16755	101280	116993	116413
温 江 区	3424	5185	10741	63931	72318	92796
金 堂 县	4891	5675	6027	25727	31914	32756
双 流 县	7465	10866	17030	93409	105863	131138
郫　　县	3054	4836	10421	47255	73493	81893
大 邑 县	3397	4357	5771	27383	32540	39274
蒲 江 县	1884	2296	2632	7406	9714	10854
新 津 县	2207	2940	4170	58824	65105	56683
都江堰市	6263	8027	9259	43299	50049	50758
彭 州 市	6757	8854	9228	42193	51889	51760
邛 崃 市	3621	4969	7157	28953	33797	41340
崇 州 市	4341	4195	5795	30996	37061	41790

15-31 区（市）县税收情况(2012 年)

Main Indicators of Taxation in Districts，Cities at County Level and Counties (2012)

单位：万元

	合　计	内　资　企　业			
		小　计	#国有企业	#集体企业	#联营企业
全　　市	**15912484**	**12350145**	**1454676**	**77119**	**3169**
#锦 江 区	980679	694805	75458	2553	72
青 羊 区	1398106	1237527	255143	4206	69
金 牛 区	988488	846519	49740	4875	30
武 侯 区	1292642	1110413	40574	3430	156
成 华 区	844205	736932	65791	11591	69
龙泉驿区	2380028	1564919	107532	8780	158
青白江区	251847	202708	8718	600	43
新 都 区	639495	520469	16358	19879	71
温 江 区	439681	317776	17635	858	39
金 堂 县	170039	146467	3375	609	9
双 流 县	1092240	775027	33241	1945	525
郫　县	527153	444489	13117	1519	305
大 邑 县	161633	149419	852	828	15
蒲 江 县	59372	52254	826	1083	168
新 津 县	232861	200702	2099	222	1
都江堰市	289475	258526	26020	1911	433
彭 州 市	212733	163669	7749	2078	27
邛 崃 市	153107	128177	2810	689	70
崇 州 市	165147	144730	3056	1043	527

15-31 续表

单位：万元

	内资企业		港澳台及外商投资企业	个体经营	在合计中：乡镇企业
	#股份公司	#私营企业			
全　　市	**9163286**	**850021**	**2596121**	**966218**	**2168622**
#锦江区	531459	45332	273416	12458	79938
青羊区	882361	69364	134660	25918	241327
金牛区	759227	8891	106933	35036	90312
武侯区	800160	212111	155544	26684	403493
成华区	556830	72009	91052	16221	4656
龙泉驿区	1363798	62344	771779	43330	212611
青白江区	154218	16345	32671	16468	25933
新都区	424460	55315	68030	50995	224457
温江区	260893	16826	74499	47406	59802
金堂县	123029	7817	17067	6505	44854
双流县	544834	158078	245727	71485	144632
郫　县	364865	40339	40166	42498	1689
大邑县	127910	12991	5081	7133	73657
蒲江县	40940	728	3454	3665	11529
新津县	185137	3884	11403	20756	38034
都江堰市	183520	3047	14806	16142	87755
彭州市	126179	9538	37088	11977	25625
邛崃市	111435	4170	12913	12017	46706
崇州市	133209	4393	1712	18705	49037

15-32 区(市)县金融存贷款指标(2012 年)

Main Indicators on Banking in Districts (2012)

单位：万元

	金融机构年末存款余额	#城镇居民年末储蓄余额	金融机构年末贷款余额
全　市	**203541672**	**70600314**	**156303941**
市　区	171171557	50537266	138584425
#龙泉驿区	5615753	2837019	3854196
新都区	4893035	3144530	2284688
温江区	3331508	2061042	2085430
县（市）	32370115	20063048	17719516
金堂县	1944031	1362863	1039014
双流县	9536560	5386556	5142839
郫　县	4298868	2532515	2346210
大邑县	1904143	1249290	733099
蒲江县	1007394	617131	418698
新津县	1727780	1080898	1507882
都江堰市	3890590	2422185	2529777
彭州市	3182685	2129377	1566822
邛崃市	2189189	1393398	1157844
崇州市	2688875	1888835	1277331

15-33 区(市)县城乡居民最低生活保障情况(2012 年)

Basic Statistics on Lowest Living Ensure Persons in Districts,Cities at County Level and Counties(2012)

	城市居民最低生活保障人数（人）	农村居民最低生活保障人数（人）	城镇居民最低生活保障支出（万元）	农村居民最低生活保障支出（万元）
全　　市	**51285**	**122350**	**17018.5**	**21534.2**
#锦江区	3833		1468.0	
青羊区	3339		1254.9	
金牛区	3923		1664.3	
武侯区	2480		925.2	
成华区	5585		2034.4	
龙泉驿区	1493	4136	529.8	1093.8
青白江区	1086	5009	258.9	625.4
新都区	1715	6203	536.1	1139.2
温江区	1364	2319	419.8	464.1
金堂县	2427	22161	628.1	3441.5
双流县	1689	10297	908.1	2650.7
郫　县	2641	3192	778.6	715.1
大邑县	3865	10728	1052.2	1877.7
蒲江县	1255	5125	337.5	751.8
新津县	777	2944	252.1	578.0
都江堰市	3375	11418	1001.6	2192.8
彭州市	4836	17273	1294.0	2828.3
邛崃市	2413	11666	638.5	1741.1
崇州市	1956	9879	521.6	1434.7

附录　全国重点城市主要指标

附录：全国重点城市主要指标(2012 年)

Main Indicators of Major Cities in China(2012)

	土地面积 (平方公里)	建成区面积 (平方公里)	年末户籍总人口 (万人)	常住人口 (万人)
	2012 年	2012 年	2012 年	2012 年
直辖市				
北　京	16411	1231①	1297.5	2069.3
上　海	6341	886①	1426.9	2380.4
天　津	11917	711①	993.2	1413.2
重　庆	82269	1035①	3343.4	2945.0
副省级城市				
成　都	12121	516	1173.4	1417.8
沈　阳	12860	455	724.8	822.8
长　春	20571	434	756.9	767.7②
哈尔滨	53068	367	993.5	1063.6②
青　岛	11282	375	769.6	886.9
武　汉	8494	520	822.0	1012.0
西　安	10108	451	796.0	855.3
南　京	6587	694	638.5	816.1
济　南	8177	363	609.2	695.0
广　州	7434	1010	822.3	1283.9
厦　门	1573	264	190.9	367.0
深　圳	1997	863	287.6	1054.7
大　连	12574	395	590.3	689.2
杭　州	16596	531	700.5	880.2
宁　波	9816	457	577.7	763.9
其他主要城市				
昆　明	21013	298①	543.5	653.3
石家庄	15848	216	1005.3	1038.6
太　原	6988	343	365.8	425.6
无　锡	4627	316	470.1	646.6
苏　州	8488	720	647.8	1054.9
合　肥	11445	378	710.5	757.2
南　昌	7402	208①	507.9	513.2
长　沙	11816	316	660.6	714.7
贵　阳	8034	162①	374.5	445.2
珠　海	1724	124	106.6	158.3

注：①为 2011 年数据；②为第六次人口普查数据。

续表 1

	地区生产总值（亿元）		第一产业增加值(亿元)		第二产业增加值(亿元)	
	2012 年	比 2011 年 ±%	2012 年	比 2011 年 ±%	2012 年	比 2011 年 ±%
直辖市						
北　京	17801.0	7.7	150.3	3.2	4058.3	7.5
上　海	20101.3	7.5	127.8	0.5	7912.8	3.1
天　津	12893.9	13.8	171.6	3.0	6663.8	15.2
重　庆	11459.0	13.6	940.0	5.3	6172.3	15.6
副省级城市						
成　都	8138.9	13.0	348.1	3.8	3765.6	15.6
沈　阳	6602.6	10.0	315.2	5.1	3383.2	11.3
长　春	4456.6	12.0	317.1	4.3	2291.9	13.1
哈尔滨	4550.2	10.0	506.8	9.2	1638.9	10.9
青　岛	7302.1	10.6	324.4	3.2	3402.2	11.5
武　汉	8003.8	12.5	301.2	4.5	3869.6	13.2
西　安	4369.4	11.8	195.6	6.0	1893.8	11.8
南　京	7201.6	11.7	185.1	4.9	3170.8	11.9
济　南	4812.7	9.5	252.9	4.7	1938.1	9.2
广　州	13551.2	10.5	213.8	3.2	4720.7	8.5
厦　门	2817.1	12.1	25.2	0.4	1374.0	12.6
深　圳	12950.1	10.0	5.6	-18.2	5737.6	7.3
大　连	7002.8	10.3	451.4	5.1	3634.8	10.6
杭　州	7804.0	9.0	255.9	2.5	3626.9	8.5
宁　波	6582.2	7.8	268.5	1.6	3516.8	6.0
其他主要城市						
昆　明	3011.1	14.1	159.2	6.4	1378.5	16.1
石家庄	4500.2	10.4	452.2	3.6	2240.7	12.0
太　原	2311.4	10.5	36.0	5.2	1035.6	9.7
无　锡	7568.2	10.1	137.2	4.6	4012.0	9.3
苏　州	12011.7	10.1	195.1	4.4	6502.3	7.8
合　肥	4164.3	13.6	229.1	5.4	2303.9	15.4
南　昌	3000.5	12.5	147.2	4.6	1690.9	13.6
长　沙	6399.9	13.0	272.3	4.0	3592.5	14.5
贵　阳	1700.3	15.9	72.3	8.5	717.3	18.8
珠　海	1503.8	7.0	39.0	4.9	776.4	3.1

续表 2

	#工业增加值（亿元）		第三产业增加值(亿元)		#交通运输、仓储和邮政业增加值（亿元）	
	2012 年	比 2011 年 ±%	2012 年	比 2011 年 ±%	2012 年	比 2011 年 ±%
直辖市						
北　京	3294.3	7.0	13592.4	7.8	778.5	4.9
上　海	7159.4	2.8	12060.8	10.6	895.3	5.0
天　津	6123.1	15.8	6058.5	12.6	683.6	12.5
重　庆	5181.0	15.9	4346.7	12.0	515.2	9.1
副省级城市						
成　都	3127.6	16.5	4025.2	11.5	361.0	7.5
沈　阳	3046.9	11.5	2904.2	8.9	281.8	8.7
长　春	1922.1	12.1	1847.6	11.8	223.7	8.9
哈尔滨	1128.0	8.3	2404.5	9.4	262.8	3.1
青　岛	3041.3	11.9	3575.5	10.5	535.1	9.2
武　汉	3203.7	13.7	3833.1	10.0	353.5	7.8
西　安	1340.8	12.4	2280.0	12.2	167.5	9.5
南　京	2748.5	11.0	3845.7	11.8	353.8	8.2
济　南	1603.1	9.7	2621.6	10.1	320.4	7.6
广　州	4264.2	9.1	8616.8	12.0	930.6	17.8
厦　门	1163.9	12.8	1417.9	11.7	170.8	18.9
深　圳	5355.9	7.3	7206.9	12.3	472.0	7.2
大　连	3207.4	10.7	2916.7	10.6	435.8	9.0
杭　州	3190.3	9.1	3921.2	10.1	206.9	6.4
宁　波	3170.1	6.0	2796.9	10.9	297.1	7.4
其他主要城市						
昆　明	1008.4	15.6	1473.5	13.0	85.1	6.6
石家庄	1993.6	12.1	1807.3	10.0	404.0	9.2
太　原	784.3	12.2	1239.8	11.3	168.4	7.6
无　锡	3717.9	9.0	3418.9	11.3	177.9	5.4
苏　州	6055.1	7.4	5314.3	13.5	387.5	10.8
合　肥	1813.9	17.0	1631.4	12.3	165.1	8.9
南　昌	1288.1	13.7	1162.5	11.9	138.7	16.6
长　沙	3051.9	15.7	2535.1	12.0	201.7	12.5
贵　阳	534.7	16.2	910.7	14.1	123.6	15.1
珠　海	720.3	2.7	688.4	12.1	27.0	9.4

续表 3

	批发和零售业增加值（亿元）		金融保险业增加值（亿元）		房地产业增加值（亿元）	
	2012 年	比 2011 年 ±%	2012 年	比 2011 年 ±%	2012 年	比 2011 年 ±%
直辖市						
北　京	2279.4	5.9	2592.5	14.4	1244.2	13.7
上　海	3291.9	11.5	2450.4	12.6	1086.0	4.7
天　津	1680.3	11.3	1001.6	25.1	449.7	4.9
重　庆	848.0	11.7	915.7	20.8	575.2	6.1
副省级城市						
成　都	653.1	10.3	740.6	13.7	426.2	5.7
沈　阳	594.4	7.5	333.2	8.7	347.4	12.2
长　春	436.1	11.2	153.4	20.6	115.4	20.6
哈尔滨	543.0	10.3	242.4	22.8	155.8	13.2
青　岛	879.9	10.6	391.5	18.0	271.5	2.1
武　汉	779.3	10.1	530.1	15.0	408.7	11.8
西　安	486.3	13.5	311.6	24.1	192.4	0.2
南　京	752.0	8.6	721.8	20.2	458.7	11.1
济　南	588.5	10.9	411.3	22.6	273.9	5.9
广　州	1896.8	17.2	971.3	11.2	1022.6	14.9
厦　门	309.8	2.7	237.0	22.9	206.5	13.5
深　圳	1465.7	13.5	1819.2	14.3	1130.3	15.8
大　连	630.3	14.5	445.4	35.0	250.3	21.4
杭　州	699.9	3.3	820.0	10.1	436.8	7.3
宁　波	678.4	14.9	450.7	12.6	369.8	7.2
其他主要城市						
昆　明	332.0	11.1	164.4	14.3	134.1	2.3
石家庄	391.7	12.9	206.1	13.0	149.5	4.7
太　原	320.8	17.4	241.2	14.4	60.8	17.1
无　锡	1144.4	6.8	424.1	21.5	364.2	16.1
苏　州	1645.1	10.7	819.6	29.6	657.5	12.2
合　肥	320.6	11.5	214.6	17.6	223.7	6.4
南　昌	232.1	11.9	158.0	4.5	120.7	9.2
长　沙	515.3	9.0	231.1	11.6	204.3	3.8
贵　阳	156.5	12.6	137.1	16.7	55.53	15.9
珠　海	157.2	15.0	82.9	15.6	107.1	14.1

续表 4

	人均生产总值① (元)	农林牧渔业总产值 (亿元)		规模以上工业增加值 (亿元)	
	2012 年	2012 年	比 2011 年 ±%	2012 年	比 2011 年 ±%
直辖市					
北　京	87091	395.7	9.0	3033.3	4.6
上　海	85033	320.8	0.4	6446.1	2.9
天　津	93110	375.6	3.2		16.1
重　庆	39083	1402.0	5.1		16.3
副省级城市					
成　都	57624	577.8	3.5	2589.0	17.2
沈　阳	80532	603.3	5.4	3304.7	11.0
长　春	58691	562.5	5.4	1822.3	11.0
哈尔滨	45810	991.2	9.3	667.4	10.0
青　岛	82680	566.5			11.6
武　汉	79482	476.0	5.7	2711.5	15.2
西　安	51205	308.6	6.0	1144.3	13.0
南　京	88525	318.5	4.7	2572.0	11.1
济　南	69444	451.9	4.7	1357.4	10.1
广　州	105909	366.8	2.8		10.9
厦　门	77392	41.3	0.7	1072.6	12.5
深　圳	123247	14.9	3.1	5091.4	7.3
大　连	102922	823.6	14.1	2822.2	11.0
杭　州	88985	384.6	7.7	2393.6	10.9
宁　波	86228	419.8	1.9	2132.5	5.0
其他主要城市					
昆　明	46256	268.8	6.8		15.7
石家庄	43552	787.5	3.3	1800.2	13.5
太　原	54440	67.5	6.2	783.0	13.5
无　锡	117400	224.2	4.1	3056.9	7.1
苏　州	114029	337.7	4.1	5879.9	7.4
合　肥	55186	401.2	5.4	1653.5	17.4
南　昌	58715	240.3	4.6	976.3	14.8
长　沙	89903	419.8	4.0	2309.6	14.7
贵　阳	38447	111.5	8.8	480.2	22.1
珠　海	95471	69.6	4.7	664.9	6.3

注：①当年价，按常住人口计算。

续表 5

	规模以上工业企业单位数（个）	规模以上工业总产值（亿元）		规模以上工业经济效益综合指数（%）
	2012 年	2012 年	比 2011 年 ±%	
直辖市				
北　京	3692	15596.2	7.5	253.5
上　海	9694	31548.4	-0.4	262.8
天　津	5342	23427.5	14.9	
重　庆	4946	13104.0	18.0	262.0
副省级城市				
成　都	3188	7853.7	19.0	268.5
沈　阳	4034	12702.3	16.7	354.3
长　春	1081	8262.6	17.4	
哈尔滨	1148	2851.6	11.2	
青　岛	4783	14426.1	15.1	309.7
武　汉	2103	9018.9	15.3	
西　安	936	4023.2	15.1	229.6
南　京	2593	11437.8	11.8	
济　南	1519			278.7
广　州	4373	16066.4	11.5	
厦　门	1503	4430.8	13.1	205.7
深　圳	5692	20883.9	7.8	187.1
大　连	3142	10350.8	25.2	
杭　州	5921	12844.3	7.3	316.7
宁　波	6804	12155.1	1.3	264.6
其他主要城市				
昆　明	878	3010.3	15.6	326.3
石家庄	2388	7643.2	5.3	
太　原	440	2541.1	5.5	203.3
无　锡	5248	14446.9	2.9	238.6
苏　州	10444	28745.5	5.2	203.5
合　肥	2087	6600.1	18.3	312.5
南　昌	1015	3856.5	14.6	292.5
长　沙	2282	7058.3	18.1	387.9
贵　阳	401	1621.4	17.2	259.5
珠　海	927	3072.6	3.8	176.6

续表 6

	货运量（万吨）	客运量(万人次)	民用汽车拥有量(辆)		#私人汽车拥有量(辆)	
	2012 年	2012 年	2012 年	比 2011 年±%	2012 年	比 2011 年±%
直辖市						
北　京	28650	149036	4957409	4.8	4074786	4.6
上　海	94376	14547	2130000	9.2	1410000	17.5
天　津	47698	28462	2339440	13.3	1961700	15.9
重　庆	110136	157798			497000	22.1
副省级城市						
成　都	39569	106874	2225100	15.1	1925500	16.2
沈　阳	21720	32869	1129026	15.0	812027	18.9
长　春	16232	14734	1312979	69.9	1127910	87.8
哈尔滨	11764	15618	892839	4.4	700260	7.0
青　岛	29229	25019	1330800	14.4	1057700	18.2
武　汉	43893	27492	1105000	15.8	1037421	14.0
西　安	44924	36154	1633257	13.0	1380125	17.5
南　京	38941	46992	1177453	18.1	963645	21.0
济　南	26030	17334	1059056	14.1	910043	15.7
广　州	76100	76070	2041592	9.9	1646930	10.6
厦　门	13642	14544	563612	20.2	437989	23.5
深　圳	30335	185011	2210821	14.0	1777890	16.1
大　连	39736	14132	942506	14.1	722605	17.6
杭　州	30189	35819	1761001	17.8	1408653	21.1
宁　波	32600	28900	1232485		895247	
其他主要城市						
昆　明	16725	11742	1690000	11.9	1191735	17.3
石家庄			1800000	18.6	1069201	20.6
太　原	14226	5358	788379	10.4	649216	15.7
无　锡	18263	32996	1013692	16.9	753215	19.9
苏　州	17750	73937	1778977	18.1	1445355	20.6
合　肥	33720	34417	665553	20.9	486532	28.1
南　昌	9524	10624	476780	11.0	326173	22.9
长　沙	26145	36440	1001039	21.2	856813	24.2
贵　阳	16635	46489	554962	10.6	463523	11.4
珠　海	7582	26762	273365	26.5	216136	16.1

续表 7

	全社会固定资产投资额（亿元）		#房地产开发投资额(亿元)		社会消费品零售总额(亿元)	
	2012 年	比 2011 年±%	2012 年	比 2011 年±%	2012 年	比 2011 年±%
直辖市						
北　京	6462.8	9.3	3153.4	3.9	7702.8	11.6
上　海	5254.4	3.7	2381.4	9.7	7387.3	9.0
天　津	8871.3	18.1	1260.0	16.7	3921.4	15.5
重　庆	9380.0	22.0	2508.4	24.5	3961.2	16.0
副省级城市						
成　都	5890.1	17.9	1890.0	19.2	3317.7	16.0
沈　阳	5625.4	23.3	1943.0	15.3	2802.2	15.5
长　春	3172.9	30.4	649.7	-2.5	1739.6	15.0
哈尔滨	3950.0	31.1	772.0	37.4	2394.6	15.7
青　岛	4153.9	22.3	930.1	18.8	2564.5	14.9
武　汉	5031.3	20.0	1574.9	22.8	3467.4	14.4
西　安	4243.4	26.6	1281.9	28.6	2236.1	15.5
南　京	4683.5	16.8	972.0	11.5	3103.8	16.2
济　南	2186.1	20.4	663.3	25.8	2323.6	14.9
广　州	3758.4	10.1	1667.4	12.0	5977.3	14.0
厦　门	1332.6	18.1	518.9	18.4	881.9	10.2
深　圳	2314.4	12.3	1046.6	51.2	4008.8	16.5
大　连	5624.4	23.5	1396.5	26.1	2224.1	15.5
杭　州	3722.8	20.1	1597.4	22.6	2933.6	15.5
宁　波	2901.4	21.6	884.4	17.1	2329.3	15.4
其他主要城市						
昆　明	2345.9	25.1	919.1	45.2	1493.8	17.5
石家庄	3728.7	20.0	833.2	5.6	1915.8	15.2
太　原	1320.6	28.9	553.7	23.0	1129.5	16.1
无　锡	3618.1	16.1	974.4	11.0	2427.9	14.1
苏　州	5266.5	17.0	1263.4	5.4	3241.0	14.5
合　肥	4001.1	23.7	913.8	3.8	1293.6	16.7
南　昌	2403.2	18.8	344.4	23.0	1116.5	18.4
长　沙	4012.0	20.3	1032.0	16.4	2454.7	15.7
贵　阳	2482.6	55.1	908.5	94.4	683.2	16.9
珠　海	787.6	23.6	242.1	-5.7	635.2	12.7

续表 8

	海关进出口总额（亿美元）		#出口总额（亿美元）		协议(合同)外资金额（亿美元）		实际利用外资金额（亿美元）	
	2012年	比2011年±%	2012年	比2011年±%	2012年	比2011年±%	2012年	比2011年±%
直辖市								
北　京	4079.2	4.7	596.5	1.1	113.5	0.5	80.4	14.0
上　海	4367.6	-0.2	2068.1	-1.4	223.4	11.1	151.8	20.5
天　津	1156.2	11.8	483.1	8.6	185.9	10.4	151.7	14.5
重　庆	532.0	82.2	385.7	94.5	72.6	14.6	105.8	0.0
副省级城市								
成　都	475.6	25.5	303.7	32.3	39.5	-22.9	85.9	31.1
沈　阳	127.5	20.1	59.7	23.6	29.9	-44.8	58.0	5.5
长　春	196.8	13.4	29.0	27.9	8.5	64.1	36.8	19.6
哈尔滨	53.3	4.2	18.6	-17.8	5.4	39.4	19.0	18.8
青　岛	732.1	4.2	408.2	3.6	60.0	13.5	46.0	27.8
武　汉	203.5	-11.0	107.5	-8.3			44.4	18.2
西　安	130.1	3.3	73.0	25.3	36.0	200.0	24.8	23.6
南　京	552.8	-3.6	319.2	3.4	61.2	-0.8	41.3	15.8
济　南	91.5	-12.1	57.2	-5.4	16.2	14.6	12.2	10.9
广　州	1171.7	0.9	589.1	4.3	69.3	1.4	47.4	8.4
厦　门	744.9	6.2	454.0	6.5	18.3	-18.5	16.0	-7.6
深　圳	4667.9	12.7	2713.7	10.5	62.6	-18.0	52.3	13.7
大　连	641.1	6.8	346.8	11.2	91.6	73.6	123.5	12.2
杭　州	616.8	-3.6	412.6	-0.6	82.7	1.2	49.6	5.1
宁　波	965.7	-1.6	614.5	1.0	53.1	5.9	28.5	1.5
其他主要城市								
昆　明	144.1	20.1	56.9	-13.9			15.9	24.6
石家庄	129.5	-8.7	73.4	3.6	5.0	6.2	8.8	8.9
太　原	84.7	-0.6	42.4	21.1			7.8	15.2
无　锡	707.8	-2.3	413.1	-2.4	43.3	2.2	40.1	14.4
苏　州	3056.9	1.6	1746.9	4.5	151.7	-10.9	91.7	2.8
合　肥	176.4	43.3	136.3	74.3	11.8	-0.3	16.6	-8.7
南　昌	82.9	5.2	64.7	14.4	25.0	-21.9	26.4	15.4
长　沙	86.9	16.1	51.7	26.7	22.2	-54.7	29.8	14.4
贵　阳	50.5	34.0	42.1	51.6	1.9	-84.0	4.7	70.1
珠　海	456.7	-11.6	216.3	-9.8	21.9	23.3	14.5	8.2

续表 9

	金融机构存款余额（亿元）		金融机构贷款余额(亿元)		城乡居民储蓄存款余额(亿元)	
	2012 年	比 2011 年 ±%	2012 年	比 2011 年 ±%	2012 年	比 2011 年 ±%
直辖市						
北　京	79620.6	12.2	35441.7	9.3	21419.3	13.2
上　海	59892.8	10.4	36485.9	9.4	19506.7	12.8
天　津	19675.7	14.5	17392.1	14.1	6991.1	15.1
重　庆	18934.8	19.6	15131.2	16.4	8472.5	20.3
副省级城市						
成　都	20354.0	19.0	15630.0	13.5	7157.0	18.8
沈　阳	10275.4	15.5	7852.7	14.0	4318.8	15.8
长　春	6578.3	18.1	5727.2	11.1	2767.4	18.4
哈尔滨	7360.3	12.3	5558.0	14.1	3320.7	14.6
青　岛	9434.9	9.2	7946.6	14.3	3757.6	17.5
武　汉	12929.3	13.8	10627.6	12.2	4728.7	17.2
西　安	12125.5	16.3	8635.2	14.1	4787.0	15.2
南　京	16131.4	13.3	12314.4	5.0	4465.4	12.5
济　南	9798.5	18.4	7406.2	7.4	2888.7	19.0
广　州	29007.0	12.5	18023.0	10.3	11310.7	12.7
厦　门	5151.4	6.9	4555.9	12.9	1680.2	12.1
深　圳	25910.2	13.7	17305.5	10.1	8389.1	12.9
大　连	10322.3	13.5	8127.4	13.4	4160.5	13.3
杭　州	19599.9	8.2	17215.9	8.3	6022.0	9.7
宁　波	11602.3	11.2	11300.3	10.7	4176.0	13.9
其他主要城市						
昆　明	8839.5	17.0	8165.5	12.0	2967.0	13.4
石家庄	7640.7	13.8	3995.1	9.9	3735.5	15.2
太　原	8902.5	17.4	6376.2	12.5	3021.5	13.3
无　锡	10293.4	9.8	7467.0	8.5	3731.8	12.7
苏　州	17663.5	16.4	13626.9	14.8	5787.8	14.0
合　肥	6913.8	20.1	6136.0	16.7	2065.6	22.3
南　昌	5723.1	12.6	4728.0	16.3	1853.6	15.6
长　沙	8731.5	18.7	8267.2	10.8	2981.3	18.0
贵　阳	4394.4	21.9	3479.5	15.5	1498.2	19.8
珠　海	3115.5	8.1	1750.5	18.1	1216.8	12.1

续表 10

	财政总收入（亿元）		#地方公共财政收入(亿元)		公共财政支出(亿元)	
	2012 年	比 2011 年±%	2012 年	比 2011 年±%	2012 年	比 2011 年±%
直辖市						
北　京			3314.9	10.3	3685.3	13.6
上　海			3743.7	9.2	4184.0	6.9
天　津			1760.0	21.0	2143.2	19.2
重　庆			1703.5	14.5	3046.4	18.5
副省级城市						
成　都	2331.3	2.7	780.9	18.9	983.9	16.0
沈　阳			715.0	15.3	766.1	19.8
长　春	927.7	15.5	340.8	18.1	555.5	7.1
哈尔滨	581.4	15.8	354.7	18.1	643.6	16.5
青　岛	2449.7	1.7	670.2	18.4	766.0	16.3
武　汉	2093.7	16.6	828.6	23.1	874.8	14.3
西　安	753.1	15.9	397.0	24.6	597.5	20.8
南　京	2044.2	4.4	733.0	15.4	769.7	15.6
济　南	1610.3	16.1	380.8	17.0	465.7	17.3
广　州	4300.0	8.1	1102.4	12.5	1343.7	13.3
厦　门	739.5	13.4	422.9	14.1	461.0	18.5
深　圳			1482.1	10.6	1565.7	-1.6
大　连			750.1	15.2	891.0	21.2
杭　州	1627.9	9.3	860.0	9.5	786.3	5.2
宁　波	2206.0	-2.9	725.5	10.3	828.4	10.4
其他主要城市						
昆　明	824.4	14.3	378.4	19.1	525.5	19.0
石家庄	573.4	17.3	272.3	23.1	464.1	15.0
太　原	454.5	15.6	215.7	23.4	277.4	15.9
无　锡	1443.5		658.0	7.0	648.6	9.3
苏　州	3178.0	-4.5	1204.3	9.4	1113.5	11.1
合　肥	694.4	11.3	389.5	15.1	572.1	20.5
南　昌	500.2	21.6	240.0	28.3	345.5	15.4
长　沙	796.6	15.6	490.7	15.2	624.6	19.9
贵　阳	488.0	21.6	241.2	28.9	349.3	25.9
珠　海			162.6	13.4	212.2	11.4

续表 11

	全社会用电量（亿千瓦小时）		年末实有公共汽（电）车（辆）		年末实有出租汽车(辆)	
	2012 年	比 2011 年±%	2012 年	比 2011 年±%	2012 年	比 2011 年±%
直辖市						
北　京	874.3	6.4	22146	2.4	66646	0.0
上　海	1353.5	1.0	16700	0.6	50700	0.6
天　津	767.1	5.6	8531	11.0	31706	-0.7
重　庆	723.0	0.8	7982	2.0	11934	4.2
副省级城市						
成　都	411.8	6.7	8383	16.6	14009	12.8
沈　阳	270.0	4.8	5232	1.8	17844	2.8
长　春	179.0	5.4	4539		16967	10.2
哈尔滨	191.5	3.1	5433	0.3	15519	0.5
青　岛	318.0	16.1	5397		9693	0.1
武　汉	403.3	5.1			16597	12.3
西　安	235.3	8.5	7695	0.7	12115	
南　京	425.0	6.8	6569	-0.1	10644	0.0
济　南	253.6	-1.2	4701	7.5	9020	0.0
广　州	694.1	4.6	11911	1.4	19943	5.0
厦　门	182.9	8.0	3786	0.4	4961	2.8
深　圳	722.1	3.7	29846	-0.8	15300	3.8
大　连	287.3	4.4	4972	-2.3	10592	3.4
杭　州	591.7	2.9	8147	-1.7	11239	3.1
宁　波	514.1	1.7			5834	5.1
其他主要城市						
昆　明	309.5		4681		7975	
石家庄	435.6	5.4	3877	11.1	6873	2.4
太　原	247.9	1.9	3054	14.1	8719	0.0
无　锡	578.0	-0.4				
苏　州	1189.9	5.2	6306	11.5	8132	11.0
合　肥	192.4	10.6	3704	5.2	10546	
南　昌	136.4	5.9	3801		4753	
长　沙	204.1	11.0	3775	3.4	6420	
贵　阳	229.4	-1.3	2592	-0.6	7145	48.1
珠　海	117.5	4.4	1873	23.2	1852	0.0

续表 12

	国内旅游人数（万人次）		国内旅游总收入（亿元）		旅游外汇收入（万美元）	
	2012 年	比 2011 年±%	2012 年	比 2011 年±%	2012 年	比 2011 年±%
直辖市						
北　京	22633.8	8.4	3301.3	15.3	515000	-4.9
上　海	25093.7	8.7	3224.4	15.7	558200	-4.3
天　津	234.1	16.8		20.1	222641	26.8
重　庆	28806.1	30.8	1576.7	31.1	116800	20.7
副省级城市						
成　都	12088.3	26.5	1010.7	30.1	62785	37.6
沈　阳	6872.0	11.5	788.2	24.5	60000	29.3
长　春	3620.2	17.4	548.3	27.0	22379	31.8
哈尔滨	5052.3	15.9	554.0	20.7	11333	-33.0
青　岛	5590.5	12.8	755.5	18.5	82459	19.6
武　汉	14067.7	20.9	1396.0	37.6	85209	40.7
西　安	7863.0	20.0	594.5	24.2	74862	16.8
南　京	7950.0	8.4	1169.0	5.7	136200	13.5
济　南	4636.3	16.5	451.7	20.9	16034	12.7
广　州	4017.4	5.3	1587.1	20.6	514458	6.0
厦　门	3894.4	16.8	539.9	19.1	157700	24.5
深　圳	2941.3	11.9	566.3	14.7	432900	15.6
大　连	4814.5	13.0	711.4	19.0	89000	10.1
杭　州	8236.9	14.7	1392.3	16.9	220200	12.5
宁　波	5748.3	11.0	816.4	15.2	73429	12.2
其他主要城市						
昆　明	4580.5	14.4	405.3	16.8	33900	13.8
石家庄	4185.2	28.9	264.7	34.1	6164	24.7
太　原	2941.6	21.2	339.7	28.9	24413	23.3
无　锡	6365.3	11.2	974.9	15.4	68138	13.9
苏　州	8624.0	10.9	1254.0	15.6	164700	12.1
合　肥	5360.0	20.2	444.6	20.0	23000	11.9
南　昌	2518.6	20.3	198.6	39.3	5432	16.8
长　沙	7989.2	34.7	741.1	36.4	66453	6.3
贵　阳	6332.6	25.0	600.0	30.1	4474	20.1
珠　海	2319.3	7.3	175.8	14.5	95085	-10.9

续表 13

	城镇居民人均可支配收入（元）		农民人均纯收入(元)		居民消费价格指数（%）
	2012 年	比 2011 年±%	2012 年	比 2011 年±%	
直辖市					
北　京	36469	10.8	16476	11.8	103.3
上　海	40188	10.9	17401	11.2	102.8
天　津	29626	10.1	13571	14.1	102.7
重　庆	22968	13.4	7383	13.9	102.6
副省级城市					
成　都	27194	13.6	11501	14.2	103.0
沈　阳	26431	13.3	13045	14.5	103.0
长　春	22970	12.1	8570	12.1	102.3
哈尔滨	22499	12.3	11443	19.1	103.2
青　岛	32145	12.5	13990	13.1	102.7
武　汉	27061	14.0	11190	14.0	102.8
西　安	29982	15.4	11442	15.4	102.8
南　京	36322	12.8	14786	12.8	102.7
济　南	32570	12.7	11786	13.2	102.4
广　州	38054	10.5	16788	13.3	103.0
厦　门	37576	11.9	13455	12.8	102.1
深　圳	40742	11.6			102.8
大　连	27539	13.4	15990	12.5	103.4
杭　州	37511	10.1	17017	11.6	102.5
宁　波	38043	11.3	18475	11.8	101.7
其他主要城市					
昆　明	25204	17.0	8040	12.8	103.1
石家庄	23038	12.2	8993	15.0	102.8
太　原	22587	12.1	10079	13.4	102.1
无　锡	35663	12.7	18509	12.6	102.5
苏　州	37531	12.9	19396	12.6	102.7
合　肥	25434	13.2	9081	15.5	102.2
南　昌	23602	13.8	9730	14.7	102.9
长　沙	30288	14.5	15763	17.6	102.3
贵　阳	21796	12.2	8488	15.0	102.6
珠　海	32978	14.8	13399	13.0	102.8

中国统计出版社最新图书简目

（仅供参考，以最后出书为准）

统计资料

中国统计年鉴 -2013
中国统计摘要 -2013
国际统计年鉴 -2013
2013 中国发展报告
中国第三产业统计年鉴 -2013
中国区域经济统计年鉴 -2013
中国劳动统计年鉴 -2013
中国社会统计年鉴 -2013
中国城市统计年鉴 -2013
中国建筑业统计年鉴 -2013
中国人口和就业统计年鉴 -2013
中国工业经济统计年鉴 -2013
中国商品交易市场统计年鉴 -2013
中国房地产统计年鉴 -2013
中国能源统计年鉴 -2013
中国民政统计年鉴 -2013
中国贸易外经统计年鉴 -2013
2013 中国地区经济监测报告
中国科技统计年鉴 -2013
中国农村统计年鉴 -2013
中国农产品价格调查年鉴 -2013
中国高技术产业统计年鉴 -2013
中国教育经费统计年鉴 -2013
中国农村贫困监测报告 -2013
全国农产品成本收益资料汇编 -2013
中国科学技术协会统计年鉴 -2013
工业企业科技活动资料 -2013
大中型批发零售和住宿餐饮企业统计年鉴 -2013
中国价格统计年鉴 -2013
第二次全国 R&D 资源清查资料汇编－工业企业卷
中国住户调查年鉴 -2013
中国县域统计年鉴 -2013
中国农村全面建设小康监测报告 -2013
第二次全国 R&D 资源清查资料汇编－综合卷
中国人才资源统计报告 -2011
中国民族统计年鉴 -2013
中国零售和餐饮连锁企业统计年鉴 -2013
2010 年中国第六次人口普查公报

2013 年省级综合统计年鉴系列

北京 天津 河北 山西 内蒙古 辽宁 吉林 黑龙江 上海 江苏 浙江 安徽 福建 江西 山东
河南 湖北 湖南 广东 广西 海南 重庆 四川 贵州 云南 西藏 陕西 甘肃 青海 宁夏
新疆 新疆生产建设兵团

2013 年市（县）级综合统计年鉴系列

天津滨海新区 石家庄 唐山 邯郸 太原 大同 长治 阳泉 晋城 朔州 晋中
运城 忻州 临汾 呼和浩特 包头 通辽 沈阳 大连 长春 吉林市 四平 哈尔滨 黑龙江垦区
上海浦东新区 南京 苏州 无锡 常州 徐州 南通 盐城 镇江 淮安 宿迁 泰州 连云港 江阴 丹阳
杭州 宁波 绍兴 台州 温州 金华 嘉兴 衢州 舟山 福州 福州经济技术开发区
厦门经济特区 宁德 南昌 上饶 济南 青岛 潍坊 郑州 洛阳 南阳 三门峡 商丘 平顶山 武汉 宜昌
十堰 荆州 荆门 咸宁 长沙 广州 东莞 惠州 深圳 桂林 南宁 柳州 来宾 河池 海口 三亚 成都 绵阳
贵阳 昆明 西安 兰州 庆阳 银川 乌鲁木齐

2010 年人口普查资料系列

中国 2010 年人口普查资料
北京 天津 河北 山西 内蒙古 辽宁 吉林 黑龙江 上海 江苏
浙江 安徽 福建 江西 山东 河南 湖北 湖南 广东 广西 海南 重庆 四川 贵州 云南
西藏 陕西 甘肃 青海 宁夏 新疆 新疆生产建设兵团
河南省各市 2010 年人口普查资料丛书
中国分县 2010 年人口普查资料
中国分乡镇、街道 2010 年人口普查资料
中国分民族 2010 年人口普查资料

“十一五”规划教材

统计学（“十二五”规划，黄良文）
抽样调查理论与实践（“十二五”规划，冯士雍）
统计学（“十二五”规划，单微）
试验设计（“十二五”规划，茆诗松）
贝叶斯统计（“十二五”规划，茆诗松）
统计学：从数据到结论（十二五规划，吴喜之）
医学统计学（陆守曾）
非参数统计（吴喜之）
概率论与数理统计（茆诗松）
现代金融投资统计分析（李腊生）
多元统计分析（任雪松）
应用时间序列分析（王振龙）
统计指数理论及应用（徐国祥）
经济计量学教程（贺铿）
质量管理统计方法 （茆诗松）
统计实验系列教材（许涤龙）
社会统计学（蒋萍）
市场调查与预测（蒋志华）
统计学原理（非统计专业用，朱胜）
国民经济核算教程（杨灿）
概率论与数理统计（经济、管理类专业使用，朱胜）

重点图书

挑大学选专业 2013—高考志愿填报指南
挑大学选专业 2013—考研择校指南

中国统计出版社发行部电话：（010）63376907,63376908 同榀行书店电话：68783171,68783172

通讯地址：北京市西城区三里河月坛南街 57 号 邮政编码：100826

网址：http://csp.stats.gov.cn